复旦大学韩国研究丛书

中国学术期刊综合评价数据库（CNKI）来源集刊
中文社会科学引文索引（CSSCI）首届来源集刊

韩国研究论丛 第二十六辑

（2013年第二辑）

复旦大学韩国研究中心 编

社会科学文献出版社
SOCIAL SCIENCES ACADEMIC PRESS (CHINA)

为适应我国信息化建设，扩大本论丛及作者知识信息交流渠道，本论丛已被《中国学术期刊网络出版总库》及CNKI系列数据库收录，其作者文章著作权使用费与本论丛稿酬一次性给付。免费提供作者文章引用统计分析资料。如作者不同意文章被收录，请在来稿时向本论丛声明，本论丛将做适当处理。

复旦大学韩国研究中心
韩国研究丛书编辑委员会

主 任 委 员 石源华

委　　　员（按姓氏笔画排名）

方秀玉	〔韩〕白永瑞	石源华
任　晓	刘迎胜	刘　鸣
孙启林	庄锡昌	朴昌根
吴心伯	李甦平	邢丽菊
杨昭全	沈丁立	沈定昌
〔韩〕辛正根	陈尚胜	汪伟民
郑继永	〔韩〕郑在浩	金光耀
金柄珉	金健人	洪　军
胡礼忠	蔡　建	

本辑执行主编 蔡　建

英 文 译 校 蔡　建

总　序

2012年是中韩建交二十周年，也是复旦大学韩国研究中心成立二十周年。1992年8月，中国和韩国两国正式建交。10月，复旦大学韩国研究中心挂牌成立。中心的成立与发展，可以说是中韩关系建交与发展的一个缩影。

中韩建交后，两国关系差不多每五年就有一个大的提升，经历了友好邻邦关系—合作伙伴关系—全面合作伙伴关系，2008年进入战略合作伙伴关系的高层次。中韩关系定位的不断提升，反映了两国的国家利益和战略取向，并有其深层的历史与现实原因，不仅有着充分生存和发展的基础，而且也有着广阔的发展前景。

从中国角度来观察，两国战略合作伙伴关系的建立是新形势下中国对朝鲜半岛进行战略调整和全面提升韩国在中国周边外交中战略地位的重要战略性抉择，是中国经济高速发展和和平稳定周边环境建设的现实需要，也是中国应对美国"重返"亚洲、可能"围堵"中国的东亚战略需求。为此，中国将长期以来推行的"重北轻南"的"一边倒"政策转变为坚持在朝鲜半岛南北间实行均衡政策，在政治、经济、文化等广阔的领域，特别重视发展与韩国间的友好关系。

从韩国角度来观察，两国战略合作伙伴关系的建立是韩国打破和牵制朝鲜实行的"通美封南"战略，防止美国"越顶外交"，平衡美韩同盟关系和中韩合作关系，争取韩国在东北亚发言权和提升战略地位的战略性措施，更是韩国从中国经济高速发展中"搭顺风车"和由中等发达国家走向发达国家的现实需求。为此，韩国在发展美韩同盟关系的同时，期待、重视、着力发展与中国的友好关系，即使两国间发生若干分歧，韩国也不会轻易放弃和改变这一基本的政策方向。

中韩关系的发展势头强劲,中国已经成为韩国最大的贸易伙伴国、最大的出口市场和进口来源国、最大的入境客源国。至2010年,双方共建立130对友好省市关系。两国领导人商定,中韩贸易额2015年将达到3000亿美元,前景非常令人振奋。中韩战略合作伙伴关系具有必要性和稳定性,不管出现任何困境和问题,中韩关系的这个战略定位都会经受住考验,继续前行。中韩两国的地缘政治环境、共同的振兴目标、互补的经济需求、相似的文化背景等,决定了中韩战略合作伙伴关系还有进一步提升的空间。

然而,中韩关系的发展并非一帆风顺,中韩战略合作伙伴关系的发展存在两大内在的结构性矛盾。其一是如何处理中韩战略合作伙伴关系与美韩战略同盟关系。韩国与中、美两个大国分别建立战略合作伙伴关系和战略同盟关系两种战略层次不同的关系,势必会影响中韩战略合作伙伴关系的发展。其二是如何处理中韩战略合作伙伴关系与中朝友好互助关系。美朝、韩朝关系在理论上仍处于停战状态,发生波折与冲突是一个常态性的问题。每当发生韩朝冲突之时,中国的对韩外交和韩国的对华外交就会受到考验和冲击。争取早日实现朝鲜半岛停战机制向和平机制的转变,是中韩两国共同的努力目标,也是两国战略合作伙伴关系进一步发展的重要背景和政治条件。两国可以通过逐步深化、由易到难的建设模式,在各个领域克服内在结构性矛盾带来的负面影响,逐个地实现局部的战略合作伙伴关系,经过长时期的努力,将朝鲜半岛的停战机制转换为和平机制,促成韩朝、美朝、日朝关系实现正常化,并在此基础上,将两国关系发展提升为全面的战略合作伙伴关系。

复旦大学韩国研究中心顺应中韩关系飞速发展之召唤与需求,也针对中韩两国关系发展中不断面临的困境和挑战,从政治、外交、经济、文化、历史等诸多方面开展对于朝鲜半岛问题以及中韩、中朝关系的研究,并形成了朝鲜半岛问题及东北亚国际关系与区域合作,当代韩国的政治、经济、外交、安全,韩国独立运动与近代中韩关系,韩国宗教哲学及东方传统文化四个特色研究方向,取得了很大的成绩。20年来,中心举办各种学术会议90余次,出版丛书及各类学术专著、论集、论丛、资料集等近100部,拍摄韩国文化系列电视片12集,开设韩国学前沿讲座30余次。2005年以来,中心成员先后承担国家、教育部、上海市以及海外合作项目60项以上。中心的研究工作及成果在国内外产生了重要影响,中心成为国内一流并具有一定国际影响的综合性研究机构。

中心注重培养韩国学研究方向的博士、硕士研究生，并承担博士后研究人员的指导工作。在韩国国际交流财团韩国奖学金的资助下，中心组织复旦大学博士生和硕士生完成了相关朝鲜半岛问题的300余项研究课题，其中包括34篇博士学位论文，37篇硕士学位论文，共有71位同学通过对于朝鲜半岛问题研究获得了复旦大学的博士和硕士学位。中心成员开设了博士、硕士、本科各个层次课程12门，新增和丰富了复旦大学的教学内容。中心在复旦大学研究生院和国际问题研究院支持下连续举办7届中国韩国学博士生论坛，来自全国各地的241人次博士研究生来复旦大学进行学术交流，为中国从事韩国学研究的青年学者提供了一个交流学习的平台，对于中国韩国学后备力量的培养起了积极的推动作用，他们中的不少人已经成为中国韩国学研究的后起之秀。中心较好地体现了大学研究机构在教书育人方面的功能。

中心的研究工作得到韩国国际交流财团、韩国学术振兴财团、韩国学中央研究院、韩国东亚财团、韩国东北亚历史财团、韩国国家报勋处、韩国统一部、韩国高等教育财团、日本国际交流基金、美国亚洲基金会、台北中国国民党文教基金会等以及中国国家教育部、上海市哲学社会科学研究基金办公室、上海浦江人才计划基金会等资助，并接受中国国家、相关部会和上海市政府有关机构的委托进行专题研究。

中心先后与联合国粮食署朝鲜办事处、国际高丽学会、韩国国家报勋处、韩国国史编纂委员会、韩国国会图书馆、韩国驻中国大使馆、韩国驻上海总领事馆、韩国统一研究院、韩国外交安保研究院、韩国国防研究院、韩国产业研究院、大韩商工会所、韩国中央银行、韩国民族运动史研究会、韩国韩战史研究会、韩国放送学会、韩国现代中国学会、韩国东海史研究会、韩国极东问题研究所、韩国成均馆大学东亚研究院、韩国延世大学现代韩国研究所和政治外交系、韩国中央大学国际大学院、韩国釜山大学韩民族文化研究所、韩国梨花女子大学国学研究院、韩国西江大学地域研究所、韩国长老会神学大学、韩国大真大学、韩国仁川大学中国研究所、韩国庆熙大学国际大学院、日本中央大学日中关系研究中心、中国社会科学院《当代韩国》编辑部、中国东方史学会、清华大学日本研究中心、国务院对台办公室、上海市人民政府政策研究室、上海市外事办公室、上海外国语大学国际问题研究所、华东师范大学国际冷战史研究中心、延边大学朝鲜研究所、上海市档案馆、上海国际问题研究所、中国中外关系史学会、中国朝鲜史研究会、上海对外文化交流协会、上海市友联会、上海书法家协会、韩国临时政府上海旧址管理处、台北韩国学研究会、台北中研院东北亚区域研究所（筹）、香港珠海书院亚洲研究中心、香港亚太21学会等，联合举办国际国内学术会议，开展文化交流活动，或进行合作研究和委托研究。

中心参与发起组建由美国哈佛大学、加州大学、夏威夷大学，英国伦敦大学，澳大利亚国立大学，加拿大哥伦比亚大学，日本九州大学，韩国首尔大学、高丽大学、延世大学，中国北京大学、复旦大学共12所名牌大学韩国学研究机构组成的世界韩国学联合会活动。自2005年起，连续参加各研究机构中心负责人年度会议，并7次派员参加在日本九州、加拿大多伦多、澳大利亚堪培拉、韩国首尔、英国伦敦等地举行的世界韩国学青年学者暑期研讨会。

中心自1995年开始创办综合性韩国学研究集刊《韩国研究论丛》。2006年，本集刊入选中国中文社会科学引文索引（CSSCI）首届来源集刊；2009年又入选中国学术期刊综合评价数据库（CNKI）来源集刊。本集刊依托复旦，面向全国，兼及国际，努力反映当前中国和世界韩国学研究的最新研究成果，在国内外学术界正在发生越来越重要的影响，成为中国国内坚持时间最长、质量最好、出版期数最多的韩国学研究集刊之一。

本集刊努力扩大作者队伍，实行稿源的全国化及海外化。每辑论丛逐步做到4/5以上采用外稿，努力争取全国韩国学研究领域的领军学者在本论丛发表论文，保持每辑论丛的作者70%以上为具有高级职称的学者，也注意刊载优秀的青年学者和研究生的佳作，受到中国韩国学界的欢迎，产生了较大的影响。

相对于中国的日本学、美国学、俄罗斯学、法国学等学科而言，中国的韩国学研究如同中韩关系一样，虽然有了一定的发展，而且发展速度很快，但总体水平尚处于年轻稚嫩的阶段，有待于进一步成长与提高。衷心希望在中韩关系发展的未来20年以及更长的时期里，复旦大学韩国研究中心及其《韩国研究论丛》将继续发挥积极的作用，成为推动中韩关系发展和韩国学学科建设的一支积极而重要的力量。欢迎海内外从事韩国学研究的朋友们继续投送优秀的文稿给我们，使论丛成为我们的共同园地，鲜花竞放，春色满园。

石源华

2013年2月

目录

试析中韩战略合作伙伴关系中的朝鲜因素 ………… 赵伟宁 / 1
论朝鲜的不对称威慑战略 …………………………… 申 韬 / 16
规制主义
　　——美国东北亚安全战略探析 ……………… 凌胜利 / 31
朴槿惠政府对朝政策的选择及其展望 ……………… 武 鹏 / 43
韩国海洋管理体制 …………………………………… 叶浩豪 / 54
韩国外来劳工人权保护政策转变的影响因素分析
　　………………………………………… 金东日　俞少宾 / 67
韩国公共外交析论 …………………………………… 李 华 / 79
试论韩国参与越南战争的"红利" …………………… 韩忠富 / 92
韩国对朝鲜战争的公共记忆 ………………………… 张宝云 / 104
中日苏空军航校中的韩籍飞行员考述 ……………… 崔凤春 / 121
韩国光复军研究的重要中文史料
　　——评《韩国光复军小史》 …………………… 蒲 元 / 139
白凡金九遇刺事件真相探秘 ………………………… 宋 健 / 147
近代中韩宗藩关系嬗变原因探析
　　——建构主义的视角 ………………………… 张 弛 / 162

1883年《奉天与朝鲜边民交易章程》
　　——文本考证及其内容校勘 …………………… 权赫秀 / 182
中韩建交以来明末清初中朝关系史研究述论 ………… 王　臻 / 194
百济前期历史与地理述考 ……………………………… 苗　威 / 208
康熙年间穆克登立的碑是定界碑还是查边碑 ………… 李花子 / 229
论乐与韩国词的渊源 …………………………………… 王进明 / 257
第九届中国韩国学博士生论坛综述 …………………… 张　弛 / 271

复旦大学《韩国研究论丛》改版及征稿启事 ………………… / 279

CONTENTS

On North Korea as a Factor in Sino-ROK Strategic
   Cooperative Partnership   *Zhao Weining* / 1

Analysis of DPRK's Asymmetrical Deterrence Strategy   *Shen Tao* / 16

Regulation
   —*Analysis of the U. S. Security Strategy for Northeast Asia*
                                     Ling Shengli / 31

The Options for and Prospect of Park Geun-hye Government's
   Policy toward North Korea   *Wu Peng* / 43

South Korea's Maritime Administration System   *Ye Haohao* / 54

Factors Influencing the Evolution of Migrant Workers' Human
   Rights Protection Policies in South Korea
                          Jin Dongri Yu Shaobin / 67

Analysis of South Korea's Public Diplomacy   *Li Hua* / 79

Dividend for Participating in the Vietnam War for the ROK
                                     Han Zhongfu / 92

South Korea's Collective Memory of the Korean War
                                     Zhang Baoyun / 104

The Korean Pilots in Aviation Schools of China, the Former Soviet
　　Union and Japan　　　　　　　　　　　　*Cui Fengchun* / 121
Important Chinese Language Historical Materials on the
　　Korean Revival Army
　　—A Review of *The History of the Korean Revival Army*　*Pu Yuan* / 139
Report on the Truth Investigation of Kim Koo's Assassination
　　Incident　　　　　　　　　　　　　　　　*Song Jian* / 147
Internal Causes of the Transformation of Modern Sino-Korean
　　Tributary Relations: A Constructivist Analysis　*Zhang Chi* / 162
Textual Research and Contents Collating for *Twenty-Four
　　Rules for Traffic and Trade Between Liaotong and Corea*
　　　　　　　　　　　　　　　　　　　　　　Quan Hexiu / 182
The Overview of the Research on the Sino-Korea
　　Relationship During the Late Ming and Early Qing Period
　　Since the Establishment of Diplomatic Relations between
　　China and Korea　　　　　　　　　　　　*Wang Zhen* / 194
Investigation and Research on Early History and Geography
　　of Baiji　　　　　　　　　　　　　　　　　*Miao Wei* / 208
During Kangxi Period, the Monument Set by Mukedeng is
　　Boundary Monument or Check Boundary Monument
　　　　　　　　　　　　　　　　　　　　　　　Li Huazi / 229
The Relationship Between *Yue* and Korean *Ci*　*Wang Jinming* / 257

试析中韩战略合作伙伴关系中的朝鲜因素

赵伟宁

【内容提要】中韩两国关系从建交初期的睦邻友好合作关系已经提升至最高层级合作定位的战略合作伙伴关系。尽管中韩关系取得了长足的发展，但影响中韩持续合作的限制性因素仍然存在。制约两国关系发展因素的除了两国之间的历史、领土（海）之争以及作为域外因素的美国之外，朝鲜因素在中韩关系中扮演何种角色，这是一个非常值得重视的问题。本文拟从三角（边）关系的理论视角分析朝鲜因素对中韩战略合作伙伴关系发展的影响，并以天安舰事件为例对这种制约因素进行具体分析。当朝韩关系冲突紧张时，中韩关系的发展就会面临挑战。

【关键词】 中韩 战略合作伙伴关系 朝鲜 三角（边）关系 天安舰事件

【作者简介】赵伟宁，山东大学政治学与公共管理学院国际政治专业博士生。

2008年5月27日，中韩两国一致同意将双边关系从"全面合作伙伴关系"提升至"战略合作伙伴关系"，这是两国关系最高层级的合作定位。在中韩建交短短的20年时间，中韩两国关系取得了迅速的发展。两国经历了建交初期的"睦邻友好合作关系"，金大中时期的"合作伙伴关系"，卢武铉时期的"全面合作伙伴关系"以及李明博时期的"战略合作伙伴关系"。两国在经济和贸易领域取得了巨大成就。2012年，中韩双边贸易额达到

2151亿美元，比建交初期增长了近40倍。① 但是，影响两国关系的限制性因素仍然存在。中韩之间固有的历史问题、领土（海）问题以及作为域外因素的美国问题等都得到了学者一定程度的关注。但是，对于中韩关系发展中的朝鲜因素，并没有足够的重视甚至有所"忽视"。而"韩国最关注的是中国对朝鲜的态度问题。每当朝鲜采取军事挑衅政策时，中国总是支持朝鲜而不是和韩国寻求积极合作"。② 对于时刻受到朝鲜威胁的韩国来说，中国在任何情况下都对朝鲜采取一贯的支持行为是韩国所不能理解的。"由于特殊的原因，南北关系、对朝政策始终是韩国政界、学界、舆论界以及民众普遍关心的重要国政议题。"③ 其中，安全威胁更是重中之重。根据韩国对中韩战略合作伙伴关系的解释，两国关系的定位是由经济领域的合作扩大为两国外交、安全领域的合作，从双边关系的合作扩展到两国在地区内以及国际上更广阔领域的合作。而自冷战结束之后，朝鲜的武力威胁是韩国最直接和最大的威胁，中韩两国在地区的安全合作必然涉及两国的对朝政策。如何对这种朝鲜因素进行分析呢？本文拟从中朝韩三角（边）关系的理论视角分析朝鲜因素对中韩战略合作伙伴关系的影响，并以天安舰事件为例对这种制约因素进行具体分析。

一　三角（边）关系理论：中朝韩三国关系理论分析框架

三角关系的定义是"在一个由三个国家构成的系统中，其中一个国家的行为会对另一个或对两个国家的行为发生影响，或其中一对双边关系的变化导致另一对或两对双边关系发生变化的互动关系"。④ 一般来说，三角关系的形成需要具备一定的条件。"三角关系的形成有两个必要条件：首先，

---

① 驻韩国使馆经商处，2012年韩国进出口及中韩双边贸易情况，2013年1月21日，http://kr.mofcom.gov.cn/article/ztdy/201301/20130100011238.shtml。
② Ki-Hyun Lee, "The 20th Anniversary of South Korean-Chinese Diplomatic Relations, The Path toward South Korean-Chinese Cooperation for the Resolution of the North Korea Issue," Online Series CO 12 - 35, 2012.9.4, p.2.
③ 韩献栋：《南南冲突：2000年以来韩国的政治版图分析》，《当代亚太》2007年第9期，第17页。
④ 任晓、胡泳浩等著《中美日三边关系》，浙江人民出版社，2002，第2页。

构成三角关系的三者一般来说应是力量中心，它们可能是全球性的力量中心，也可能是地区性的力量中心；其次，在三对双边关系中，每一对双边关系都对第三方产生或隐或显的影响，三方存在相互制约、平衡的互动关系。"① 三边关系可以被看成是初级的或不严格的三角关系，而三角关系则是一种高级形式的三边关系。②

美国学者洛厄尔·迪特默对于三角关系的形态有过最系统的理论分析，并提出了三角关系的具体形式：（1）"三人共处"式，即由三方间的对称和睦关系组成；（2）"浪漫三角"式，即由处于"主轴"的一方与处于"两翼"的两方建立和睦关系，而后两方却是敌对关系；（3）"稳定婚姻"式，即两方之间建立了和睦关系，而同第三方都处于敌对关系。③

洛厄尔·迪特默对于三角关系形式的划分基于大国实力地位差距较小或者均占据重要地位的国家，从另一个角度看是实力水平大致均等，相互之间能够产生影响，不仅仅在地区层次上，更是用来分析全球领域的大国之间的关系。而本文试图将三角关系的分析框架用来分析实力地位差距较大，即大国与小国之间所构成的三角关系。在对其进行理论分析之前，首先应该明确一些假定因素。首先，这种三角关系是一个大国与两个小国所构成的处于地区层次的相互关系。对于大国与小国之间是否能构成三角关系的问题，学界对此论述并不多见，也没有明确的说法。④ 其次，如何看待域外因素的影响。对于小国来说，其外交政策很大程度上受大国或域外国家的影响，小国

---

① 任晓、胡泳浩等著《中美日三边关系》，第2页。
② 从上述对三角关系的定义及判定可以看出，中朝韩三国不属于严格意义上的三角关系。尽管三国共处于东北亚大陆，而且三者之间存在着相互制约的关系，"中国是东北亚地区有关大国中唯一同时与朝鲜和韩国保持友好关系的国家，中国与双方都保持着紧密的政治与经济关系，稍有不慎，就会影响双边关系"（见黄河《新形势下中国对朝外交政策的调整》，《东北亚论坛》2011年第5期，第55页），但是由于域外因素的作用以及力量对比的悬殊，三者并不是严格意义上的三角关系，因此，本文所指涉的三角关系实际上是一定程度的三边关系。
③ 〔美〕洛厄尔·迪特默：《战略三角：竞赛理论初析》，见《中美苏战略三角》，时事出版社，1988，第109页。此处略作修改，将"三人姘居"译为"三人共处"。
④ 现有的对于三角关系的分析大部分涉及对冷战时期中美苏关系以及冷战后中美俄关系、中美日关系的分析，鲜见对于大国与小国关系的分析。其中，韩朝东对中日韩三角关系做了分析，参见韩朝东《中日韩三角关系与东北亚地区安全》，《国际政治研究》1998年第2期。

可能无法独立制定本国的外交政策。①

根据洛厄尔·迪特默对于三角关系形式的划分，如果将大国与小国的变量因素置于这三种关系中，可以分别得出如下新的三种三角关系模式：(1) "三人共处"式，三方之间是不对称的和睦关系，大国相比小国拥有一定的优势，但是相互之间和谐相处并没有冲突；(2) "浪漫三角"式，处于"主轴"的大国与处于"两翼"的小国建立和睦的关系，但是两小国之间是敌对的关系；由于大国本身的实力地位所致，小国处于"主轴"地位的可能性很小；(3) "稳定婚姻"式，两方之间建立了和睦关系，与第三方都处于敌对状态，由于大国与小国关系的特殊性，小国与大国建立和睦关系以对抗另一小国的可能性更大一些。

在这种三角关系中，每个参加国都以谋求自身利益的最大化、风险和损失的最小化为目的，并通过理性的方式实现其目标。"从三角关系的互动来说，三角关系的各方都总是力争在三角结构中处于有利地位。"② 在这种三角关系中，大国与小国所处的战略地位与情况由于其实力地位的不同而有所差异。

从小国③的战略利益考虑：三角关系中处于弱势地位的小国为获得最大的战略优势，是尽量防止另外两方的"结合"而将其排除在外，同时与它们保持友好而不是对抗关系，只有当小国同时与另外两国保持友好关系而对它们又足够信任时，它们之间的"结合"才是可以接受的。小国也可能求助于域外因素以缓解或解除对抗局势，但是在域外干涉因素也无法有效缓解小国所面临的困境时，与三角关系中其他两方的接触政策是其可选的战略举措。小国首先可以与关系较为脆弱、易于说服以及获利较少的一方进行接触，并缓和三角关系结构中对其最不利的"稳定婚姻"关系中的参加国角色，并将这种关系向"稳定婚姻"关系中主要伙伴国甚至是"浪漫三角"关系中"两翼"角色发展。在这个过程中，与另一小国的接触缓和关系是一种次优可选战略。尽管两小国之间关系的缓和也有助于三角关系结构有利

---

① 为了简化理论分析，本文将小国看作一个独立的变量，能够独立自主地根据本国的利益制定其外交政策，而将影响其政策制定的大国因素未加考虑；同时，视小国为理性的行为角色。
② 夏立平：《当代国际关系中的三角关系：超越均势理念》，《世界经济与政治》2002年第1期，第18页。
③ 此处将两个小国看成是平等的主体，在三角关系中面临相同的困境。

于其自身所处地位的变化，但是与大国接触并建立良好关系更有利于小国获得更多的战略利益并得到国家生存最大的保障。

从大国的战略利益考虑：相比较小国，具有主导地位的大国的战略优势则非常明显，因为业已存在的大国面临小国之间结盟以平衡大国影响力的情况并不多见。在"稳定婚姻"式关系中，与一个小国的良好关系可能有助于大国从该国获益，但这并不是大国战略的最优选择。而且大国只与某一小国关系密切可能因为小国打"大国牌"而面临被小国"绑架"其外交政策的危险。因而大国的优选战略是处于"浪漫三角"关系主轴地位的三角关系模式。这种对"主轴"有利的情况使大国所采取的模糊政策对于小国而言是无法接受的。作为主轴的大国必须同两个侧翼小国保持积极的关系，同时，又要设法控制两个侧翼之间的紧张程度。① 为了同两个侧翼国都保持积极关系，大国不仅必须对主轴与侧翼的双边问题，而且必须对两翼之间的相互关系都具有高度的敏感性。每个侧翼国都会敏锐地意识到另一翼可能会同大国"结合"，从而把自己排除在外。这是因为，两个小国之间始终存在着紧张关系，而且都单方面地依赖主轴国。大国在同两个侧翼国打交道时要做到绝对的不偏不倚，是不可能的，因为侧翼国各自有其不同的利益，不同的讨价还价战略能力。维持浪漫三角关系的稳定，就是要使每个侧翼国都相信，大国与另一小国的关系不是建立在共同对付它的基础之上的。因此，大国应该尽量坦率地向每个小国说明它同其他小国的关系情况，以便消除它们的疑团，不再担心另外两方在相互勾结。两个小国之间的某种紧张关系，是符合大国的利益的，因为这种紧张关系不仅阻止了它们相互勾结，而且使它们各自将本来会对准大国的枪口转去对准另一翼。可是，过于紧张又会使两个侧翼国都要求大国只对自己一方忠诚，从而触发两极化。当小国之间冲突对抗加剧时，大国所能获益的可能性降低，而当小国之间缓和稳定时，大国的平衡战略才能发挥更大效益。

在三角关系中，三方从自身的战略利益诉求出发谋取对本国最为有利的关系位置。因此，这种三角关系是一种发展变化的动态关系，只有各方达成利益妥协时才能保持一定的稳定，三方均获益则是一种最理想的稳定状态，而在达成此目的的过程中相互博弈无法避免。

---

① 根据本文假设，此处主轴国为一个大国，而两个侧翼国则为小国。

二 互动与博弈：中朝韩三角关系的发展历程

中朝韩三角关系的构建发展始于20世纪90年代初中韩建交。之前，三个国家先分属于不同的冷战对抗阵营：中国和朝鲜所属的社会主义阵营与韩国所属的资本主义阵营处于激烈的对抗状态。冷战结束后，两大阵营的格局被打破，但中朝之间继续保持着良好的传统友谊。直到20世纪90年代的中韩建交，这使得中朝韩三国进入了真正意义上具有地区性质的三角关系时代。简要回顾三者关系如下。

第一，中朝传统友谊、中朝同韩国的敌对关系。由于历史原因及地缘政治的因素，中朝在朝鲜战争之后就形成了传统的友谊关系。"长期以来，中国同朝鲜不仅社会制度相同，而且还具有'鲜血凝成'的特殊关系。中国与苏联、朝鲜建立了军事同盟，以此与当时在东北亚地区韩国、日本、美国结成的军事同盟相对抗。"[①] 1961年，《中朝友好合作互助条约》签订，标志着两国友好同盟关系的正式确立。整个冷战时期，不同的阵营严重对立，中韩之间除了偶尔的文化体育交流之外，政治层面严重对立。朝韩两国自建立后就一直处于激烈对峙的状态，最严重的事态就是将中国卷入朝鲜战争。最终各方以《朝鲜停战协定》的签订作为结束。自此之后，中朝与韩国之间的关系便一直是紧张的敌对关系。

第二，中韩建交与三角关系的形成。由于冷战后国际局势与地区形势发生变化，中韩两国认识到发展双边关系的重要性，开始逐步接近，第一步便是中韩建交。卢泰愚政府时期，韩国制定了积极面向社会主义国家的"北方政策"。改善对华关系"旨在积极地适应冷战后的世界形势，将外交对象扩大到全世界，改善主导建立朝鲜半岛南北新关系的国际环境；以韩美同盟为基础，推动大国对朝鲜半岛南北的交叉承认，缓和朝鲜半岛紧张局势和改善南北关系，结束东北亚的冷战体制；利用中国改革开放和与朝鲜的密切关系，促使朝鲜对外开放，实现'北方外交'的战略构想。"[②] 韩国积极发展

[①] 张英：《中韩关系现状及发展前景》，《世界经济与政治》1996年第2期，第56页。
[②] 朴键一：《中韩"全面合作伙伴关系"新阶段辨析》，《当代亚太》2006年第8期，第43页。

与中国关系的另外一个目的，就是制约朝鲜的危险举动。"韩国认为，中国作为朝鲜的传统盟友，与中国建交和发展关系，将使中国在半岛南、北关系中居于一个平衡的位置上。韩国希望中国在朝鲜半岛问题上发挥积极作用。"①"中韩建交实质性打击了中朝关系，大大伤害了两国间情绪上的连带感。中朝贸易总额自1993年的9亿美元也大幅下降到1998年的4.1亿美元。"②

第三，中韩战略合作伙伴关系的建立。中韩建交20年来，两国关系发展迅速。"从一般情况看，中国的对外关系密切程度以'合作关系''伙伴关系''友好条约''传统友好关系'为序递升。"③而中韩已经从睦邻友好合作关系、合作伙伴关系、全面合作伙伴关系发展至最高级别的战略合作伙伴关系。"中韩每5年就跃上一个新的台阶，为中韩关系稳固而健康发展奠定了一个牢固的政治基石。"④ 韩国将战略合作伙伴关系解释为由经济合作向外交、安全等领域扩展，并使两国合作领域的范围由两国扩展至东北亚地区乃至全世界。中韩战略合作伙伴关系的建立是两国权衡各方面因素综合选择的结果。"'战略合作'为中韩未来关系向更加成熟方向发展提供了规范标准，但如果两国没有相互信赖、全面合作、求同存异的意愿，形式上缔结'战略合作伙伴关系'也无济于事，并且不能维持长久。"⑤

从三角关系理论的角度来看，中韩战略合作伙伴关系的建立是必然的。因为在初始的三角关系中，韩国处于最不利的地位。⑥ 作为"稳定婚姻"关系之外的（三角关系）参加国的韩国，它的地位类似靠边站游戏中的"第三者"，是最不利的。因为它遭到排斥，不能与另外两方中的任何一方建立和睦关系，从而必须对付两个具有敌意的国家。处于这一地位的韩国必须要

---

① Kim Hakjoon, "The Establishment of South Korean-Chinese Diplomatic Relations: A South Korean Perspective," *Journal of Northeast Asian Studies*, Summer 1994, p. 31.
② 李周南：《朝鲜的变化与中朝关系——从"传统友好合作关系"到"实利关系"》，《现代国际关系》2005年第9期，第54页。
③ 朴键一：《中韩"全面合作伙伴关系"新阶段辨析》，《当代亚太》2006年第8期，第46页。
④ 王生：《中韩建交20年：取得的成果与面临的课题》，《东北亚论坛》2012年第5期，总第103期，第24页。
⑤ 张建：《中韩战略合作伙伴关系的成因、制约因素与前景》，《韩国研究论丛》（第二十辑），世界知识出版社，2009，第78页。
⑥ 此时三国的关系具有一些"稳定婚姻"式关系的某些特征，但是并不是完全意义上的三角关系，因为三国之间的外交互动并不充分。

有较强的经济自足能力和巨大的军备投资，才可抗衡另外两家的联合军事威慑，处于这种地位的韩国的合理战略选择是借助域外因素，比如与美国结盟。在三角关系中，作为"第三者"的一方为了维持战略平衡，必须承担比其他两方更为沉重的军事负担；还要避免不必要地激怒另外两方，因为二比一的力量对比是可怕的；同时，这个"第三者"最终的目标应该是去讨好和引诱"稳定婚姻"关系中那个易受诱惑的国家，从而破坏与自己对立的联合体，开辟门径去建立新的、较为有利的关系格局。①

而此时的中国，作为"稳定婚姻"关系中的主要伙伴，在力量对比方面比作为"第三者"的韩国的地位更加有利，获益也更多。处于这种地位的中国必须完成两项不同的却又相互依赖的任务：使伙伴保持忠诚，但又要与对手维持一种敌意不深的关系。强化与共同对手间的紧张关系，给联盟以存在的理由，也可能增强伙伴的忠诚。同对手达成某种妥协，是符合"稳定婚姻"关系中主要伙伴的长远利益的——如果这样做不至于与伙伴发生不和的话——它可以借此把现有格局变为"浪漫三角"关系，并充当主轴角色。在"浪漫三角"关系中居于主导地位，是一个大国所能得到的最有利的位置，它可以同其他两国都友好相处而不与任何一方为敌，从而获得最大程度的好处而只需付出最小的费用。然而，次要的伙伴则可能以加剧同对手的紧张来横加阻挠。不论怎样，主轴国需要处理极其微妙的关系并具备维持平衡的本领，而这是很难的。

正是在这种背景之下，中韩开始尝试相互接近，并最终建立了外交关系。此时的韩国由"稳定婚姻"式关系中作为参加国的第三者开始向主要伙伴的角色转变。而中国则由"稳定婚姻"式关系中的主要伙伴向"浪漫三角"式的主轴角色变化。尽管此时中朝仍保持了一种传统的友好关系，但是中韩的接近与外交关系的建立使得三角关系初步形成，作为"稳定婚姻"式关系中主要伙伴朝鲜的地位相对下降，中韩接近对朝鲜来说是无法容忍的。"中国要同韩国建交，难点并不在于双边关系方面，而在于中国与朝鲜的关系，即如何让与中国有着传统友谊的朝鲜，能够逐步理解和接受这种外交政策的调整。"② 根据上述分析可以看出，中韩两国在此过程中都获

---

① 〔美〕洛厄尔·迪特默：《战略三角：竞赛理论初析》，见《中美苏战略三角》，第124页。
② 钱其琛：《外交十记》，世界知识出版社，2003，第149页。

得了收益。韩国降低了为应对威胁而承担的高昂的军费负担，与中国关系的缓和使得韩国不仅安全上的压力有了一定程度的缓解，两国稳定的双边关系更有利于半岛地区局势的趋缓。在此过程中，中国与韩国密切的经济往来使中国获得了一定的经济收益，同时与韩国关系的改善有助于缓解韩美同盟给中国带来的战略压力。中韩战略合作伙伴关系的发展则是这一种相互收益关系的精进。

但是应该注意到，在中朝韩三国所形成的三角关系之中，由于中朝之间传统友谊关系的存在，可以说三角关系中的两方之间已经产生了固有的友好关系，而韩国试图与中国接近并发展与中国的关系是想使韩国能够在三角关系中获得和朝鲜平等的地位，即发展成一种作为主要伙伴的"浪漫三角"式关系。因为朝韩关系的紧张对立状态时刻存在，而中韩之间有保持地区稳定的共同的战略需求，因此韩国与中国发展关系可以抵消来自朝鲜的一部分威胁，甚至孤立朝鲜。但是，由于三角关系中中朝传统友好关系的存在，中韩发展战略合作伙伴关系受到朝鲜因素的影响，韩国战略利益的实现面临困境。当朝韩关系缓和时，中韩伙伴关系发展比较顺利，但是当朝韩关系紧张时，朝鲜因素对中韩发展关系的影响就十分明显。

三 制约与出路：天安舰事件与中韩战略合作伙伴关系构建

李明博政府上台之后，放弃了历届政府与朝鲜的缓和政策，在南北关系中提出了"无核、开放、3000"的对朝新政策。"李明博'朝半岛新构想'的具体内容如下。其一，非核化或无核化，即朝鲜实现无核化是改善朝韩关系、实现朝韩经济合作的首要条件。其二，朝鲜实行改革开放是振兴朝鲜经济、改善民众生活的必要条件。其三，如果朝鲜实现无核化、对外改革开放，韩国就帮助朝鲜在今后10年内将人均GDP提高到3000美元。后正式将对朝政策的主题和名称确定为'共存与共荣'。"① 李明博对朝新政策主要是"强调相互主义原则，为朝韩间的经济合作设定了朝鲜无核化与实施开

---

① 张英：《李明博政府执政后的韩朝关系》，《朝鲜·韩国历史研究》（第十辑），延边大学出版社，2009，第437页。

放的前提条件",① 这使得朝韩关系跌落至冷战结束以来的低谷。而李明博之所以能够上台执政,"原因之一是韩国国内对近十年来韩国政府的对朝政策产生了质疑。很多韩国人认为,虽然'阳光政策'和'和平繁荣政策'促进了韩朝之间的和解、交流与合作,但并没有使朝鲜发生变化,也没有缓解南北的军事对峙"。② 虽然韩国给朝鲜提供了大量的援助,但是并未得到相应的回报,甚至对韩国没有半点让步,反而采取挑衅行为。"正是在这种背景下,李明博政府决定调整对朝政策,将前两届政府的主要是以韩国单方面进行支援为特点的对朝政策转变为以互惠主义为目标的对朝政策。"③ 韩国政府的新政策遭到朝鲜强烈的政策反弹,而且双方爆发了直接的武装冲突,最突出的例子是天安舰事件以及随后的延坪岛炮击事件,半岛地区的和平局面岌岌可危。

2010年3月26日晚,韩国"天安"号警戒舰在西部海域爆炸沉没,舰上46名官兵死亡。韩国政府随后成立了由军方、民间人士和外国专家组成的军民联合调查团。5月20日,联合调查团公布调查结果,认定"天安"号被朝鲜鱼雷击沉。5月24日,李明博总统就"天安"号警戒舰沉没事件向韩国民众发表电视讲话表示,将采取严厉措施追究朝鲜的责任,让朝方为击沉"天安"号付出代价。并宣布,从即刻起,禁止朝鲜船只进入韩国海域,终止双方的贸易、交流与合作。对此,朝鲜发表声明警告说,如果韩国"惩罚""报复"或"制裁"朝鲜,朝鲜将立即采取包括"全面战争"在内的各种强硬对策。④ 朝韩关系降至冷战结束以来的最低点。6月4日,韩国正式向联合国安理会提交了天安舰事件的调查结果。

天安舰事件爆发以后,中国在面临巨大的国际压力之下与朝韩两国领导人之间进行了一系列高层次的互动。胡锦涛主席在上海世博会期间分别会见了参加开幕式的韩国总统李明博和朝鲜最高人民会议常任委员会委员长金永南。胡锦涛主席会见李明博总统时对在天安舰事件中死去的韩国士兵的家属

---

① 韩献栋:《韩国的外交困境:一个概括性框架的解读》,《东北亚论坛》2012年第3期,总第101期,第67页。
② 孙玲:《朝韩十年》,《中国报道》2011年第2期,第37页。
③ 张英:《李明博政府执政后的韩朝关系》,《朝鲜·韩国历史研究》(第十辑),第440~441页。
④ 沈定昌:《2010年韩国外交综述》,《当代韩国》2011年春季号,第49~50页。

表示慰问,这是中国领导人在事件发生一个月之后第一次公开提及天安舰事件。此次李明博的上海之行被认为是"好坏参半"。① 尽管两国领导人就双边经济合作及自由贸易谈判等方面达成了一定的共识,但是并没有就对待朝鲜及天安舰事件如何表态等问题达成一致。韩国也认识到,尽管联合调查显示该事件为朝鲜所为,但是在天安舰事件上欲与中国达成共识并寻求支持存在困难。尽管中韩之间建立了战略合作伙伴关系,但胡锦涛主席在会见李明博总统时并没有提及朝鲜领导人金正日将访问中国,尤其是在朝韩关系非常"敏感"的情况下,这使韩国对此尤感失望、愤慨。

就在李明博访问中国的三天后,5月3～7日,朝鲜劳动党总书记、国防委员会委员长金正日对中国进行非正式访问,在北京、天津、辽宁等省市参观考察的过程中受到中国国家领导人的接见。② 在北京期间,胡锦涛同金正日举行了会谈,并提出了加强中朝关系的五点建议:保持高层交往,加强战略沟通,深化经贸合作,扩大人文交流以及在国际和地区事务中要加强协调,更好维护地区和平稳定。双方强调从"战略和长远的高度"保持"务实合作"。③ 中共中央党校国际战略研究所张琏瑰教授认为,朝鲜在金正日访问期间表现出了很高的"政治智慧",此时正值朝韩因"天安"号事件关系紧张之际,而且就在金正日访华的当天,《不扩散核武器条约》缔约国第8次审议大会在纽约联合国总部开幕。实际上,朝鲜在核问题上"正面临着极大压力"。张教授认为,金正日选择此时来中国,无论做什么,都会给国际社会造成中国支持朝鲜的印象。按中国外交传统,金正日来华,中国一方面要给朝方提供一些援助,另一方面要巩固中朝友谊,"势必客观上造成中国支持朝鲜的效果"。这样一来,朝鲜就可以打"中国牌"了。④

金正日此时访问中国使韩国官方和媒体表现出失望的情绪。金正日访华

---

① Scott Snyder, "China-Korea Relations: The Cheonan and China's 'Double Play'," *Comparative Connections*, July 2010, p. 107.
② 具体内容可参见中华人民共和国外交部网站,http://www.fmprc.gov.cn/mfa_chn/gjhdq_603914/gj_603916/yz_603918/1206_604114/sbgx_604118/。
③ http://epaper.qingdaonews.com/mobile/list_content.aspx?papername=%C7%E0%B5%BA%D4%E7%B1%A8&paperid=1437&cate=%B9%FA%BC%CA%D0%C2%CE%C5&articleID=89177,检索日期:2013年4月1日。
④ http://www.cnhan.com/gb/content/2010-05/08/content_1140550.htm,检索日期:2013年4月1日。

期间，韩国统一部长官玄仁泽在5月4日会见中国驻韩大使张鑫森时要求中国发挥"负责任角色"。韩国SBS电视广播台发表评论指出"中国领导人在与李明博总统握手几天之后便拥抱朝鲜领导人，对金正日的热情欢迎尤其令人不快……因为它正是韩国哀悼天安舰被杀士兵的时候"。①

5月28～30日，温家宝总理访问韩国并出席在济州举行的第三次中日韩领导人会议，与李明博总统举行会谈。尽管韩国此时仍然聚焦于天安舰事件，而且希望中国也对朝表示出强硬的姿态，但是未能如愿，中国只是强调加强两国经济和贸易合作。韩国则对中国持续加强与朝鲜的合作表示不满，因为伴随着经济合作的增加，中朝党与党之间以及政府之间的联系也在持续不断地加深加强。

6月26日，胡锦涛主席出席二十国集团领导人多伦多峰会期间会见韩国总统李明博。双方仍没有就天安舰事件达成新的共识，但两国承诺加强中韩战略合作伙伴关系。中国要求韩朝双方以"冷静克制"的态度处理危机，并申明"反对以及谴责有关破坏地区稳定性的行动"，但是没有明确指明朝鲜。韩国媒体批评中国在天安舰事件上"不置可否"的态度。尽管韩国政府一直努力推动中国政府认定朝鲜为天安舰事件的主谋，但中国领导人重申对事件的"客观公正的态度"，回避韩国的要求。

天安舰事件使朝韩关系降至冰点，受此影响，中韩关系的发展也面临困境。天安舰事件被认为是中韩关系发展的分水岭。②"朝鲜半岛局势的变化给中韩政治关系的发展带来了新的挑战，对于与半岛南北双方都有密切外交关系的中国来说，无疑陷入了一个十分尴尬的境地，也使2008年建立起来的中韩战略合作伙伴关系面临考验。"③ 天安舰事件使中国对外政策面对严峻的挑战。尽管韩国努力争取希望中国指责朝鲜的挑衅行为，但是中国拒绝了这种要求。④ 中国拒绝承认由韩国主导的事件调查结果，当韩国要求安理

---

① Scott Snyder, "China-Korea Relations: The Cheonan and China's 'Double Play'," *Comparative Connections*, July 2010, p. 109.
② 詹德斌：《"天安舰"事件后韩国对中韩关系的反思》，《世界经济与政治论坛》2011年第6期，第116页。
③ 王生：《中韩建交20年：取得的成果与面临的课题》，《东北亚论坛》2012年第5期，总第103期，第24页。
④ Jih-Un Kim, "Is China a Conservative Power to South Korea? —A Discussion of Sino-South Korea Relations in IR Theoretical Framework," pp. 12 – 14.

会谴责朝鲜时,由于中国的反对,安理会的声明中并未具体指出朝鲜就是攻击方。"中国在天安舰事件后,没有表态支持韩国,'庇护朝鲜',没能发挥'负责任的大国'的作用,从而引发了韩国方面的不满。"① 这使韩国对中韩战略合作伙伴关系产生强烈的不信任感。韩国部分民众对于中国在半岛地区所发挥的作用持怀疑态度,"中国在朝鲜半岛问题上主张维持现状即分裂状态,从短期来看维持和平和稳定是必要的,但从长期来看韩国人会担心中国为了维持对朝鲜的影响力阻碍韩半岛的统一"。②

从天安舰事件后中朝韩三方的互动过程可以看出,尽管韩国强调中韩战略合作伙伴关系,并在半岛地区局势紧张时要求中国提供支持帮助,但中国无法及时有效地为其提供战略上的支持。究其原因,"作为朝鲜盟国的中国显然很难在朝鲜强烈否认的'天安舰'问题上站在韩国一边",③ 韩国的愿望最终落空。

在这种情况下,韩国该如何构建其国家战略?根据三角关系的理论分析,韩国的可选战略包括:作为"稳定婚姻"关系中的主要伙伴以及"浪漫三角"关系中的参加国。冷战结束以来,尽管中朝之间特殊的友谊关系有所弱化,但是两国仍然保持了战略上的合作关系,中国仍然是朝鲜最大的贸易对象与支援国家,两者是一种"弱式"的"稳定婚姻"中的伙伴关系。因此,第一个可选战略对于韩国来说并不可行。而作为"浪漫三角"关系中的参加国的努力也受到朝鲜因素即中朝这种特殊关系的影响。虽然中韩建立了战略合作伙伴关系,"韩朝关系得到缓和与改善,中韩关系就会顺利发展,反之,如果朝韩关系出现波折和冲突,中韩关系也必然会受到影响"。④ 一旦朝韩双方出现紧张对立,这种战略伙伴关系便面临严重困境,中国不得不倒向朝鲜一方。可见,第二个可选战略的关键是如何处理好对朝关系。

---

① 董向荣、李永春、王晓玲:《韩国专家看中国——以中韩关系为中心》,《现代国际关系》2011年第5期,第59页。
② 董向荣、李永春、王晓玲:《韩国专家看中国——以中韩关系为中心》,《现代国际关系》2011年第5期,第59页。
③ 詹德斌:《"天安舰"事件后韩国对中韩关系的反思》,《世界经济与政治论坛》2011年11月第6期,第120页。
④ 石源华:《朝鲜半岛战略新平衡与中国的政策选择》,《韩国研究论丛》(第二十三辑),世界知识出版社,2011,第5页。

对于中国来说,"保持与朝鲜的亲密关系对中国来说是令人沮丧的"。①虽然中国是对朝鲜具有最重要影响的国家,但并不如外界所想象的那样有效。朝鲜作为主权独立的国家,完全按照本国的利益制定并实施本国的政策。按照三角关系理论分析,中国的最优选择战略是:"浪漫三角"关系中的主导角色(主轴)。这要求中国对朝韩采取等距离的外交,如在天安舰事件发生后对韩国表示同情和支持并与韩国一起制裁朝鲜。但是"完全孤立朝鲜并停止对其经济和政治的支持可能导致政权崩溃,使得大量难民涌入边境,而且可能使周边国家都被迫参与战争,甚至使用核武器。中国更害怕任何冲突或崩溃可能使韩国和美国军队驻扎于东北边境"。② 因此,为维护中国负责任大国的形象,中国必须将对朝政策保持在一定可控的范围内,根据本国的战略利益,评估对朝外交的利益得失,维护中国的总体外交战略。

从上述分析可以看出,中韩之间最优战略的选择存在交集。中韩战略合作伙伴关系的建立便是向"浪漫三角"关系迈进的重要一步。然而,由于朝韩双方关系紧张对峙,朝鲜作为中国战略缓冲区及中朝之间固有的伙伴关系使这种关系的构建存在障碍。尤其是李明博政府上台执政后,推行强硬的对朝外交政策使朝韩之间不断触动和平局面维系的底线。在这个过程中并不存在受益者,因此,韩国的最优选择是与朝鲜形成一种"和平局面",将三国关系向"浪漫三角"式关系甚至是最高层级的"三人共处"式关系推进。

On North Korea as a Factor in Sino-ROK Strategic Cooperative Partnership

Zhao Weining

Abstract The Sino-ROK bilateral relations have been raised to the highest level of the strategic cooperative partnership, from good-neighborly and friendly cooperative relations in the early stages of the diplomatic relations. In spite of this

---

① David Kang, Victor Cha, " Think Again: North Korea," *Foreign Policy*, March 25, 2013.
② David Kang, Victor Cha, " Think Again: North Korea," *Foreign Policy*, March 25, 2013.

great development, there still exist restrictive factors that affect their cooperation. Factors restricting the development of bilateral relations in addition to the inherent history between the two countries and territories dispute as well as the factors of the United States, what kind of roles of North Korea factors plays are a very important question. In this paper, I would use trilateralism the to analyze of the North Korea factor on the development of the China-ROK strategic cooperative partnership, and take The Cheonan as an example to carry out specific analysis on the restricting factors. When it is in acute conflict, the development of Sino-ROK relations will face challenges.

Key Words China and South Korea; strategic cooperative partners relationship; North Korea; trilateralism; The Cheonan

论朝鲜的不对称威慑战略[*]

申 韬

【内容提要】冷战结束以来，限于自身的实力，不对称威慑战略逐渐成为朝鲜恢复半岛权力平衡和保障其政治体制延续的重要手段。朝鲜的不对称威慑战略以发展核武器和远程导弹、火炮及特种部队等一些不对称作战能力为后盾，以战争边缘策略为重要特征。其目的有两个：一个是遏制韩美两国的军事威胁，防止可能爆发的针对朝鲜的战争；另一个是用战争边缘策略展示朝鲜不对称威慑的意志和决心，通过制造可控的战争风险迫使韩美作出让步。朝鲜在不对称威慑战略中过度使用战争边缘策略对东北亚地区安全与稳定的威胁极大，而且伴随着朝鲜核技术的发展，一个以核威慑为主要内容的不对称威慑战略将给这一地区国家的和平与发展带来更大的压力。

【关键词】不对称威慑 朝鲜 韩国 战争边缘策略

【作者简介】申韬，辽宁大学国际关系学院硕士研究生。主要研究方向：东北亚地区安全问题，俄罗斯政治与外交。

自冷战结束以来，朝鲜半岛的安全结构发生了很大变化。苏联解体后，朝鲜失去了冷战时期最重要的靠山，再加上自然灾害和经济政策的失误，整

---

[*] 感谢同济大学政治与国际关系学院院长夏立平教授在"中国第九届韩国学博士生论坛"上对本文提出的宝贵意见，感谢《韩国研究论丛》杂志匿名审稿人的建设性修改意见和宝贵建议。这些意见和建议使本文的结构和论证更为合理、严谨。当然，文中的错误与不妥之处概由笔者负责。

个国家进入了"苦难的行军"时期。① 但朝鲜半岛的南北关系却没有随着冷战的结束而实现正常化，整个半岛依然处于脆弱的停战状态，客观上增加了朝鲜由于相对孤立和经济困难而产生的不安全感。朝鲜认为，半岛的权力分配逐渐呈现不利于自己的发展态势，自己的国家安全和政权存续正受到一个日益强大的美韩同盟的威胁。在这种情况下，基于自身的国力，不对称威慑战略逐渐成为朝鲜恢复半岛权力平衡和保障其政治体制延续的重要手段。

不对称威慑战略是小国试图威慑大国的一种安全战略，其本质是一种"非正常威慑"或者"不完全威慑"，② 即威慑的一方并不寻求在威慑能力对等或相互确保摧毁意义下的完全威慑，而是谨慎地利用不对称的方式降低对手发动攻击行动的意志和动力，以最小的代价获取最大的威慑效果。笔者认为，考虑到朝韩之间、朝美之间缺乏基本的信任，朝鲜半岛南北对峙下的安全困境短期内恐难得到根本性解决，而且在先军政治的影响下，朝鲜在未来相当长的一段时期内，可能仍将不顾国际社会的制裁，继续发展核武器和弹道导弹等一些不对称威慑力量，一方面可以保证不对称威慑战略的可靠性和有效性，另一方面也可以借此获得对外谈判的主动权，甚至用不扩散大规模杀伤性武器来换取美韩在承认朝鲜核国家地位上的让步。

一 朝鲜的理性

要理解朝鲜的不对称威慑战略，首先要明确威慑的概念。什么是威慑？在2005年诺贝尔经济学奖获得者托马斯·谢林（T. C. Schelling）的代表作《冲突的战略》（*The Strategy of Conflict*）一书里，威慑被定义为"一方采取有效方式影响对方决策，并期望借此影响对方对自身行为预期判断的行为模式"；"威慑涉及与对方冲突的同时，以足够的证据使对方相信我们的反应取决于对方的行为"。③ 威慑的实现，是通过让潜在的进攻者确信，蓄意发动大规模战争的收益绝对不会大于进行这种战争的成本。在这一点上，威慑

---

① 在这5年内，朝鲜的非正常死亡人数达到了33.6万人（据韩国统计厅2010年发表的《朝鲜人口推算》），这段时期被朝鲜官方定为"苦难的行军"。
② 夏立平教授在"中国第九届韩国学博士生论坛"上提出了不对称威慑本质上是一种非正常威慑或不完全威慑的论断。
③ 〔美〕托马斯·谢林：《冲突的战略》，赵华等译，华夏出版社，2011，第11页。

和中国古代《孙子兵法》中闻名于世的"不战而屈人之兵"的战略思想不谋而合,它们都强调以威加于敌,使敌人在心理上对战争产生恐惧,在某种意义上可以认为是一种基于双方实力和宣传的心理战。

威慑理论的成立通常都基于这样一种假设,即现代政府的政策制定者在处理国际危机事件时是理性决策的行为体。在理性行为体的模式中,"国家作为单一的行为体,以人类的理性计算进行选择。根据这一模式,决策者设立明确的政治目标及其优先次序,选定实现目标的手段,并设想各种选择的结果",确保收益最大化,损失最小化。① 因而,威慑战略经常被称为理性威慑战略,一个成功的威慑政策的前提是决策行为体要保持足够的理性,即决策行为体通过对利益目标进行计算和权衡来实现现行为利益的最大化。

那么朝鲜是否是一个合格的理性行为体呢?对于这一点,国际学界争议颇多,不过笔者倾向于认为朝鲜的领导者是足够理性的。虽然朝鲜经常违背自己对国际社会的承诺,而且在国际社会无法满足其行为预期的情况下倾向于用发射弹道导弹或进行核试验的方式展现自己的强硬,给外界留下了缺乏理性的印象,但笔者认为,朝鲜一些激烈行为的出发点不过是为了威慑对手,并借此抬高领导者在国内民众中的威望。金正恩上台的时间并不长,虽然他通过继承金正日的政治遗产获得政权,但作为一个威望、资历和经验都严重不足的年轻领导者,如果因为对形势判断的失误而挑起与美韩的大规模冲突,将会严重削弱以其为首的执政集团对国民和社会的控制力,甚至可能导致体制的崩溃和政权的倾覆,这种可能性是朝鲜的统治阶层所无法接受的。因此,笔者认为,朝鲜虽然对外表现出强硬的一面,但同时也会在决策过程中保持足够的理性,更不可能主动挑起大规模军事冲突,其强硬举动的意图主要是为了用自己有限的不对称手段威慑对手,确保自身的安全和利益。限于自身的实力和国际环境,朝鲜的安全战略在未来一段时期内可能仍将以不对称威慑战略为主。

值得注意的是,朝鲜通过各种行动强化自己的超强硬形象,在政策使用上可能表现出非理性的一面,但其最终目的却并非要挑起一场战争,而是希望通过战争威胁来迫使韩美两国作出让步。美国夏威夷东西方研究中心研究

---

① 杨洁勉:《后冷战时期的中美关系:危机管理的理论和实践》,上海人民出版社,2004,第37~39页。

员邓尼·罗伊（Denny Roy）认为，"如果对峙中的一方倾向于使用武力，那么另一方为了避免遭到武力挑衅，可能会反而在行为上变得十分克制"。① 2013年3月5~6日，朝鲜人民军侦察总局局长金永哲被授权对外宣布废除1953年签署的《朝鲜停战协定》并中止板门店朝鲜代表部的活动。朝鲜《劳动新闻》报也在头版公开表示，"根据最高司令官（金正恩）同志最终签署的作战计划，朝鲜已经进入正面对决的状态"，"如果美帝国主义胆敢使用核武器威胁，我们将通过精密的核打击能力，把首尔和华盛顿全部变成一片火海"。② 从表面看，废除停战协定和威胁对韩美实施核打击似乎非常不理性，但朝鲜这种看似不理性的做法是为了制造一种心理影响，通过提出核战争的可能性把压力转移给韩美两国，使韩美同盟不能对其进行先发制人的打击而陷入被动。之后朝鲜又理性地选择重启朝韩政府间对话，这也充分说明朝鲜对外示强的真正用意并不是要挑起一场自己无法承受也绝无胜算的战争，而是希望利用韩美民众对核战争的紧张和恐惧心理，倒逼韩美两国与其对话，使朝鲜的核国家地位得到国际社会的认可。鉴于此，可以确定的是朝鲜政权的决策行为体能够保持理性的思维，其在外交上的一些过激言语在很大程度上仅代表了一种外交姿态，而非要把言语付诸实际行动。

在当前朝鲜半岛南北双方力量和地位都不对称的条件下，朝鲜表面上的非理性强硬可以在某种程度上给国际社会留下南北双方势均力敌的印象。对于这一点，邓尼·罗伊认为，"威慑双方中的弱势一方可以通过表面上的非理性来恫吓强势的一方，在双方真的发生正面冲突时，非理性将会弥补弱势一方能力上的短板"。③ 比如弱势一方的领导人会这么吓唬对方："我愿意以牺牲我的生命为代价来换取你的一只手臂。"这时候对方可能认为这些话真的不是说说而已，于是宁愿选择用让步来换取手臂的安全，这样一来就意味着恫吓成功了。这就是不对称关系中非理性带来的好处，也是朝鲜虽然实力不济也要对外强硬并不断进行战争威胁的重要原因。

---

① Denny Roy, "North Korea and the 'Madman' Theory," *Security Dialogue* 25, September 3, 1994, p. 311.
② 《朝鲜威胁将用核武器把首尔和华盛顿变成火海》，韩国《中央日报》中文网，2013年3月7日，http://chinese.joins.com/gb/article.do?method=detail&art_id=100693&category=002002。
③ Denny Roy, "North Korea and the 'Madman' Theory," pp. 311-312.

此外，在朝鲜的社会文化价值体系中，理性实际上是被朝鲜官方强调的重点。朝鲜已故领导人金日成所创立的主体思想和传统社会文化中的儒家思想在很大程度上其实强化了朝鲜社会的集体主义文化，因此对于朝鲜来说，理性指的是国民应该为了祖国的长远利益默默承受自身巨大的苦难，这和西方的理性文化中对个体生命价值的重视有所区别。这意味着即使朝鲜在战争中遭受巨大的损失，这些损失带给政权的后续政治影响也许要比其他国家小得多。

二 朝鲜不对称威慑的能力

基辛格认为，"威慑需要能力、使用能力的意志及潜在进攻者对二者的估计等三者的结合，威慑是所有这些因素的乘积而不是它们的和。其中任何一个因素为零，威慑就会失效"。① 这段话简洁地指明了威慑成功需要三个要素：能力、意志和威慑信号的有效传递。下面主要围绕这三个方面来研究朝鲜不对称威慑的特点。

首先，有形的军事力量是威慑成功的基础。威慑战略的可信性需要建立在能力的基础上，需要确保拥有能实施惩戒或报复的军事能力和手段。② 朝鲜的不对称威慑战略首先需要以实际的不对称威慑能力作为后盾。截至2012年，朝鲜人民军现役总人数约合119万，军队总人数排列世界第四。朝鲜装备有2.1万门各类火炮，包括5100门多管火箭炮，8500门自行火炮和牵引式火炮，7500门迫击炮，其中大部分都部署在坚固的地下设施中或隐藏于大山的隧道里，其隐蔽性和机动性能让韩国在受到朝鲜火炮攻击前几乎没有预警时间。③ 在朝鲜庞大的炮兵装备中，有两种射程足以覆盖首尔城市圈的远程火炮最值得注意。一种是170毫米的远程自行加农炮（M-1978），射程达到了54公里；另一种是240毫米的多管火箭炮（M-1985），射程达到了65公里。这两种火炮的最远射程都超过了韩国军队装备的最先进的K-9式155毫米自行火炮（最大射程为40公里），到2012

---

① Henry Kissinger, *The Necessity for Choice*, Garden City, New York: Double Day, 1962, p. 12.
② 吴莼思：《威慑理论与导弹防御》，长征出版社，2001，第4页。
③ International Institute for Strategic Studies, *The Military Balance 2013*, London: Routledge, 2013, p. 310.

年这两种火炮已经共部署了约1200门。① 根据美国军方人士的估计，一旦朝鲜半岛爆发战争，朝鲜能在一个小时内向首尔城市圈发射50万发炮弹。② 而以首尔特别市为中心的首尔城市圈不仅是韩国政治、经济和文化中心，也聚集了全国近50%的韩国人口，所以朝鲜威胁利用远程火炮打击首尔地区的手段的确可以达到威慑韩国的战略效果，从而平衡了韩国在空中和海上力量的战略优势。

不过，虽然朝鲜的火炮具有威慑韩国首尔地区的能力，但常规火炮也存在如机动性较差等一些缺点，容易遭到敌人优势空中力量的打击。因此朝鲜在保持常规火炮威慑的同时，积极研发和部署各种中短程弹道导弹，企图利用导弹射程远、速度快和精度高等优势对韩国甚至是美国发起精确打击。截至2012年，朝鲜已部署了24枚FROG（"蛙"式）火箭弹，50~70枚KN-2（"大毒蛇"）短程导弹、不少于30枚SCUD-B/C（"华城-5/6"）短程导弹，10~50枚NO-DONG（"劳动"）中程导弹，以及不超过50枚的Taepodong-1（"大浦洞-1"）中程导弹。③ 朝鲜在2009年4月成功发射了Taepodong-2（"大浦洞-2"）中程导弹，射程超过3500公里；在2012年12月成功发射了Musudan（"舞水端"）中程导弹，射程在2400~5000公里之间，可以覆盖美国的关岛和夏威夷地区。④ Taepodong-2导弹和Musudan导弹的试射次数较少，在可靠性方面仍存许多疑问。在外界已知的朝鲜导弹中，射程在1300公里以下的三种导弹——KN-2、SCUD-B/C和NO-DONG技术已经相对成熟，是目前朝鲜不对称威慑战略的中坚力量。

KN-2（"大毒蛇"）短程导弹是朝鲜目前部署的唯一一种固体弹道导弹。该导弹射程约为110~130公里，由于使用了固体燃料火箭发动机和车载发射形式，因此具备很强的战术机动和快速反应能力。KN-2平时隐藏

---

① U. S. Department of Defense, "Military and Security Developments Involving the Democratic People's Republic of Korea 2012," Feburary15, 2013, p. 18.

② U. S. Senate, Statement of General Thomas A. Schwartz, Commander in Chief United Nations Command/Combined Forces Command & Commander, United States Forces Korea, testimony before the Senate Armed Services Committee, 106th Congress, 2nd Session, March 7, 2000, p. 5.

③ International Institute for Strategic Studies, *The Military Balance 2013*, p. 311; U. S. Department of Defense, "Military and Security Developments Involving the Democratic People's Republic of Korea 2012," p. 15.

④ U. S. Department of Defense, "Military and Security Developments Involving the Democratic People's Republic of Korea 2012," pp. 9–15.

在坚固的地下设施中,战时可以在5分钟内完成发射准备。在这样短的时间内,韩国空军很难对其完成搜索、识别、决策、打击的全过程,也就无法阻止导弹发射。因此KN-2较高的生存能力和相对火炮而言更远的射程使其能够随时从"三八线"朝鲜一侧的战役纵深区域打击首尔地区,从而为朝鲜提供可靠的不对称威慑能力。更重要的是,KN-2的命中精度(Circular Error Probable)小于150米,雷达末端制导型的KN-2的命中精度甚至小于15米,已经具备精确打击能力。[1] 这意味着如果战争爆发,朝鲜在"三八线"附近使用KN-2导弹,就可以精确打击首尔的政府行政中心、电视台、变电枢纽、供水供气设施等要害机构,这会对韩国的民心士气造成极大的影响。SCUD-B/C("华城-5/6")短程导弹又称朝鲜的"飞毛腿"导弹,射程约为500公里。虽然这种导弹采取了不可存储的液体推动剂,发射准备时间较长,但其500公里的射程可以使朝鲜从具有战略纵深的预设阵地打击韩国全境,对朝鲜争取战争的主动权十分重要。NO-DONG("劳动")中程导弹的射程约为1300公里,可以覆盖除冲绳以外的日本列岛,并且具备携带核弹头的能力。这意味着只要核弹小型化的技术达标,朝鲜就可以将常规威慑提升至核威慑的水平,拥有从中朝边境地区对日本进行核打击的战略潜力。

除了远程火炮和弹道导弹外,近年来国际社会有目共睹的是,朝鲜为了获取更大的不对称威慑能力积极研发和生产核武器,至于已经生产了多少核武器,朝鲜官方从未给出过具体的数据,外界也无从得知。不过,通过分析钚和浓缩铀这两种核原料的生产能力,外界可以大致推算出朝鲜目前的核威慑力。在钚的生产方面,朝鲜起步很早。早在20世纪80年代,朝鲜在宁边就建设了一座5兆瓦的核反应堆和核处理工厂。这座核反应堆属于石墨反应堆,装有8000根核燃料棒,可被用来提取制造核武器的原料——放射性钚。[2] 朝鲜在2004年向美国提交了一份一万多页的核原料生产清单,上面显示已经生产了37公斤的放射性钚,理论上可以生产6~10

---

[1] Michael O'Hanlon, "Stopping a North Korean Invasion," *International Security* 22, 4 (Spring 1998), p.145; David C. Kang, "International Relations Theory and the Second Korean War," *International Studies Quarterly* 47, 3 (September 2003), p. 321.

[2] Scott D. Sagan and Kenneth N. Waltz, *The Spread of Nuclear Weapons: A Debate Renewed*, New York: W. W. Norton, 2003, p. 42.

枚核武器。① 同时，在浓缩铀的生产方面，朝鲜近年来取得了长足的进步。目前朝鲜基本拥有了从铀矿开采到核废料处理的核燃料循环体系，具备了提炼高浓缩铀来制造核武器的能力。2010年，朝鲜宣布在宁边已建成一个配备数千台离心机的铀浓缩工厂。2011年3月，据美国国防情报局（Defence Intelligence Agency）局长罗纳德·伯吉斯（Ronald Burgess）将军披露，朝鲜已经生产了6枚钚弹，而且已能使其小型化，能够通过中程导弹或轰炸机携带，可对远方目标实施核打击。② 这是美国情报高官首次承认朝鲜具备了远程核打击能力。截至2013年5月，朝鲜已经进行了三次核试验。据美国科学家联盟（The Federation of American Scientists）估算，早在第三次核试验前，朝鲜储存的放射性钚就足够制造4~12枚裂变核弹（原子弹）。③ 美国军方认为，由于朝鲜的四种中程导弹——NO-DONG、Taepodong-1、Taepodong-2和Musudan均具有搭载核弹头的能力，所以一旦实现了核武器的小型化，朝鲜就有了能用核导弹打击美国部分地区的核威慑力。④ 此外，朝鲜空军目前拥有82架H-5B（轰5改进型）轰炸机，理论上该轰炸机也可以携带朝鲜现有的威力相对较小的原子弹对韩国境内的目标进行战术核打击。⑤

需要注意的是，即使目前朝鲜的核武器数量可能很有限，搭载核爆炸装置的运载工具也可能不够精确，但只要朝鲜拥有核武器，外界对朝鲜作为有核国家的威慑可信度的判断就会发生巨大改变。核武器的毁灭性能力很大程度上简化了外界对朝鲜威慑可信度的计算判断：朝鲜即使目前无法给美国本土但也能给韩日及美国在这两国的军事基地带去灭顶之灾。"在一个无核世界里，地理距离的遥远、远程军事打击工具的有限、威慑的可信度有疑问等这些因素的存在，导致威慑的能力大打折扣。但核武器的出现使得对对手的

---

① Terence Roehrig, "Restraining the Hegemon: North Korea, the United States and Asymmetrical Deterrence," *Pacific Focus*, Vol. XX, No. 2 (Fall 2005), p. 25.
② James Brooke and Eric Schmitt, "North Koreans Hold Six Nuclear Devices," *New York Times*, March 13, 2011, A3.
③ Center For Strategic and International Studies, *The Military Balance in Asia: 1990 - 2010*, Washington DC: Cordesman and Hammond, 2010, p. 56.
④ U.S. Department of Defense, "Military and Security Developments Involving the Democratic People's Republic of Korea 2012," 2013, p. 9.
⑤ International Institute for Strategic Studies, *The Military Balance 2013*, p. 310.

军事误判减少了很多。"① 正如一则冷战时期的反核标语所说的那样,"一枚核弹就能毁掉你的所有"。② 因此只要朝鲜具有核武力,不管这种能力如何,都能使外界感到恐惧和惊慌,也就自然增加了朝鲜不对称威慑战略的可信性。

朝鲜在发展不对称威慑能力的过程中也把目光投向了化学和生物武器。在20世纪50年代朝鲜战争结束后不久,为了对抗美国在韩国部署核武器,朝鲜决定研发化学和生物武器作为不对称反制措施。从20世纪60年代起,朝鲜展开对塔崩、芥子气等化学毒剂和炭疽菌、天花、鼠疫、霍乱等生物病毒的研究,在冷战结束前就已具备规模化制造化学武器的能力,同时也装备了如芥子气弹、沙林弹、塔崩弹和VX("维埃克斯")弹等多种化学毒剂弹。从美国军方和伦敦智库的研究报告来看,朝鲜现拥有世界上第三大化学武器库,具备生产神经毒剂和窒息性毒剂等化学武器的能力,储存有2500～5000吨化学毒剂,以每发化学弹的毒剂用量4公斤计,至少可供制造62.5万发毒剂弹。③ 朝鲜的化学武器可使用飞机、炮弹、导弹等多种工具进行投射,其对韩国甚至美国的威胁或许并不小于核武器。

值得注意的是,美国军方认为,朝鲜近年来十分重视提高网络和电磁空间作战能力,这是朝鲜寻求不断提高不对称威慑能力的表现。④ 2009年7月7日晚,韩国境内的1.2万台计算机和包括青瓦台、国防部、外交通商部等政府和军事机构在内的多家网站同时遭到朝鲜网络战部队的分布式拒绝服务攻击(Distributed Denial of Service Attacks),瘫痪时间长达4个小时。⑤ 2011年4月,韩国最大的银行之一——农业协会联盟银行(Nonghyup Bank)的网络系统因遭到分布式拒绝服务攻击而连续瘫痪了3天,据韩国首尔地区检

---

① Scott D. Sagan and Kenneth N. Waltz, *The Spread of Nuclear Weapons: A Debate Renewed*, p. 9.
② 〔美〕肯尼思·沃尔兹:《现实主义与国际政治》,张睿壮等译,北京大学出版社,2012,第256页。
③ U. S. Department of Defense, "Military and Security Developments Involving the Democratic People's Republic of Korea 2012," Feburary 15, 2013, p. 17; International Institute for Strategic Studies, *The Military Balance 2013*, p. 270.
④ U. S. Department of Defense, "Military and Security Developments Involving the Democratic People's Republic of Korea 2012," Feburary15, 2013, pp. 9 – 10.
⑤ International Institute for Strategic Studies, *The Military Balance 2013*, pp. 270 – 312.

察厅调查，朝鲜的网络战部队利用远程操作发起了这次网络攻击。① 2009～2011年，从计算机网络刺探（Computer Network Exploitation）到分布式拒绝服务攻击，朝鲜频频对韩国的政府、军事和商业机构的网络系统发起网络攻击，网络空间战（Computer Network Operations）已成为朝鲜对韩国进行不对称威慑和获取外部情报机密的一种"高性价比"路径。② 另外，朝鲜的电磁作战能力在近年来也引起了国际社会的关注。朝鲜的电磁作战武器主要是仿照俄罗斯同类产品研制的大型车载式GPS干扰机，能在50～100公里的范围内对GPS信号进行强电磁波干扰。2010年8月，朝鲜在美韩"乙支自由卫士"联合军事演习期间首度尝试对韩美联军的GPS信号进行干扰。由于GPS系统广泛应用于韩国的民用基础设施，朝鲜的GPS干扰机可以远距离地制造韩国社会和经济混乱。2012年4月28日到5月13日，朝鲜连续16天对韩国的民用GPS信号进行干扰，导致在首尔地区起降的670多架次民航飞机和在仁川江华岛海域航行的120多艘民用船舶被迫关闭GPS设备，给韩国的社会经济造成了巨大损失。③

在朝鲜拥有的不对称威慑能力中，最近越来越引起美国军方关注的还有朝鲜的特种作战部队。朝鲜有一支由8.8万人组成的"世界上最大规模的特种作战部队"，美国国防部认为，朝鲜的特种部队受到朝鲜国防委员会（The DPRK National Defense Commission）的"特别关照"，"训练充足""装备优越""资金充裕"并且"作战积极性极高"，是其不对称作战的重要力量。④ 此外，为了配合特种部队的发展，在朝韩对峙长达半个多世纪的时间里，朝鲜根据半岛独特的地理环境研发了一些具有明显不对称作战特点的特种装备。例如韩国86%的边境线是海岸，岩石岛屿星罗棋布，因此朝鲜专门为特种部队装备了数量众多、尺寸不同的船艇来执行海上渗透任务，包括微型潜艇、高速半潜艇、两栖气垫船等，利用这些运载工具，朝鲜能在战时较短的时间内将数千名特种兵沿海岸线投送到韩国，甚至绕到韩美联军的背

---

① U.S. Department of Defense, "Military and Security Developments Involving the Democratic People's Republic of Korea 2012," pp. 9 – 10.
② U.S. Department of Defense, "Military and Security Developments Involving the Democratic People's Republic of Korea 2012," pp. 9 – 10.
③ International Institute for Strategic Studies, *The Military Balance 2013*, p. 270.
④ U.S. Department of Defense, "Military and Security Developments Involving the Democratic People's Republic of Korea 2012," p. 19.

后实施突然袭击。考虑到朝鲜半岛特殊的多山地形,朝鲜空军还专门备有 AN-2("空中马驹")轻型运输机来运送特种兵。虽然 AN-2 十分老旧,但由于采用全木质与合金机体,重量较轻,不会反射雷达波,即使被韩美防空雷达捕捉到也容易被误认为是鸟群,并且能在 200 米左右的低空持续飞行,适合穿越朝鲜半岛的山区地形,因此被认为是朝鲜特种部队进行隐秘渗透的利器。①

三 朝鲜不对称威慑的意志

基辛格曾说过,"威慑力量不仅只来自物质关系,而且也是来自一种心理关系,当我们拥有强大的军事力量同时又有使用这种力量的意志时,威慑的力量就最大。当某一方冒险的意志不够坚强时,不论它的威慑力量多么强大,它的威慑效力却总是最小的。"② 一言以概之,威慑战略运用得成功与否,不仅取决于威慑能力,还取决于威慑的意志。也就说,只有使对方意识到威慑的有效性和真实性,以及因此而产生严重的心理恐惧和压力,才能迫使对方放弃原来的行动计划。笔者认为,从朝鲜目前的行为逻辑来看,朝鲜不对称威慑的意志很大程度上通过其战争边缘策略表现出来。

那么什么是战争边缘策略呢?战争边缘策略是指危机对抗中的一方将冲突情况逐步升级至战争爆发边缘,但又不主动触发战争,而是以战争爆发边缘的危急形势向对手施加强大的压力,迫使对手作出退让。美国前国务卿约翰·杜勒斯(J. F. Dulles)对此曾有过一段精妙的论述:"能够走到战争边缘同时又不卷入战争是必要的艺术。如果你不能掌握它,你就不可避免地将跌入战争。如果你试图逃避战争,如果你害怕被带到战争边缘,你就失败了。"③ 托马斯·谢林则认为战争边缘策略类似于自我约束的策略。他在《冲突的战略》一书中谈到,"在冲突和谈判的场合,如果博弈双方能够以

---

① Hanlon Michael, "Stopping a North Korean Invasion," *International Security* 22, 4 (Spring 2008), pp. 135-170.
② 〔美〕亨利·基辛格:《从核战争到有限战争:核武器与对外政策》,袁正领译,军事科学出版社,2000,第 217 页。
③ 谢普利:《杜勒斯怎样避免了战争》,《杜勒斯言论选辑》,世界知识出版社,1960,第 225~226 页。

可信和可观察的方式选择自我约束,逐步缩小自身的策略空间,那么在极端冲突爆发前的边缘时刻,这种行为反而会增强其谈判地位,而赋予另一方更多的相机决策权则可能伤害该参与人的利益"。① 这种自我约束的行为逻辑解释了战争边缘策略的合理性。对于冲突双方来说,有时候退一步或忍一忍反而会加剧挑衅活动,只有把冲突局势极力推向战争爆发的边缘但又使其不真的爆发战争,才能让冲突的解决最符合自己的期望和利益。

不得不承认的是,在朝鲜半岛南北双方相互威慑和对抗的环境下,朝鲜十分善于利用以武力威吓、制造风险、自我克制、准备谈判为特征的战争边缘策略来对外显示其不对称威慑的意志和决心。在2013年3月爆发的新一轮朝鲜半岛危机中,朝鲜通过制造风险、增加不确定性和进行战争恫吓等一系列边缘军事行动,企图把半岛局势推向战争的边缘。朝鲜在这一轮危机中的行为清楚地表现出战争边缘策略的三个特征:第一,发动军事和舆论的威胁与恫吓;第二,自我克制;第三,寻找途径准备谈判。例如,在美国B-2("幽灵")隐形轰炸机飞临朝鲜半岛上空后,朝鲜立即宣布半岛进入战争状态,并扬言要对美国进行无情核打击,② 朝鲜的针锋相对说明其希望通过武力和舆论的威胁与恫吓,不仅向美国传达出反制和报复能力的明确信息,而且企图施加强大的心理攻势,从而迫使美国放弃用B-2威慑朝鲜等一系列军事挑衅。在对韩美发出了一连串战争威胁的口号后,朝鲜在3天时间内向东海方向总计发射了6枚短程导弹,作为对韩美在这一地区频繁举行联合军演的回应。③ 虽然朝鲜的这一边缘军事行动被韩美两国认为是加剧紧张局势的挑衅动作,不过对比之前激烈的战争言语,朝鲜在一定程度上仍表现出自我克制的特征,从另一个侧面也说明大规模军事冲突是朝鲜所不愿意看到的。作为理性的决策行为体,朝鲜政权领导者充分地意识到如果爆发直接军事冲突特别是核冲突的话,朝鲜将要付出高昂的成本而无法获得任何收益,所以最终还是要用谈判的方式来解决危机。因此朝鲜选择用重启朝韩政府间工作会谈的方式理智地结束这一轮以战争边缘为特征的半岛危机游戏。一言

---

① 〔美〕托马斯·谢林:《冲突的战略》,赵华等译,华夏出版社,2011,第2页。
② 《朝鲜逼近"核威慑底线"》,英国《金融时报》中文网,2013年4月3日,http://www.ftchinese.com/story/0010。
③ 《朝鲜连续三天向东海发射短程导弹》,韩国《中央日报》中文网,2013年5月21日,http://chinese.joins.com/gb/article.do?method=detail&art_id=104159&category=002002。

以概之，朝鲜战争边缘策略的目的是为了对外展示朝鲜不对称威慑的意志，利用战争恐吓等心理攻势迫使韩美作出让步，改变其在半岛博弈中的被动局面，其实质是遏制战争而非制造战争。

四 如何传递威慑信号

威慑是能力与意志的结合，但仅有二者还不够，能力和意志必须传递给对手，威慑才能成功，而保证己方的力量和决心能够充分被对手所认识并加以重视是威慑信号传递过程中最为关键的因素。正如基辛格所言，"同样是进行威慑，虚张声势但被对方信以为真比实为威胁但被当成虚张声势更有效。"①

影响信号传递的因素有三个：威慑方（信号传递方）、被威慑方（信号接收方）及信号传递途径。威慑信号的传递途径可以是口头或实际行动，可以是正式或非正式外交接触，也可以是单边姿态或双边往来等。在信号传递的过程中，威慑方不仅要发出清晰、准确的信号，还需要注意避免发出的威慑信号被误读，否则极易在冲突千钧一发的时刻使危机升级而爆发战争，从而导致威慑行动失败。因此在紧张的军事对峙背后，威慑双方为了更加清楚地表明自己的立场和了解对方的意图，都小心翼翼地传递、解读彼此的信息，极力避免因为信号误读而导致直接军事冲突。为此，威慑双方在危机处理期间需要进行各种形式的信息沟通。以2013年3月爆发的这一轮朝鲜半岛危机为例，在危机爆发前，朝鲜政府希望美国在某种程度上改变敌视朝鲜的政策，并通过一些间接的外交渠道向美国传递信号。如朝鲜领导人金正恩邀请美国 NBA 篮球明星邓尼思·罗德曼（Dennis Rodman）访问朝鲜就是其传递给美国的一种微妙的政治信号，② 表明新政权不愿意继续与美国保持紧张关系，但由于美国对朝政策已定，自然没有给予朝鲜回旋的空间。而在危机爆发后，朝鲜通过《劳动新闻》报、祖国和平统一委员会等政府机构发表公开声明的方式来表达立场，这是危机期间朝鲜最常用的信号传递方式。同

---

① Henry Kissinger, *The Necessity for Choice*, Garden City, New York: Doubleday, 1962, p. 12.
② 《篮球明星罗德曼：金正恩在等奥巴马给他打电话》，韩国《中央日报》中文网，2013年3月5日，http://chinese.joins.com/gb/article.do? method = detail&art _ id = 100567& category = 002002。

时,在危机升级并达到高潮时,朝鲜通过发射短程导弹等一些军事行动来表示强硬心态和试探韩美的底线,这表明朝鲜用实际行动向韩美传递威慑信号。但在这些强硬举动的背后朝鲜并没有放弃与美国政府的接触。虽然和美国没有建立外交关系,但是通过"纽约渠道",朝鲜利用其驻联合国外交使团和美国政府保持了必要的信息交流和沟通,这为双方理性地控制危机局势实现全身而退起了一定作用。由此看来,信号的有效传递对确保朝鲜成功实施不对称威慑战略具有重要意义。限于朝鲜目前所处的国际环境,其信号的传递途径还是以政府公开声明和实际行动为主。

五　结语

朝鲜半岛地区地缘政治格局的无规则状态和信任困境的长期存在,决定了朝鲜这个国家有太多的不安全感,同时,限于朝鲜自身的综合国力和体制潜力,朝鲜在未来相当长一段时期内不太可能具备对韩美两国的完全威慑能力,因此不对称威慑战略作为一种非正常威慑仍将是朝鲜未来安全战略的基轴。从朝鲜第三次核试验后的一系列情况综合来看,通过以发展核武器和远程导弹、火炮及特种部队等一系列不对称作战能力作为后盾,朝鲜利用以战争边缘策略为重要特征的不对称威慑战略遏阻韩美两国的军事威胁,并企图促使国际社会接受朝鲜的安全、经济和外交诉求。未来朝鲜不对称威慑战略中核威慑的成分可能会增加,这可能会给美国在朝鲜半岛进行军事干预和介入带来更多的压力。

需要注意的是,朝鲜当前的主要目标是实现从事实拥核向法理拥核的转变,争取国际社会对其有核国家地位的承认,挑起一场大规模战争并不符合朝鲜的国家利益与政策导向,因此朝鲜半岛未来发生大规模军事冲突的可能性相对较小,但会呈现紧张对立和缓和妥协相互交替的局面。不过,朝鲜的目标虽然并非是要挑起一场大规模战争,但它在不对称威慑战略中过度使用战争边缘策略对东北亚地区安全与稳定的威胁极大,而且伴随着朝鲜核技术的发展,一个以核威慑为主要内容的不对称威慑战略将给这一地区、国家的和平与发展带来更大的压力。中国政府需要重视这一点,并作出相应的危机管控预案。未来中国政府应该以维护半岛和平为根本目标,坚持对话解决朝核问题,联合韩国等国推进朝鲜半岛的信任进程,更重要的是把六方会谈转变为东北亚地区的安全治理与合作机制,为半岛局势走向正常化提供机制和平台。而半岛其他各方也应该考虑满足朝鲜合理的安全需求,用负责任的行为增进东北亚地区的安全互信,使东北亚的周边环境有利于推动朝鲜问题的最终解决。

Analysis of DPRK's Asymmetrical Deterrence Strategy

Shen Tao

Abstract After the end of the Cold War, subject to the country's own strength, asymmetrical deterrence strategy gradually becomes an important means for North Korea to resume the power balance on the Korea Peninsula and ensure the continuation of the political system. North Korea's asymmetrical deterrence strategy is dependent upon developing some asymmetrical military capabilities, such as nuclear weapon, long-range ballistic missile, artillery system and special operations forces, and is chiefly characterized by brinkmanship. There are two objectives of the asymmetrical deterrence strategy: one is to deter possible wars provoked by South Korea and the United States against the DPRK, the other is to demonstrate North Korea's determination and will toward asymmetrical deterrence by means of the brinkmanship, and force South Korea and the United States to make concession by creating controllable war risks. The threat from North Korea's overuse of brinkmanship is dangerous for the Northeast Asia region, and with the development of North Korea's nuclear engineering and technology, North Korea's asymmetrical deterrence strategy characterized by nuclear deterrence will put much more pressure on the peace and development of Northeast Asian countries.

Key Words asymmetrical deterrence; North Korea; South Korea; brinkmanship

规制主义

——美国东北亚安全战略探析*

凌胜利

【内容提要】 冷战后,作为世界唯一的超级大国,美国努力承担起世界领导者的责任,制定了以维护其世界霸主地位为核心的全球战略。在美国的全球战略当中,亚太地区的地位不断提升,而大国力量胶着、形势跌宕起伏、不确定性四处充溢的东北亚地区则成为美国安全战略制定的重中之重。基于美国在东北亚地区所面临的中国崛起、美日联盟转型、朝鲜半岛整合与应对俄罗斯复兴四大课题,美国将优化前沿军事,强化联盟关系。美国东北亚安全战略将奉行规制主义原则,主要以双边联盟为主导,辅之以多边安全机制。美国东北亚安全战略的目标在于实现防止挑战性大国崛起、保持地区稳定、推进自由贸易和实现民主扩展。

【关键词】 美国　东北亚　安全战略　规制主义

【作者简介】 凌胜利,外交学院国际关系研究所博士研究生。

近年来,美国战略重心不断东移亚太,亚太地区在美国全球战略中的地位与价值不断凸显。东北亚地区不仅有美国的两大铁杆盟友日韩,还有美国的两大潜在竞争对手中俄,并且朝鲜半岛问题错综复杂,特别是朝核问题所引发的东北亚地区大国关系互动,更是提升了该地区的全球关注度。面对上

---

* 本文为外交学院 2012~2013 年度研究生科研创新基金项目和教育部青年基金项目"东亚地缘环境变化与中国区域地缘战略"(项目批准号 11YJCGJW006)。

述复杂形势，美国加强对亚太地区的战略关注成为其全球霸权战略的重要一环。不过美国亚太战略之下有无一个东北亚安全战略，如果有的话，其目标如何拟定、资源如何调动、手段如何实施都是非常值得研究的问题。本文拟从战略运筹过程分析美国的东北亚安全战略，并指出其规则主义色彩浓厚的特点及其可能趋势。

一 美国安全战略评估中的东北亚课题

东北亚地区国家的经济发展迅速，军事、政治不断现代化，但在发展的过程当中充满了变数与不确定性，成为美国东北亚安全战略评估的一大难题。尽管如此，美国认为其在东北亚地区的安全环境中主要面临中国崛起、美日同盟重新定义、朝鲜半岛局势演变与俄罗斯的未来等问题。① 在历届美国国家安全战略报告亚太部分的评估中，涉及东北亚地区的主要也是朝鲜半岛问题，应对中国崛起及台湾问题，美日、美韩联盟关系。总而言之，美国的东北亚安全战略评估的课题可以归纳为应对中国崛起、强化美日联盟、稳控朝鲜半岛、应对俄罗斯复兴等问题。

应对中国崛起。冷战的结束给予重塑世界格局的机会，也给美国全球领导地位带来了机遇与挑战。维护美国的全球领导地位需要加强对潜在竞争对手的关注。布热津斯基认为"欧亚大陆成为争夺全球首要地位而继续斗争的棋盘。欧亚大陆力量分配的变化对美国在全球的首要地位和美国历史遗产，都将具有决定性的重要意义"。② 美国的战略目标在于确保欧亚大陆地缘政治的多元化，防止一个霸权国家在该地区兴起。③ 在"9·11"事件发生之前，中国一直被美国视为巨大挑战，应对中国崛起成为美国东北亚安全战略制定的头号问题，采取何种战略应对中国崛起始终考验着美国的外交谋划。在接触与遏制之中灵活调适是冷战结束以来美国对华政策的战略取向。基于对中国实力与意图发展的不确定性，采用两面下注的方式应对中国崛起

---

① 〔美〕扎勒米·哈利勒扎德等：《美国与亚洲——美国新战略和兵力态势》，新华出版社，2001，第84~112页。
② 〔美〕兹比格纽·布热津斯基：《大棋局——美国的首要地位及其地缘战略》，上海人民出版社，2007，第2、158页。
③ 〔美〕扎勒米·哈利勒扎德等：《美国与亚洲——美国新战略和兵力态势》，第3页。

成为美国政界的共识。美国认为其与中国的关系是促进亚太地区稳定与繁荣的重要组成部分。美国欢迎中国走向强盛、和平与繁荣,但认为中国的民主发展是实现这样一个未来的关键,并希望中国成为一个负责任的利益攸关者。① 既看到中国经济不断发展的国际贡献,又对中国信任不足,是美国对华认知的基调。但是2008年金融危机以来,面对中国的日益崛起与美国相对衰落的现实,美国产生了"霸权焦虑"情绪,担忧中美之间出现权力转移,因而加强了对华战略遏制。应对中国崛起,在希望与恐惧之间,美国表现出犹豫不决的矛盾心理:既希望通过合作接触演化中国,又企图通过施压压制中国。无论如何,应对中国崛起,成为美国东北亚安全战略无法规避的现实,将中国在东北亚地区的影响控制在美国支配之下,成为其重要目标。

强化美日联盟。美日联盟是美国亚太联盟战略的"扇骨",肩负着推行美国东北亚安全战略的重要使命。冷战结束以来,美日联盟实现了由漂流到强化的再定义,实现了由不平等的主从关系向更趋平等的伙伴关系转型。冷战结束导致美日联盟的指涉对象苏联消失,缺乏明确敌人的美日联盟曾在冷战结束初期一度陷入混乱。针对日本力量的不断增强并转化为一种地区和世界影响力,特别是日本谋求正常大国地位而可能寻求核武器,美国需要积极回应日本力量的全方位膨胀。美国认为只有实现美日联盟的调整,继续将日本置于美国的核保护伞之下,才符合美国的利益。再定义的美日联盟不能轻易地、公开地或共同地回答"谁是威胁"的问题,② 但可以作为一个"安全阀"为地区安全与稳定作出贡献。这既控制了日本军事力量增强所带来的负面影响,又继续保持了驻日美军的合法性,使美日联盟成为地区安全不可或缺的力量。但美日联盟也面临着挑战,作为双重体系下的日本,既存在于美日同盟框架之下,又不断谋求正常大国地位;既希望借助美国安全保障,又不断寻求国防自主建设。在安全威胁紧迫性不断下降并日益多元化的情形下,联盟内部的离心倾向是美日联盟面临的巨大挑战,日本国内民众对驻日美军的不满日益高涨也直接关系到美国东北亚安全战略的施行。如何抓住日本,继续操控美日联盟,是美国东北亚安全战略的重要一环。

---

① The White House, *National Security Strategy of the United States of America*, March 2006.
② 〔美〕迈克尔·格林、帕特里克·克罗宁主编《美日联盟:过去、现在与将来》,新华出版社,2000,第153页。

稳控朝鲜半岛。朝鲜半岛问题始终是东北亚的一个热源,对整个东北亚地区的安全和稳定发挥着重要影响。① 朝鲜半岛问题主要是指半岛统一问题,而目前最为突出的便是朝鲜核问题。冷战后,受多重因素影响,美国对半岛安全政策进行了多次调整,其目的均是寻求掌控半岛事务的主导权。② 朝鲜公然推行核计划,一方面考验着美国对盟友的安全保障承诺,另一方面也挑战美国所极力维护的核不扩散体系。一旦朝鲜拥有核武器,美国的盟友韩国、日本将有可能寻求核武器,或加快战区导弹防御计划以相互确保威慑,更为恶劣的是引发世界性的核"多米诺"效应,届时,美国的霸权地位将岌岌可危。基于此考虑,美国对朝核危机十分看重,并借此实现"双重威慑"。朝鲜半岛的统一进程同样影响着美国的东北亚安全战略。众所周知,美韩联盟的形成主要因半岛分裂所致,一旦半岛实现统一,驻韩美军地位的合法性将备受质疑。虽有声音反映即使半岛实现统一,驻韩美军仍将作为半岛国家实行大国平衡外交的重要筹码继续存在,但美国必须考虑撤出驻韩美军的可能性,并为此运筹帷幄、未雨绸缪。

应对俄罗斯问题。虽然俄罗斯复苏乏力,但其具备重新成为挑战美国霸权的潜能。冷战结束以来,美国对俄基本采取一种弱俄政策。在东北亚地区,俄罗斯虽然力量略显单薄,但绝不能忽视其借助中国、以能源合作为契机、加大其在东北亚地区影响力的现实。近年来,俄罗斯无论在经济上还是军事上都加大了对远东的投入,其在东北亚地区的影响力不断增强。虽然此前美国学者认为亚洲安全中的"俄罗斯因素"主要源于俄罗斯的虚弱,而不是俄罗斯的强大。③ 但同样在加强亚太战略的俄罗斯,是美国东北亚安全必须考虑的因素。目前,俄罗斯正大力实施亚太战略,加大了对其远东地区的经济与安全关注,其在东北亚地区的影响必将日益增强。在欧洲,美国通过推动北约与欧盟东扩不断挤压俄罗斯的战略空间,使得俄罗斯不能威胁美国及其盟友安全。在东北亚地区,美国的弱俄政策受到了中俄战略协作伙伴关系的挑战。美国在东北亚地区应对俄罗斯问题更为棘手,更需要一种政治

---

① 王志伟:《浅析美国对朝鲜半岛核问题的政策选择》,《延边大学学报》2003年第2期,第30页。
② 李成亚:《冷战后美国对朝鲜半岛的安全政策》,《世界经济与政治论坛》2003年第5期,第64页。
③ 〔美〕扎勒米·哈利勒扎德等:《美国与亚洲——美国新战略和兵力态势》,第113页。

智慧与外交艺术的运作。

除此之外，美国还十分关注东北亚地区的非传统安全，比如核泄漏、海洋治理等，对该地区可能爆发的小规模局部冲突保持警惕，积极推动该地区的军事交流与合作，加强军方热线与危机处理机制建设。但总体而言，传统安全在美国东北亚安全考虑中仍居主导地位。

二　美国东北亚安全战略的目标构建

作为美国亚太安全战略的重中之重，其东北亚安全战略的目标主要有：（1）维持美国霸主优势，防止世界大国或地区大国崛起挑战美国领导者地位；（2）保持东北亚地区稳定，灵活应对各种危机，控制该地区诸多不确定性因素激化变更态势；（3）服务于美国贸易的拓展与自由民主的推进；（4）作为世界领导者，维护与提供国际制度，确保霸权优势。

美国东北亚安全战略的首要目标是确保维持美国的霸主地位。冷战结束后美国成为唯一超级大国，美国自认为是罗马帝国以来第一个全球性大国。[1] 冷战后美国全球安全战略的首要目标是维护美国的单极霸权地位，作为美国全球战略的一部分，其东北亚安全战略的目标设定同样服务于这一目标。美国认为对其霸主地位构成威胁的来源主要是欧亚大陆出现敌对大国，虽未言明，但中国与俄罗斯往往被对号入座。近年来，美国官方与学界更是直言不讳地指出中国是其霸主地位的头号挑战者。美国的东北亚地区安全战略目标将不遗余力关注中俄两国。除了防止出现挑战国以外，美国在东北亚地区还必须巩固与韩、日的盟友关系，作为其东北亚安全战略的重要支撑。冷战后，由于利益分化、战略分歧，美韩同盟不断实现调整。[2] 美日联盟也由于社会基础松动而摩擦不断。因此，阻遏盟友的离心趋势同样也是确保美国霸主地位的重要手段。

一个不断强调要充当世界领导者的美国绝不愿听任世界的动荡混乱危害其利益。东北亚地区存在许多争端，极易引发对抗与冲突。该地区缺乏有效

---

[1] 〔美〕兹比格纽·布热津斯基：《大棋局——美国的首要地位及其地缘战略》，第15页。
[2] 韩献栋：《利益差异、战略分歧和美韩同盟关系的再调整》，《东北亚论坛》2010年第1期，第19页。

的安全制度安排,一旦爆发冲突,美国在这一地区的安全战略目标将不可避免地受到冲击。美国虽然无法彻底解决东北亚地区可能发生的各种冲突,但必须保持对冲突的影响力、协调力,甚至控制力。尽管东北亚地区的国家内核依旧坚挺,在冷战后未曾出现其他地区所显现的一个越来越无序的"失规制"的时代,①但随着市场化与全球化在这一地区不断深入发展,原先被冷冻的争端极有可能重起。秩序问题是美国东北亚战略的重要目标,无论是借助强大的美国力量,还是亲密的盟友关系,抑或是采用一系列的规则、制度安排,美国为了实现维持东北亚地区的稳定秩序,将需要扮演"参与者""平衡者""主导者"等多种角色。

克林顿政府期间,美国多次宣称要在亚太地区推进经济、民主、安全三大支柱建设。在东北亚地区,美国同样以安全为基石,着力服务于美国的自由贸易与民主拓展,这是由美国外交当中一贯坚持的民族主义与理想主义所决定。美国在东北亚地区具有重要的经济利益,中国、日本、韩国都是美国的重要贸易伙伴,与这一地区国家的经贸关系发展如何,将直接影响美国的经济安全。东北亚地区同样是美国进行民主传播的重要教区,美国自命为"上帝选民",其民族主义的核心是对美国的政治制度与价值观念的优越性表示认同。民族主义对美国外交有潜移默化的影响,美国外交政策表现为一种意识形态外交。同样由于其民族主义的特性,美国脆弱的安全感要求实现一种绝对安全,这种绝对安全的最终标准是制度上与美国同质化,观念上与美国相似。在东北亚地区,安全上美国推崇力量与规制并行,实现稳定的地区秩序;经济上不断加深与东北亚国家的经贸关系,实现一种相互依存;在民主上不断加强宣传攻势与渗透,以"胡萝卜与大棒"为手段交替适时调控。

国际制度在美国的霸权战略中占据重要的地位,是美国霸权体系结构的核心,美国的霸权也往往被称之为制度霸权。②东北亚地区错综复杂的情形决定了美国的力量无法单纯地以单边主义或联盟体系的方式实现,必须借助一定的制度协调。其一,美国作为世界领导者需要维护国际制度在这一地区的执行。当前朝鲜不断进行核试验,深刻考验着美国一直努力维护的核不扩

---

① 〔美〕理查德·N.哈斯:《规制主义——冷战后的美国全球新战略》,陈遥遥、荣凌译,新华出版社,1999,前言第1页。
② 门洪华:《霸权之翼——美国国际制度战略》,北京大学出版社,2005,第305页。

散体系，美国作为世界领导者必须倾力应对。其二，非传统安全在该地区的地位也不断上升，解决非传统安全的国际合作，离不开国际制度的协调。其三，东北亚地区安全机制缺失，一旦发生安全冲突，很可能一发不可收拾，这将对美国在该地区极力追求的稳定秩序构成颠覆性破坏。在中日冲突、朝鲜半岛对抗、台湾问题上，美国总是力求推动当事者能够达成一种制度安排，来应对不确定性与处理危机。这些双边制度的运作对美国应对这一地区的不确定性同样提供了支撑。除了双边制度外，美国还尝试着一些地区多边制度的供给，诸如在朝鲜核问题上的朝鲜半岛能源开发组织、四方会谈、六方会谈以及东北亚合作对话等制度。可以预见，虽然随着美国政府的不断变更，在多边主义与单边主义、制度与力量的选择上会有所不同，但在东北亚地区安全领域的制度安排将是其安全战略不可或缺的一环。

三 美国东北亚安全战略推行的资源评估

战略目标的实现必须依托战略方式的选择与战略资源的支撑。美国的东北亚安全战略目标的实现主要基于其强大的综合实力、坚实的盟友关系、庞大的前沿军事存在以及重要的多边机制。

美国强大的综合实力是其东北亚安全战略的首要资本。当前，全球没有一个国家可以与美国相匹敌，从而对美国本土构成压倒性的直接军事威胁。早在2001年，美国国防部认为美国今天没有全球性对手，在可以预见的将来也不会有。[①] 时至今日，美国对其国家安全环境进行评估时，仍大体坚持这一立场。这主要是因为美国无论是经济还是军事方面的硬实力，抑或文化、制度方面的软实力都远远领先于其他国家，其综合实力是其他国家所望尘莫及的。在东北亚地区，美国强大的综合实力是其地区安全战略的基础。曾经对美国经济构成巨大挑战的日本至今还未走出20世纪90年代陷入的经济漩涡，在安全上还需依靠美国提供保护。中国近30年持续的高速经济发展，使得中国已经成为一个规模巨大的经济体，但还处于全球产业结构的低端，在技术上更是远远落后于美国，在军事上，中国缺乏有效的武力投送，难以对美国构成威胁。俄罗斯即使实现了复兴，欧洲地区仍将是其战略实施

---

① 〔美〕罗伯特·阿特：《美国大战略》，郭树勇译，北京大学出版社，2005，第14页。

的重点所在,但在那里美国所领导的北约对俄构成了压倒性优势。在亚洲,由于中、日、韩的限制,俄罗斯也将难以施展拳脚,而且美国已经意识到处于"战略十字路口"的俄罗斯在很长一段时间内不会成为美国的对手。"东北亚地缘政治结构—超三强的特点为超级大国扮演'离岸平衡手'角色提供了战略回旋空间。"① 凭借强大的优势,美国在各国间游刃有余,制造议题、借力打力,由此掌控地区事务主导权。

  坚实的盟友关系是美国东北亚安全战略推行的重要平台。美日联盟是冷战后美国亚太联盟体系的核心。冷战结束后,随着美日共同敌人的消失、经贸摩擦的加剧以及日本综合国力的提升,美日非对称性联盟一度陷入困境之中,处于一种"漂流"状态。② 经过联盟再定义,冷战后的美日联盟实际上已持续加强。美韩联盟在冷战期间一直处于美苏争锋前沿,是美国的"前沿岗哨"。冷战后,驻韩美军进行了调整,由靠近三八线撤至后方,但同样能防止朝鲜突袭,实现了"绊网作用"向"后期支持"的转变。美韩联盟存在的主要原因是应对朝鲜对韩国可能发起的攻击,该联盟的发展深受半岛统一进程影响。虽然冷战后日本、韩国国内反对美军驻日、驻韩的声音不断加强,但只要两国的安全无法实现自主,东北亚地区缺乏一种有效的安全制度安排,这种联盟就不会终结。何况对于日本而言,在历史问题难以解决的情况下,实现安全自主将会对这一地区的安全造成巨大冲击,加剧安全困境。以联盟为平台,在不对称的联盟当中美国可以发挥主导优势为其利益服务。

  庞大的前沿军事存在为美国灵活应对该地区的变动提供了便利。冷战结束后,东北亚地区原先冻结的矛盾重新显露,传统与非传统安全挑战并存并相互交织。为维持和扩大在东北亚地区的安全利益,应对日益增加的各类现实或潜在威胁,美国迫切需要对其在冷战期间构建的"大规模、重装备、长驻型"兵力配置进行改造,代之以"小型、轻装、快速、机动"为特点的兵力部署,以使美军在亚太这一关键地域获得更大的行动灵活性。③ 目

---

① 黄凤志:《东北亚地区安全均势格局探析》,《现代国际关系》2006年第10期,第6页。
② 肖晞、王立名:《冷战后美日同盟:从"漂流"到强化》,《现代日本经济》2006年第3期,第12页。
③ 贾曦:《美国亚太军事力量调整的特点、原因及影响》,《和平与发展》2005年第4期,第49页。

前，美国除在韩国、日本集结了大量军队外，在菲律宾、新加坡和太平洋的关岛也加强了军事部署，一有风吹草动，便可策应东北亚地区。美国在这一地区特别重视空军与海军的部署，目前美国一半左右的航母、核潜艇部署在亚太地区，谋划"空海一体化"，对东北亚地区实行重点防范。以关岛、冲绳为基地作为海空力量的投送中心，借助空军的机动性，对东北亚的危机或突发事件能够实现迅速监控。作为全球性大国，美国的利益是全方位的，其安全也与本土之外的世界其他地区息息相关。前沿军事存在是美国孤立主义与干涉主义的折中，是维护美国利益的最佳选择。

美国参与多边安全体制，显示其影响力。虽然美国的东北亚安全战略以双边同盟为主导，但并不忽视多边安全体制对其地区安全战略推行的作用。冷战后，美国对亚太地区的多边安全制度经历了一个从反对、怀疑到接受、推动的过程。美国学者在冷战后为其政府设定的各种战略选择当中，规制主义与选择性干预被认为是最可取的。无论是规制主义，还是选择性干预，都要求美国审时度势，针对不同情况巧妙组合运用力量与制度。目前，东北亚地区安全制度十分匮乏，这也成为美国更多借助实力与盟友在该地区施展影响的重要原因。但如果有一系列制度的安排，便可更多地克服一些外部影响与诸多不确定性，并且能够降低美国的成本负担，为其霸权在东北亚地区拓展服务。近年来，美国参与了为解决朝核问题而设立的六方会谈，虽然这一会议模式制度化并不完善，并且还经常因为各方的态度强硬而停滞甚至面临崩盘的可能，但其作用还是得到美国一定程度的认可。将朝核问题多边化，美国可以规避独自承担责任，又能给潜在对手施加压力，进而利用多边机制框架束缚对手，达到多边制衡的目的。基于工具性的态度参与东北亚地区为数不多的安全对话或机制，美国可以有效地减轻成本并实现战略目标。可以预计，无论美国政府如何更替，这一立场都不会有太大改变。

四 美国的东北亚安全战略选择

制定战略意在克服阻力，实现目标。美国的东北亚安全战略便是克服东北亚安全环境的不确定性因素以实现美国的利益。冷战结束初期，美国失去了明确的敌人，国家安全战略由于应对较为分散的挑战，难以一以贯之，美国在硬权力与软权力、国际主义与孤立主义之间不断徘徊。在东北亚地区，美国的安全战略也曾一度迷失。但自从1995年美国国防部"奈报告"出台以来，美国的东北亚安全战略基本明晰，不曾有过大的变动：大体遵循规制主义原则，即灵活运用强力与制度，在多边主义与双边主义上自由选择，将稳定秩序视为安全战略的第一要务，综合各种利益目标协调推进。

规制主义是一种混合战略，既兼顾美国在东北亚的多样利益，又在战略手段上谋求丰富多样。美国在东北亚地区的利益是多样的，并且存在重要性高低之分，这就决定美国不可能采用单一划齐的战略来维护这些利益。在东北亚地区，美国既需要应对潜在挑战国家兴起，又需要巩固与强化盟友国家关系。应对挑战性大国崛起，美国需要防范，但又不能过于焦虑。基于未来的不确定性，霸主国更多处于一种防御态势，采用"两面下注"的方式，这正是规制主义的表现。美国基于超强实力，将"大棒"与"胡萝卜"的政策运用得十分娴熟。考虑到国际环境与盟国内部的政治生态与社会环境变迁，美国极力推动其联盟转型。美国调整与日本、韩国的盟友关系，其一需要取得盟国政界人士的支持，即日本、韩国的政要要认识到盟友美国对其安全、经济的价值；其二需要取得日、韩两国民间对驻地美军的谅解与理解。美国采用规制主义，既不会由于骄横而遭谴，也不会由于软弱而失势。

规制主义以双边联盟为主导，多边机制为补充。冷战期间，美日、美韩联盟在美国的全球遏制战略中发挥着重要作用。冷战后，美国继续依赖这两大联盟，并朝着联盟多边化方向前进。1995年美国国防部公布的《东亚—太平洋地区安全战略报告》指出，为应对这一地区的不确定因素，美国应采取措施继续维持美国主导的双边联盟体系，并赋予美日联盟以核心地位。在2002年的《美国国家安全战略报告》中，美国表明为了实施其战略，将根据切实可行的原则组织尽可能广泛的联盟并有效发挥美国的联盟领导作用。[①] 以共同利益为纽带、共同价值观为指导，美国将与日韩盟友之间密切防务与外交合作，在地区稳定中发挥主导作用。针对东北亚地区的非盟友国家，美国携联盟体系之威，并以多边机制为补充，在一定程度上聚集各方预期，至少实现一种"共同安全"层面的合作。通过多渠道、多层次、多领域的合作与沟通，可以减少引发冲突的可能性和延长危机反应时间，从而为美国着力掌控东北亚局势提供便利。

---

① The White House, *National Security Strategy of the United States of America*, September 2002.

规制主义优化前沿部署，加强灵活反应能力。冷战后，美国国内一度陷入"孤立主义"的恐慌之中，许多人主张取消美国的海外驻军。但同样有一些人认识到冷战后的世界将更加处于一个全球化的时代，美国的安全与本土之外的世界密切相关，如果不保持美国的海外驻军，就难以维护美国的海外利益。"9·11"事件的发生更是坚定了美国的这一认知。在东北亚地区，美国拥有巨大的政治、经济、安全利益，如果弃之不顾，一旦发生危及美国利益的事件，美国的反应与干涉将无从下手。继续保持美军在东北亚地区的前沿存在，并实现成本负担向盟友倾斜，美国既可控制可能危及其利益的事态，又无需付出昂贵的成本。针对冷战后不断增加的非传统安全威胁与东北亚地区的突发事件频发态势，美国需要强化灵活反应能力。目前，美国的新军事变革正朝着灵活反应的方向发展，在东北亚地区，美国的安全战略与军事战略也将保持一致。

结　　论

冷战以来，美国全球战略重心不断东移，亚太地区的战略地位不断提升，而东北亚更是重中之重。在东北亚地区，美国面临着中国崛起、美日联盟、朝鲜半岛问题与应对俄罗斯复兴四大课题。在进攻与防御、干预与观望之间，美国选择了比较务实的规制主义作为其东北亚安全战略的指导思想。据此，美国以其强大的前沿军事部署、良好的盟友关系为支撑，以双边联盟为主导，辅之以多边安全机制，秉承规制主义，不断维护、提升美国在该地区的战略目标：防止挑战性大国崛起、保持对地区稳定态势的控制与推动美国自由贸易和民主扩展，维护国家利益。不过美国在东北亚推行规制主义也面临一些难题。由于规制主义议题设置的需要，美国并不打算尽快解决朝核问题，这也就导致朝核问题久拖不决，每当出现希望曙光时，美国大多数时候就急流勇退，这不利于东北亚安全机制的建设。联盟内部关系的变化是美国规制主义面临的又一挑战。尽管美国不遗余力地推动其东北亚的两大联盟转型，但就目前现状来看，利益分化与战略分歧将会导致联盟国家间摩擦不断。安全整合与贸易合作的矛盾则是美国规制主义面临的第三重挑战。中国经济的快速发展为东北亚地区合作提供了机遇，但美国对中国的防范策略，导致经济合作无法相应地外溢到安全领域，弱化了地区合作动力。

Regulation

—Analysis of the U. S. Security Strategy for Northeast Asia

Ling Shengli

Abstract After the Cold War, as the world's sole superpower, the United States tries to assume the responsibility of world leaders, and has developed its global strategy in order to protect the world hegemony. Under the United States Global strategy, the status of Asia-Pacific region has been enhanced Continuously, The situation is more complex in Northeast Asia, where big powers' intense competition and full of multiple uncertainties security . So this region becomes the most important in the formulation of United States security strategy. Based on the United States in the Northeast Asian region are facing the rise of China, the US-Japan alliance, the Korean Peninsula issue and Russia's revival of the four tasks. U. S. will optimize forward military deployment and strengthen alliances. U. S. security strategy in Northeast Asia will pursue regulatory doctrine principles, mainly on bilateral alliances, supplemented by multilateral security mechanism. U. S. Northeast Asian security strategy objectives include prevent the rise of great powers challenging, maintain the stability of the region and to promote free trade and democracy .

Key Words United States; Northeast Asia; security Strategy; regulation

朴槿惠政府对朝政策的选择及其展望

武 鹏

【内容提要】 韩朝关系是影响朝鲜半岛局势变化的直接因素,对朝政策一直是韩国历届政府面临的重大安全课题。冷战结束后,韩国对朝政策在强硬与缓和之间不断调整。面对朝鲜"金正恩时代"的新特点和国际社会发展的新趋势,朴槿惠总统作为前总统朴正熙的女儿以及前总统李明博的继任者,在对朝政策方面,有传承亦有调整。总的来看,朴槿惠政府的对朝政策将以推动"朝鲜半岛信任进程"为基础,以解决朝核问题为前提,以经济振兴、国民幸福为目标,通过政治、军事、经济等方式,开启"朝鲜半岛新时代"。从未来发展角度而言,韩国对朝政策将呈现"强硬为主,对话为辅;经济为重,文化先导;平衡中美,多点外交"的特点。

【关键词】 朴槿惠政府　韩国　朝鲜　朝鲜半岛　外交政策

【作者简介】 武鹏,韩国东亚大学国际大学院2011级国际学博士研究生,研究方向:中韩政治文化教育比较研究及韩国学。

东北亚地区的地缘政治向来错综复杂,特别是朝鲜半岛问题,一直是地区安全与发展的热点问题。2013年2月25日,韩国第18任总统朴槿惠的就

---

* 本文为2011年韩国政府拨款(教育科学技术部社会科学研究支援事业款)韩国研究财团基金项目(NRF - 2011 - 330 - B00044)。This work was supported by the National Research Foundation of Korea Grant, funded by the Korean Government (NRF - 2011 - 330 - B00044)。

职仪式在韩国首尔国会议事堂举行，这标志着韩国正式进入朴槿惠政府时期。面对半岛局势的不确定性以及韩朝关系的跌宕起伏，朴槿惠政府对朝政策的选择必将成为影响朝鲜半岛局势未来走向的关键。

一 韩国政府对朝政策的背景

朴槿惠政府的对朝政策，必将受到韩国以往对朝政策的影响，根据朝韩两国的现实情况，同时协调周边各国的利益关系，从而做出正确的判断和选择。

（一）韩国对朝政策在强硬与缓和之间不断调整

冷战时期，由于受到东西方两大阵营对立格局的影响，韩朝关系处于严重的僵化和对峙状态。李承晚政府的对朝政策是排斥与朝鲜进行协商，主张为所谓"收复领土"而进行"武力北进统一"，在联合国中封锁朝鲜。[1] 但朝鲜战争给朝韩双方带来的巨大伤痛，使得"武力统一"方案破产。

冷战结束后，韩国保守派军人政府退出历史舞台，民主派开始执掌政权。从朴正熙政府时期到金泳三政府时期，韩国对朝政策逐渐转变为以政治和解、军事缓和、经济合作为主要基调。然而，由于双方经济、体制、思想意识上存在巨大的差异与分歧，这些以"吸收统一"为手段的对朝政策并没能达到预期效果。

金大中政府执政后，提出了与以往有很大差异的"阳光政策"。面对朝核问题带来的地区威胁，卢武铉政府依旧提出"和平繁荣政策"，希望对地区局势加以改善。然而，李明博政府执政后，提出"无核、开放、3000"的对朝强硬政策，这使韩朝关系急转直下走向胶着，朝鲜半岛局势降至冰点。

（二）"金正恩时代"的朝鲜盼有更多国际话语权

日本上智大学教授中野浩一曾评论说，"朝鲜对韩国的外交，历史包袱很沉重，现实也很复杂。金正恩时代开始了，我们还没有找到乐观起来的理由"。[2] 朝鲜长期推行"先军政治"，军队是国家权力的核心。朝核问题、卫星发射和远程导弹试射，朝鲜的每一步行动都引起了国际社会的广泛关注。

---

[1] 张文江：《韩国的政治和外交》，北京大学出版社，2009，第295页。
[2] 陈君：《朝鲜的旧外交和金正恩的新体制》，《中国新闻周刊》2012年第12期，第30页。

"金正恩时代"的朝鲜,处于比金正日时期更复杂的外交局势中。金正恩上台以后,通过军队内部人事调整、经济改革以及实施"东南亚优先战略"等措施,在建立和巩固自己国内权威的基础上,也在国际外交舞台上展开频频试探。虽然金正恩资历尚浅,但金正恩在朝鲜的个人权威不容侵犯,朝鲜上下爱国主义情绪澎湃。然而,当个体越拥有强烈的爱国主义感情,他就越藐视其他国家。① 这也是朝鲜外交政策导向不清晰的根本原因。

朝鲜"拥核"是其自感威胁的一种现实需要,也是对话谈判的筹码。一方面,为了避免政治上陷于孤立的困境,争取更多的国际话语权,朝鲜需要手握利器;另一方面,经济发展一直是朝鲜的软肋,依靠外部援助已经成为朝鲜满足本国人民生活和社会发展的重要手段。"弱国无外交",在争取援助的问题上,朝鲜显然希望主动权握在自己的手里。

(三) 周边大国的相互角力有利于维护地区稳定

受地缘政治因素的影响,朝鲜半岛问题一直是周边各国对外战略利益的焦点之一。然而,经济上的相互依赖和安全上的共同需要,要求美、中、日、俄把维护朝鲜半岛的和平与稳定作为各自对半岛政策的首要目标。②

美国作为韩国50多年的战略盟友,与韩国在经济、政治、军事等方面一直有着密切联系,随着"重返亚太"政策的高调推行,美国也必将利用朝鲜半岛问题深化自己在东北亚地区事务中的影响,扩大其在东亚地区的利益。迅速发展并强大起来的中国,带着她的"中国梦"仍将以经济建设为中心,继续支持朝韩双方以和平对话的方式解决半岛争端,实现半岛无核化,维护半岛及东北亚地区的和平稳定,为自身发展创造良好的外部条件。俄罗斯从国家安全和经济利益出发,不希望也不允许朝鲜半岛局势复杂化。面对国内经济下滑以及周边领土问题不断的复杂局面,日本一直希望朝鲜半岛维持不战不和的状态,一方面可以减少对自身的潜在威胁,另一方面也有机会在地区博弈中获利。③

---

① 〔美〕肯尼思·W. 汤普森:《国际思想之父——政治理论的遗产》,谢峰译,北京大学出版社,2005,第75、104页。
② 复旦大学韩国研究中心编《韩国研究论丛》(第三辑),上海人民出版社,1997,第51页。
③ 李雪威:《韩国对朝政策转变及李明博政府对朝政策走向》,《社会科学战线》2009年第12期,第213页。

二 朴槿惠政府对朝政策的选择

朴槿惠总统是韩国宪政史上第一位女总统，作为领导韩国经济腾飞的前总统朴正熙的女儿，作为对朝实施"强硬外交"的前总统李明博的一党之友，势必会在对朝政策的选择上，有传承亦有调整。

（一）朴槿惠政府对朝政策的特点

1. 与前总统李明博相比，基本面保持，局部稍作调整

一项针对朴槿惠政府外交、安全政策构想和李明博政府外交政策的统计表明，在涉及外交、安全政策的15个项目中，朴槿惠政府和李明博政府相近的达12项，分别是朝鲜弃核、朝鲜导弹、南北经济合作、统一方案、朝鲜人权、金刚山旅游、开城工业园、与中美关系、驻韩美军、军队服役时间、韩美自由贸易协定、济州海军基地。① 显然，这里很多方面涉及对朝政策。作为一党之友，朴槿惠很难对李明博政府的对朝政策进行根本性的改变。

然而，李明博政府所造成的韩朝关系胶着化，也让韩国国内朝野双方，甚至周边各大国表示担忧，长此以往对朝鲜半岛局势有害无利，甚至会使半岛局势变得更加复杂。因此，在韩国社会对朝韩关系恶化严重不满的大背景下，朴槿惠总统上台伊始就表达了希望与朝鲜建立相互信赖关系的愿望，希望能够"以对话来解决问题"，希望实现朝鲜半岛的和平，这显示出了新政府对朝政策调整的信号。

2. 与前总统朴正熙相比，以大局为重，着力经济

从历史角度来看，正是朴槿惠的父亲前总统朴正熙的"北方政策"，打破了朝鲜战争后南北关系的"坚冰"。20世纪80年代后，韩国政府及时调整对外政策，大力推进"北方外交"，使韩国在改善同社会主义国家关系方面取得了重大进展。在朴正熙前总统的带领下，经过30多年的发展，韩国已成为世界上较发达的工业化国家。韩国经济之所以能取得世人瞩目的成绩，朴正熙的外交政策对韩国的经济发展起到了不可估量的作用。②

---

① 杨丹志：《韩新总统对朝鲜半岛局势的影响》，《中国国防报》2012年12月25日第4版。
② 沈定昌：《韩国学论文集》（第十二辑），北京大学出版社，2004，第219页。

面对韩国经济的不断衰落,朴槿惠总统在就职演讲中首先提出了"经济振兴"和"国民幸福"的核心理念,同时也表达了继续加强地区间经贸合作的强烈愿望。实际上,2012年大选时,朴槿惠的很多支持者真心希望朴槿惠能够带领韩国重拾朴正熙时代的经济骄傲。与高高在上的政治相比,普通民众更关心自己的餐桌。经济要发展,国民要幸福,和平稳定的环境就是最基本的保障。因此,朴槿惠政府势必在对朝政策的选择时,要考虑韩国经济发展的现实需求。

(二) 朴槿惠政府对朝政策的内容

1. 朴槿惠政府对朝政策的基础和前提

推动"朝鲜半岛信任进程"是朴槿惠政府对朝政策的基础。2011年9月,朴槿惠就提出建设"新型朝鲜半岛"(a new kind of korea)的基本构想。即信任缺失已经长期破坏了韩朝间真诚和解的尝试,为了使朝鲜半岛从斗争地区向信任地区转变,韩国应该实行"信任政治"(Trustpolitic)政策,在国际公约基础上,实施具有相互约束力的预案。① 之后,"朝鲜半岛信任进程"政策逐步浮出水面,并成为朴槿惠总统竞选时对朝外交的核心内容。深入来看,"朝鲜半岛信任进程"的政策要求并不是单方面的信任推进,而是韩朝双方都付出信任努力,这其实就是在期望效应(expectation effect)下,朴槿惠政府的政策设想。然而,在理想政策的框架下,现实政策也一定会根据现实需要而进行调整。

朴槿惠政府对朝政策的前提只有一个:朝鲜弃核。韩国在各种场合都提出了很多对朝合作优惠政策和援助项目,但所有"蛋糕"的获得都以弃核为前提。为了达到这一目的,朴槿惠政府还最大限度地争取国际组织帮助解决朝鲜核问题,通过外交手段向朝鲜施压。亚当·斯密曾说,"国家间合作是有可能的,而这种可能性主要来源于对对方国家的畏惧及不信任,特别是当国际关系中另一国家的军事力量增强时"。② 这足以说明朴槿惠政府对朝政策唯一前提的深层原因。

---

① Park,Geun-hye,"A New Kind of Korea: Building Trust between Seoul and Pyongyang",*Foreign Affairs*,Sep./Oct. 2011,p.5.
② 〔美〕肯尼思·W.汤普森:《国际思想之父——政治理论的遗产》,第104页。

2. 与其他总统候选人的比较

事实上,韩国第 18 任总统大选异常激烈,三位主要候选人各有优势,伯仲不分。面对大国家党的内部纷争与危机,朴槿惠临危受命,成立新世界党;文在寅作为民主统合党的代表,曾任卢武铉总统幕僚长的背景不容小觑;首尔大学教授安哲秀,顶着成功商人和知名学者的光环,一度成为问鼎青瓦台的强劲对手。对朝政策作为竞选内容的重要组成部分,能够充分说明各自的立场和政策主张。综合来看,与文在寅和安哲秀两位总统候选人相比,朴槿惠的对朝政策更开阔,更具国际视野,在坚持"信任外交"的同时,从"强化威慑力"中也能看到对朝强硬的一面(见表 1)。

表 1　韩国第十八届总统候选人对朝政策一览

	对朝政策		
	经济方面	朝鲜核问题	朝鲜半岛和平体制
朴槿惠	朝鲜半岛经济共同体(Vision Korea Project),欧亚时代,丝绸之路快运(Silk Road Express)	强化威慑力,促进南北间协议与东北亚合作	以信任为基础,实现韩国可持续和平
文在寅	南北经济联合,20 世纪 30~80 年代,①环南海·环西海经济圈,朝鲜半岛基础开发机构,朝鲜开发投资公司	朝核解决的三原则,综合性解决	接近朝鲜半岛和平构想路线图,2014 年六国共同宣言
安哲秀	北方经济,三大课题三大事业,环黄海·环东海·接壤地区经济圈,119 计划,②北方农业合作	"南北合作—朝鲜核问题—和平体制"同时并行	恢复南北对话,重启六方会谈,积极促进双方外交

注:①20 世纪 30~80 年代:人均 GDP 达到 3 万美元,人口达到 8000 万。2012 年,韩国人均 GDP 为 23749 美元,居世界第 31 位,人口约为 4900 万人。
②119 计划:1 万个中小企业进驻朝鲜,经济增长率逐年增加 1%,增加 9 万个就业机会。
资料来源:〔韩〕金产官:《南北经济共同体的声音 朴槿惠"朝核问题优先解决"高手》,〔韩〕《民族》,21,2012 年 12 月,第 97~98 页。

(三) 朴槿惠政府对朝政策的运行方式

1. 政治上,将军事联盟纳入合作范围

对比以往金大中总统的"阳光政策"或李明博总统的"强硬外交",在外界人士看来,朴槿惠政府实际上选择的是一条折中路线。从朴槿惠总统的本意来看,推动"朝鲜半岛信任进程"的目的并不是韩朝双方兵刃相交。然而,对于朝鲜在军事上制造的一系列事端,韩国也绝不会视而不见,也需要拥有自卫性措施或是限制性措施。

对比以往韩国政府的对朝政策,朴槿惠总统需要新的政策,那就是能够被公共舆论支持,并在政治调整或出现国内国际不希望出现的事件时,能够维持不变的军事安全联盟政策,它包含韩朝军事合作和国际方面作出协调努力的南北对话。这种方式约定单方违约时将承担严重后果,但更多的时候会保持一种弹性、开放的对话模式。例如,如果朝鲜再尝试对韩国进行军事打击,韩国将根据合约立即予以武力反击;相反,如果朝鲜能够信守约定,相应地,韩国也将履行自己的责任和义务。①

2. 军事上,继续采用"秀肌肉"的手法

2013年3月11日,朴槿惠总统在其召开的首次国务会议中提出,"对于朝鲜的挑衅行为,我们要对其进行强硬回应,但也不要停止推进朝鲜半岛信任进程的努力"。② 一方面坚持推进"朝鲜半岛信任进程",另一方面坚持强硬回应,这说明朴槿惠总统希望朝鲜看到韩国的军事实力,也希望国际社会看到韩国一直敞开的对话空间。

2013年3月,韩美在结束了两场联合军事演习——为期两个月的"秃鹫"联合野外机动演习和为期11天的"关键决断"计算机模拟演习之后,韩国海军陆战队宣布,将在4月份联合美国海军陆战队举行4次联合军事演练,检验韩军"王牌部队"的战备状况,激励士气。4月2日,朴槿惠总统在上任后的首次"外交与安全部门长官级会议"中,也谈到朝鲜发起挑衅时,对其进行严厉应对是必需的,但更重要的是要以更强大的外交与军事威慑力,使朝鲜不敢发起挑衅。③ 由此可见,朴槿惠政府在面对朝鲜的威胁与挑衅时,实际选择的是不触及底线的"硬碰硬"的处理方式。

3. 经济上,加强地区经济交往与联系

朴槿惠总统曾承诺,信任可以建立在高回报的基础上。通过经济合作项

---

① Park, Geun-hye, "A New Kind of Korea: Building Trust between Seoul and Pyongyang," *Foreign Affairs*, Sep./Oct. 2011, p. 5.
② 〔韩〕朴正鲑、金香聂:《朴总统"强力回应朝鲜挑衅 继续朝鲜半岛信任政策"》, http://www.newsis.com/ar_detail/view.html?ar_id = NISX20130311_0011909380&cID = 10301&pID = 10300, 2013 - 03 - 11/2013 - 04 - 12。
③ 《韩美开始新一轮密集军演》, 北京青年网, http://bjyouth.ynet.com/3.1/1304/03/7926615.html, 2013 - 04 - 03/2013 - 04 - 12。

目加强经济交流,增大韩国对朝鲜的人道主义援助,以及加大贸易和投资机会,帮助带动朝鲜经济发展。特别是可以通过欧亚铁路和金刚山旅游等项目,作为双方进行和解合作的尝试起点。欧亚铁路项目,不仅涉及朝鲜半岛,还涉及中国东三省以及俄罗斯远东广大地区。从这个角度来看,朴槿惠总统也希望在国际力量的配合下,共同对朝鲜作出立场一致、利益相同的政治决策。实际上,通过地区间频繁的经贸交流,不断加强彼此间利益联系,矛盾双方也会从国家利益的角度重新思考问题。

三 朴槿惠政府对朝政策的展望

(一) 强硬为主,对话为辅

实际上,朴槿惠政府将会继续实行"强硬为主,对话为辅"的对朝政策。用一种地缘战略的观点来看待国际关系时,人们对离他们最近的邻国的恐惧甚于他们对较远国家的恐惧。[①] 所以,面对朝鲜核问题或朝鲜导弹试射等事件时,韩国需要为自身的经济发展和社会生活面临的威胁做出恰当的判断,以维护国家和人民的根本利益。

韩国以往的对朝政策已经证明,包容和妥协政策并不能满足朝鲜的欲望,也不能达到韩国政府的预期目的,李明博前总统的"强硬外交"虽使韩朝关系恶化,但也没有使朝鲜半岛局势崩盘。"朝鲜半岛信任进程"的实质,就是延续李明博前总统的对朝政策,但在对话谈判的问题上,会给予朝鲜充分的机会和空间。

另外,朴槿惠作为韩国的首位女总统,很多人认为她会选择温和弹性的态度对待朝鲜问题。但是,命途多舛的身世背景和跌宕起伏的政治生涯,足以让她拥有坚韧的性格以面对各种困难和挫折,毕竟她已经将自己全部献给了国家,没有过多的后顾之忧。

然而,非理性的行为无助于朝核问题的真正解决。美国作为韩国的盟友,在朝鲜问题上与韩国有着共同利益。美国居心叵测地实施"重返亚太"战略,以武力威慑和独断制裁等方式与朝鲜的激进对抗形成鲜明对比,这种

---

① 〔美〕肯尼思·W.汤普森:《国际思想之父——政治理论的遗产》,第104页。

"火上浇油"式的对朝战略,将无助于朝鲜半岛问题的彻底解决,反而会将矛盾激化升级。

(二) 经济为重,文化先导

朴槿惠总统在就职演讲中说,"作为大韩民国的总统,我将顺应民意,实现我国经济振兴,国民幸福,文化兴盛的伟大梦想,为建设一个国富民安的大韩民国而不懈努力"。经济振兴,国民幸福,文化兴盛,俨然成为了朴槿惠总统任上的三大理念。在对朝政策方面,朴槿惠总统提出了以经济手段作为改善韩朝关系的重要方式之一。同时,面对国内经济疲软,失业率大幅上升,高校毕业生就业率持续走低的局面,朴槿惠总统不得不直面经济上的内忧外患。虽然2012年韩国出口增长率因韩美FTA增加了4.6%,[①] 然而中日韩FTA会谈于2013年4月4日因韩朝两国的军事危机而被推迟。现实的困难局面决定朴槿惠政府势必会加大在经济发展上的投入,因为在朝鲜半岛问题上,资金是问题得到最终解决的重点之一。

文化兴盛,强调了"韩流文化"在全世界的传播,这是促进韩国发展的一大动力,也是疏通韩朝关系的重要手段。韩国东亚大学朝鲜半岛问题专家姜东元教授,曾在2011年和2012年推出两本著作,分别为《韩流,撼动朝鲜》《韩流,统一的风》,将"韩流文化"作为解决朝鲜半岛问题的重要方式和契机。全球化时代下,由于韩朝文化的同一性,可以通过构建新型文化共同体来达到思想意识上的和解交流。对于朝鲜半岛问题,思想意识层面的统一要比经费、政权、国家体制等问题更为重要,也更难解决。

(三) 平衡中美,多点外交

朝鲜中央通讯社2013年2月12日宣布,朝鲜当天成功进行第三次核试验。2月22日,朴槿惠亲自访问韩美联合司令部,并会见了驻韩美军司令、韩美联合司令部司令詹姆斯·瑟曼。她说,韩国政府将通过韩美同盟构建对

---

① 〔韩〕黄基植:《韩美FTA 1年,成果总汇与未来展望》,〔韩〕《国际新闻》2013年3月26日第26版。

朝遏制体系，韩国新政府将为发展面向未来的韩美同盟关系而竭尽全力。①美韩同盟关系由来已久，朴槿惠总统的保守派背景势必会更加重视美韩同盟，随着美国"重返亚太"战略的实施，同盟关系将更加紧密。

韩国的外交政策历来就是在美韩同盟与中韩战略合作伙伴关系之间寻求平衡。朴槿惠十分喜爱中国传统文化，属于韩国"知华派"，这有利于中韩的互动和交流。另外，从经济发展的角度来讲，韩国十分想促成中日韩自由贸易协定，中国潜力巨大的市场和人民币显著提高的国际化地位，具有帮助韩国走出经济阴霾的条件和实力。因此，在对华政策方面，可能会出现对华更亲近的发展趋向。

同时，俄罗斯的军事实力不容小觑，一旦朝鲜半岛发生战事，俄罗斯难以袖手旁观，朴槿惠政府定会妥善处理韩俄关系；韩日之间虽然在领土上仍有争端，但韩日经济利益的长期牵连，以及在朝鲜问题上的利益共同点，很可能会使朴槿惠政府搁置争议，致力共同发展。由此可见，朝鲜半岛问题历来都不是简单的韩朝两国之间的问题，实际上是周边各大国之间相互角力、平衡利益的"跷跷板"。

The Options for and Prospect of Park Geun-hye Government's Policy toward North Korea

Wu Peng

Abstract　Inter-Korean relationship is the direct factor which could affect the transformation of the situation on the Korean peninsula. The policy toward North Korea is the vital security issue to successive governments of South Korea consistently. After the end of the cold war, the South Korean government's policy toward North Korea adjust constantly between tough and mitigation. Facing to the new characteristics of "Kim Jeong-eun Era" and the new trend of international community's development, President Park Geun-hye, the daughter of the Former

---

① 张青：《朴槿惠：将通过韩美同盟构建对朝遏制体系》，《新华每日电讯》2013 年 2 月 24 日第 3 版。

President Park Chung-hee and the successor of the Former President Lee Myung-bak, has inheritance and adjustment as well on the policy toward North Korea. Overall, the Park Geun-hye government's policy toward North Korea will be that promoting the "Korean Peninsula Trust Process" as the foundation, solving the North Korea nuclear issue as the premise, revitalizing economy and national happiness as the goal, through the way of politics, military, economy, etc., establishing "A New Kind of Korea". From the point of the future development, the South Korea government's policy toward North Korea will present the characteristics like that "tough policy primarily, dialogue supplementary; economy-heavy, culture-guide; balance Sino-US, multipoint diplomacy".

Key Words   Park Geun-hye government; South Korea; North Korea; Korean Peninsula; diplomatic policy

韩国海洋管理体制

叶浩豪

【内容提要】 韩国自 1996 年成立海洋水产部后,其海洋管理体制由原来的分散型管理转变为集中统一管理,海洋管理的效率大大提高,一直以来都是其他海洋国家发展海洋管理体制的范例。本文主要通过对韩国海洋管制体制的研究,分析其优点和存在的问题,为我国的海洋管理体制改革提供建设性建议。

【关键词】 海洋管理体制 海洋事务 韩国海洋水产部 综合管理制度

【作者简介】 叶浩豪,中山大学亚太研究院国际关系专业博士生。

韩国位于亚欧大陆东北部的朝鲜半岛南部,东、南、西三面环海,是一个典型的半岛国家,其国土面积达 9.96 万平方公里,人口 4800 万人。韩国海洋资源丰富,拥有宽阔的大陆架和漫长的海岸线,其领海面积达 300851 平方公里,拥有多达 3170 个海岛,11542 公里的海岸线,2393 平方公里的滩涂,254 个海水浴场,2339 个港口和 3 个海上国立公园。与海洋资源相比,韩国的陆地资源称不上丰富,在不到 10 万平方公里的陆地上,山地多达 70% 以上,这使得海洋对于韩国的意义更加深刻。现今的韩国不仅在水产、海上交通运输、海洋观光等传统经济领域保持着长久的优势,更在深海矿物资源开采、海水能源运用、海洋生物资源开发等可持续开发领域,以及筑建人工岛、深海存贮 CO_2、海洋深层水开发等尖端技术行业取得了较高的成就。

韩国在海洋管理方面先后实行过两种制度：分散式管理制度与综合式管理制度。韩国可以说是世界上对海洋管理最为重视的国家，尤其是在《联合国海洋法公约》颁布之后，韩国非常重视对海洋的开发研究和管理利用，将国家的战略目标也转移到海洋战略上来，并制定出一套科学完善的海洋管理体制。韩国在1996年形成的综合海洋管理体制也成为现今许多国家纷纷效仿的海洋管理样板。

一　韩国海洋管理体制的沿革与基本组织机构

海务厅是韩国最早的海洋管理机构，主要负责海军、港口、水产、造船等业务。海务厅于1961年解体后，其职能分散给几个涉海行业部门。在这期间，有关涉海的行业管理部门达13个之多，包括海运港湾厅、水产厅、科学技术处、农林部、产业资源部、环境部等。韩国这期间的海洋管理体制主要是根据不同的管理对象采取部门化管理方式，但是这种管理方式存在着管理权限模糊、管理职责重复、管理体制细分化等问题，导致海洋管理效率比较低，海洋工作长期以来不能有效地协调和配合，① 这严重制约了韩国海洋事业的发展。

从20世纪90年代开始，随着《联合国海洋法公约》的生效，世界范围内海洋区域的"重新划定"激起各国对其海洋权益的维护，同时国家间海域争端和渔业纠纷骤然增多，这些现象引起了世界各国对海洋的重视，韩国也不例外。1996年金泳三的总统竞选方案就是要建立海洋强国。因此，一方面为了兑现选举承诺，另一方面韩国政府为了顺应世界海洋事业的发展趋势，加强海洋力量，认识到必须对海洋资源进行综合管理，必须建立海洋综合的体制化管理方式，韩国海洋水产部于1996年成立，这也意味着在韩国实行了近30年的涉海行业分散管理体制结束。韩国海洋水产部负责对全国所有海洋事务进行统一综合管理。在新的管理体制下，海洋水产部将原属于海运港湾厅、水产厅、科学技术处、农林水产部、环境部、建设交通部等

---

① 朱贤姬等：《韩国海洋水产部的建立对中国海洋管理体制改革的启示》，《海洋湖沼通报》2008年第1期，第170页。

部门的海洋管理职能综合在一起,把原来松散型的海洋管理模式转变为高度集中的管理模式。①

1996年设立的海洋水产部根据韩国海洋行政管理的具体情况,打破原有的组织框架,形成了新的组织机构,设立了八个机关职能部门,分别是政策宣传管理室、海洋政策局、海运物流局、港湾局水产政策局、渔业资源局、安全管理官、国际协调官、海洋警察厅。同时,海洋水产部还设立了两个研究机构(国立水产科学院、国立海洋调查院)和两个业务指导所(东海渔业事务指导所、西海渔业事务指导所),在全国各地方还设立了12个地方海洋厅,主要职能在于港口运营、船员船舶的管理、港口和渔港的建设、海岸带管理、海洋环境保护、水产资源管理和渔村指导。海洋水产部的涉海部门之间职责分工明确,对跨部门的事项都建立了良好的协作和配合机制,以加强对海洋政策和管理工作的统筹协调。例如,政策宣传管理室主要负责制定工作计划、编定预算、编写法规、构建海洋水产部信息系统;海洋政策局主要负责海洋资源和能源开发、海洋调查、海洋科学技术振兴、海洋环境保护、沿海管理、公有水面管理、海洋教育和广告;海运物流局主要负责制定并调整海运政策、国际海运及沿岸海运管理、船员培养及福利管理、港口运营及管理、改善海上物流体制;水产政策局则主要负责水产政策资金的利用、管理及监督水产协同组合,水产政策综合调整及协同组合培养,水产物流通及加工,安全管理,渔村及渔港开发,提高渔民福利等。②

2008年李明博任总统后,主张精简政府机构,迅速改革政府职能和公共部门,实行综合部委制,因此,废止了海洋水产部,把原建设交通部和海洋水产部的海运部门合成国土海洋部,同时把海洋水产部的其他职能移交给农林水产食品部,由此韩国又再次回到了分散海洋管理模式。国土海洋部主要针对土地和水资源的开发利用保护,对韩国的土地、水资源、海洋等进行系统管理利用,形成以土地和水资源为载体的国土资源综合管理体系。但是在2013年,新一届的朴槿惠政府为了兑现其竞选承诺,又把国土海洋部的

---

① 王江涛、李双建:《韩国海洋机构与战略变化及对我国影响浅析》,《海洋信息》2012年第1期,第62页。
② 朱贤姬等:《韩国海洋水产部的建立对中国海洋管理体制改革的启示》,《海洋湖沼通报》2008年第1期,第170页。

涉海管理事务重新划分回海洋水产部。① 2013年1月16日，韩国大统领职引受委员会②宣布新政府将要把李明博政府时期的15部2处18厅扩展到17部3处17厅，其中国土海洋部将被分为国土交通部与海洋水产部。海洋水产部的重新设立被看作是韩国应对即将到来的"海洋时代"的重要措施，也标志着韩国海洋管理制度重新进入综合管理时期。

二 韩国海洋管理的法律法规体系

由于海洋具有整体性、流动性和国际性的特点，国家在海洋管理、维护海洋权益等方面，需要以国家整体利益为基点，通过政策、法律法规进行全面规划和综合治理。作为海洋管理的依据，完善的法律法规建设无疑占据了非常重要的地位。自从1996年金泳三政府成立海洋水产部后，韩国政府将分散的政策和法规加以整合，从而把在过去分散的海洋管理体制下不可能制定的综合法律最终以多种形式制定出来，为韩国的海洋集中管理提供了具有一贯性的管理体制基础。

海洋水产部成立后，韩国政府主要以国际法与国内法相结合作为法律依据对海洋进行集中管理。

国际上，韩国政府顺应世界海洋事业的发展趋势，积极参加相关多边公约，尤其是《联合国海洋法公约》。该公约确定了领海的宽度可达12海里、毗连区宽度可以延伸至24海里，同时确定了200海里专属经济区、大陆架为沿海国陆地领土的全部自然延伸等。《联合国海洋法公约》确定的这些内容突破了国家传统海域的概念，特别是对大陆架和专属经济区的界定，突破了传统的"领海之外即公海"的海洋法规则，被认为是"两个革命性概

---

① 具体内容可参见韩国联合通讯社网站，http://chinese.yonhapnews.co.kr/allheadlines/2013/01/15/0200000000ACK20130115002800881.HTML。

② 大统领职引受委员会：意译为韩国总统职务交接委员会。以顺利交接大统领一职为目的，根据《大统领职引受法》设立的专门委员会，存在期限为大统领就职后30天。其活动结束后的30天内需以白书形式递交该委员会的活动详情与相关预算使用情况。大统领职引受委员会的主要职责有：掌握政府的组织、职能以及基本预算状况；为新政府政策基调的设定做准备工作；准备大统领就任仪式及其相关活动；履行其他大统领引受相关事务。参考东亚日报编辑部《时事用语辞典》，首尔，东亚日报出版社，2005。

念",① 这也使得3.61亿平方公里的海洋表面中的1.09亿平方公里海域被划归沿海国管辖,从而大幅度缩小了公海总面积,这为韩国这样一个半岛国家发展海洋事业提供了极大的机遇。与此同时,韩国也积极与周边国家签订了一系列双边条约,如中韩、日韩渔业协议等。这些双边协议以及《联合国海洋法公约》构成了韩国政府在国际社会维护国家海洋权益的重要依据。

在国内,韩国一方面在海洋行政管理上大胆改革,合并了包括水产厅、海运港湾厅、建设交通部水路局等涉及海洋水产领域的机构,建成海洋水产部,对海洋实施综合管理。另一方面,韩国政府制定了非常完善具体的法律法规,使得韩国政府的海洋管理工作有法可依,从而为海洋管理的有序开展提供了重要的基础。韩国政府在海洋管理方面制定的法律主要包括以下内容:为海洋环境管理制定的"海洋污染防治5年计划",为合理利用沿岸资源和空间制定的《沿岸管理基本法》,为保护沿岸地域的海洋生态并实施有效的管理制定的《湿地保护法》《海洋污染防治法》《公有水面防治法》《公有水面倾废法》《公有水面管理法》《公有水面填埋法》《海洋开发基本法》《海底矿物资源开采法》《领海法》《防止外籍渔船侵犯韩国海域的若干措施》《海洋污染防止法》《专属经济区法》《水产法》《救难救护法》《水上旅游安全法》等。

需要特别提及的是,作为世界重要渔业国之一,韩国在渔业管理方面制定了非常完善的法规制度。韩国的渔业管理制度分为规定制度与促进制度。规定制度主要有渔业法、渔业法施行令、《总渔获量规定》《渔业资源保护法》渔业资源保护法施行令等。促进制度主要有渔业法、渔业养殖成法、指定养殖水域的相关规定、渔业动植物确认的相关规定、特定保护水面及管理的相关规定等。②

除此之外,海洋警察厅作为韩国的海上执法机构,执法依据按照适用范围可分为国内法与国际条约。其中,国内相关海洋执法法律依据主要有:《公有水面管理法》《公有水面填埋法》《海底矿物资源开采法》《领海法》《防止外籍渔船侵犯韩国海域的若干措施》《海洋污染防止法》《专属经济区法》《水产法》《救难救护法》《水上休闲安全法》《船舶紧急避难规则》

---

① 联合国新闻部:《联合国海洋法公约评价》。
② 焦桂英等:《新世纪的韩国海洋渔业管理》,《中国渔业经济》2008年第1期,第89页。

《抓捕外国非法渔船资金支付规则》《防灾船及防灾装备性能认定方法告示》《海洋警察厅及其下属机构职级实施规则》等。

这些具体的法律法规明确了各个部门的不同分工，使得韩国政府各个海洋管理部门都有法可依，同时平衡了各个涉海行业、部门及地区之间的利益和关系，为韩国海洋水产部对海洋的集中管理以及促进海洋经济持续发展提供了重要的法律基础。

三 韩国海洋管理体制的优点及其存在的问题

（一）实行涉海事务的集中管理

海洋水产部成立以前韩国政府主要是通过多个行政机关共同负责海洋事务的管理工作，对海洋行政主要采取分散管理的体制，由此导致了政府政策重复、职责分工不明以及政府部门效率低下等问题。但是随着海洋水产部的成立，韩国政府对海洋事务采取集中管理的体制，以往的问题得到了缓解，政府各项海洋政策得到贯彻和实施。韩国海洋水产部的设立以及海洋集中管理的体制有利于加强海洋资源综合管理、维护海洋国家利益以及发展海洋事业，受到世界各国的关注。

（二）整合海上执法力量，统一进行海上执法

世界各国的海洋管理与海上执法体制主要有三种模式：多部门管海与分散执法、多部门管海与相对集中执法和海洋管理与海上执法职能都相对集中模式。韩国采取的是第三种模式。在韩国，海洋管理职能绝大多数集中于海洋水产部，海上执法职能相对集中于海洋水产部下属的各海洋水产厅和海洋警察厅。韩国的海洋警察厅享有较高的权威和独立性，其海警的职责和任务主要包括除了海洋国防安全外的几乎所有海上事务，如领海警备巡逻、海难搜救、维护海上治安、调查海上违法犯罪、海上交通安全管理、监测和防治海洋污染、保护海洋环境等。进入21世纪，随着海上治安问题不断严重以及海上恐怖威胁形势日益严峻，韩国海警同时又肩负起应对海上突发事件和海上反恐的新任务。为了能够有针对性地应对各种海上违规、违法船只作业和犯罪活动，韩国海洋警察厅把与朝鲜海上交界的"北方限界线"附近海

域、东海（日本海）独岛附近海域、西海（黄海）海域作为韩国海警的重点警备区域，加强对这些重点区域的监控和管理。①

（三）制定和实施明确的海洋政策

实行集中的海洋管理需要科学综合的海洋政策作为依据。韩国海洋水产部设立前，分散管理体制导致了核心海洋政策的缺失，政府无法明确提出海洋的发展方向，因此不能为国家发展海洋事业提供强有力的政策推动。但是在1996年海洋水产部成立后，韩国形成了统一集中的海洋管理体制，这也直接促使韩国在海洋立法、海洋政策建设方面取得重大发展。韩国制定的"21世纪海洋韩国"政策就是要通过蓝色革命，大力增强国家海洋权利。根据该项政策，韩国提出海洋发展要实现四化：第一是世界化，把整个世界作为海洋产业进行开发；第二是未来化，为子孙后代建设舒适的海洋国土空间；第三是实用化，以发展国家经济为先导开发海洋；第四是地方化，保持地区特性的海洋开发。另外，海洋水产部还设立了三个基础目标：一是提高韩国领海水域的活力；二是开发以知识为基础的海洋产业；三是坚持海洋资源的可持续开发。这些政策目标的制定为韩国海洋事业发展以及海洋权益的维护提供了明确的政策导向，具有强有力指导性作用。

海洋水产部成立后，韩国政府把原来分管海洋业务的13个部门整合成一个部门，韩国由原先分散的海洋管理体制转变为集中统一的管理体制，在海洋事业发展上取得了很大成就。但是，我们知道实现部门的整合是一个充满困难的过程，在建立新的综合机构的过程中，国家要面对并解决一系列问题，例如原先部门的职能如何移交，如何在新的机构中实现职能的合理分配等。韩国在进行海洋管理部门的整合过程中也不可避免地遇到这些问题。

（四）综合管理体制中存在部门职能冲突问题

韩国海洋水产部从1996年成立到2008年合并到国土海洋部，再到2013年又重新从国土海洋部划分出来，一直都存在一些未能完全移交的

---

① 江淮：《韩国海洋警察厅》，《世界知识》2011年第3期，第67页。

事宜,从而不可避免地与其他相关部门发生职能冲突。例如,海洋资源开发职能目前由海洋水产部和产业资源部实行二元化管理,即海洋资源、海洋能源调查研究、相关技术开发、国家间的海洋合作调查等工作由海洋水产部负责,海外资源以及海地矿物资源开发则由产业资源部负责。[1] 再如海洋水产部的海洋政策局负责的海洋环境管理、岛屿开发以及海洋旅游方面的职能则与政府的其他机构如环境部、行政自治部以及文化观光部的职能相冲突。除此之外,水产政策局和农林部都有制定水产政策的职能,港务局和建设交通部都需要负责港口建设,尤其是在近海渔业允许权方面,海洋水产部下属的各地区海洋水产厅与地方政府间也存在着职能冲突。这些部门间的冲突直接导致了海洋管理职能的冲突,从而给部门间业务合作带来障碍,影响了韩国政府海洋事务综合管理效率,不利于韩国海洋事业的长远发展。

(五) 韩国海洋管理体制易受政府更替的影响

自海洋水产部1996年成立后,韩国开始进入集中海洋管理体制时代。时至今日,海洋水产部经历了多次政府交替,而政府的交替通常会导致前任有关政策的废止。海洋水产部是根据金泳三总统的选举宣言、当时国际海洋发展局势,以《联合国海洋法公约》生效为契机而建立的,因此海洋水产部的成立有着深刻的时代背景以及领导人的政治需要。其后的每届政府由于对海洋认识的不同而采取不同的施政纲领,新设且未稳固的海洋管理部门经常遭遇被废止的问题。典型的例子就是2008年国土海洋部的成立。当时李明博政府主要针对旧部门职能分散和重叠的问题,认为旧部门难以适应经济产业融合和新产业出现等情况的变化,把原来的建设交通部和海洋水产部合并成国土海洋部。但是2013年2月份新上台的朴槿惠又根据其竞选承诺,恢复了海洋水产部。国土海洋部将向海洋水产部移交海洋政策和海洋警察等业务,更名为国土交通部,农林水产食品部将移交水产方面的业务,更名为农林畜产部。[2]

---

[1] 朱贤姬等:《韩国海洋水产部的建立对中国海洋管理体制改革的启示》,《海洋湖沼通报》2008年第1期,第175页。

[2] 具体内容可参见东方日报网站, http://www.dfdaily.com/html/51/2013/1/16/929793.shtml。

四　韩国海洋管理体制对中国的借鉴作用

中国人口众多,土地资源相对紧缺,但是海洋面积大,自北向南,濒临渤海、黄海、东海和南海。随着中国经济的持续快速发展以及海洋综合利用与开发能力的不断增强,海洋的战略地位越来越高。中共中央在2012年的十八大报告中首次提出要"坚决维护国家海洋权益,建设海洋强国",国务院总理温家宝在政府工作报告中也提出要"维护国家海洋权益",这标志着发展海洋事业已经被提升到国家战略层次。要实现海洋大国到海洋强国的质变,理顺海洋管理体制已成了当务之急。因此,加强海洋管理以及提高海上执法水平已经成为我国未来海洋事业发展的重要课题。鉴于韩国综合管理海洋体制是世界综合管理海洋体制的先驱与模范,而中国现行的海洋管理体制与韩国1996年改革之前的管理体制非常类似,都是根据管理对象的不同而采取部门化管理方式。这种细分化的管理体制导致管理效率低下、管理权限模糊以及管理职能重复等问题。因此,研究分析韩国海洋管理体制的发展对于中国建立综合、统一、协调、高效的海洋综合管理体制具有非常重要的借鉴意义。

(一) 建立统一协调的海洋行政管理体制

现在我国海洋管理实行的是统一管理与分部门分级管理相结合的体制形式,多部门具有涉海行政管理职能,包括国家海洋局、农业部、国家环保局、交通部、海事局等,这些管理部门一般又采取分级管理的体制,即各行业管理在各自的垂直系统(不论紧密的还是松散的)都依附于行政管理层次(中央、省、市、县等)的分级管理。这是一种分散型的管理体制,部门之间缺乏高层涉海事务的协调机制,各管理部门之间缺乏沟通和相关信息的共享,部门间政策目标经常相互摩擦,使得海洋资源的综合优势和潜力不能有效地发挥。

2013年,国务院将国家海洋局及中国海监、公安部边防海警、农业部中国渔政、海关总署海上缉私警察的队伍和职责整合,重新组建国家海洋局,由国土资源部管理。海洋局的主要职责包括拟订海洋发展规划,实施海上维权执法,监督管理海域使用,海洋环境保护等,其重要性得到很大提升。但是这次国家海洋局的重组仅涉及海上四个执法机构,从宏观上看,海洋管理体制不仅限于海上五家执法机构,还应该包括外交部的边海司,涉及海洋立法的人大法工委、国务院法制办,以及从事司法的检察院和法院等相关部门,这些部门都应该被看作是我国海洋管理体制的一部分。① 另外,国家海洋局作为中央政府的海洋行政管理部门的层次还是偏低,不直接对国务院负责。国家海洋局仅对国土资源部负责,为副部级机构。对此,我们可以参考韩国在1996年的海洋管理体制改革,整合现有的涉海部门,设立如韩国海洋水产部的海洋管理机构,提升国家海洋行政职能机构的级别层次,将国家海洋局改为正部级的部门,成立国家海洋开发部,使其直接隶属于国务院,增加海洋管理部门的权威性和独立性。

(二) 建立统一的海洋执法力量

长期以来,我国海上执法力量分散,没有形成统一的海洋执法力量。我国众多的海上管理机构都拥有各自的执法资源和力量,各部门按专业设立属于自己部门的海上执法队伍,如交通部的海事、公安部的海警、农业部的渔政渔监、海关的缉私、海洋局的海监以及沿海地方政府所属的渔政渔监和海监队伍,这些执法队伍加起来规模达几万人、船艇近两千艘。② 但是由于我国海上维权执法力量分散、多头管理,这些执法队伍职能单一,执法过程中遇到非职责范围内的违法行为无权处理,执法效能不高,维权能力不足,影响了执法效果。另外,每支队伍都自建专用码头、舰船、通信和保障系统,造成重复建设、资源浪费以及海洋突发事件反应迟缓等问题。每支队伍重复发证、重复检查,成本高、效率低,增加了企业和群众的负担。

因此,我们需要逐步建立起相对集中、权责明确的海上执法力量以适应我国新时期的海洋战略需要。虽然经过这次国务院机构改革和职能转变,过去的海监、渔政、海上缉私等组合成一个中国海警局,国家海上执法力量得到整合,但是这个海警局仍然需要在中国公安部的业务指导下展开海上工作,这使得中国海警局的权威性和独立性仍受到很大的限制。对此我们可以

---

① 刘玉海:《国家海洋局重组后相关法律修订迫在眉睫》,http://finance.ifeng.com/news/special/2013lianghui/20130312/7759587.shtml。
② 张宝晨:《海洋大国海上执法机构体制的基本规律与启示》,《中国海事》2008年第4期,第26页。

参照韩国"海洋警察厅"的管理模式。韩国海洋警察厅是该国海上执法的重要力量,直接隶属于韩国海洋水产部,独立负责韩国海洋执法的工作任务。随着海洋上的权力斗争日趋激烈,为了更好地维护国家的海洋权益,我国仍需要深化海洋管理体制的改革,在提升国家海洋局的行政级别,成立国家海洋开发部的基础上,让中国海警局直接隶属于国家海洋开发部,独立于公安部,统一负责除海洋国防安全外的几乎所有海上事务,以提高海上执法效能。

(三) 加强海洋立法,建立完善的海洋法律体系

《联合国海洋法公约》于1996年在中国正式生效,中国作为《联合国海洋法公约》缔约国从此履行该条约所规定的义务和行使其权利。中国海洋领域的立法在近20年里虽然取得了突破性的进展,但是中国的海洋法制建设仍然存在许多问题,这严重制约了国家海洋事业的发展。首先,虽然法律法规数量不少,但是涉海法律的操作性较差。因为中国采取的是分散型海洋管理体制,法律未明确主管部门,这大大削弱了法律的强制性和执行力。其次,现阶段中国在海洋领域方面存在许多法律空白。随着国际海洋法律制度的不断发展,中国在专属经济区和大陆架管理制度、公海上权利行使制度等方面还需要补充新的内容。与此同时,由于涉海争端日益突出,我国也迫切需要提高海上执法能力,这也需要国家制定法律,授予海洋执法队伍有效的法律地位,通过法律使各个执法队伍名称合法、权限明确。只有加强和完善海洋立法,才能使中国海洋执法走上有法可依、权责明确的法制化轨道。① 韩国涉海管理实行统一之后,制定实施了一系列具体详细的法律法规,为韩国海洋管理提供了管理依据,对提高海洋管理水平及效益具有明显作用。因此,为了更好维护国家领海主权和海洋权益,我国必须进一步完善海洋法律体系,从而有力地维护国家海洋权益,促进国家海洋事业的发展。

(四) 强化国民海洋意识,推动海洋事业发展

中国自古以来都是注重发展陆权的国家,国民对海洋的观念相对比较淡

---

① 阎铁毅、夏元军:《建立中国海洋警察法律制度思考:基于韩国海洋警察法律制度的启示》,《社会科学辑刊》2012年第1期,第94页。

薄。大多数国民只知道中国有960万平方公里的陆地国土面积，却不知道中国还有300多万平方公里的管辖海域。任何政策和机制的有效推行都离不开国民的关注和支持，因此国家海洋政策以及海洋体制的推行需要提高公众的海洋意识，培养各种海洋人才，从而实行综合性海洋政策，实现海洋综合管理，保障海洋可持续利用。韩国自1996年设立了海洋水产部对海洋进行综合管理后，组织进行了专业的宣讲和国民集会等活动，对国民进行基础海洋意识的宣传和教育，这些措施提升了民众对海洋的认识，激发了民众参与海洋事务的热情，韩国国民海洋意识的提高为国家海洋事业发展提供了强大的推动力。因此，我国政府需要把不断增强国民的海洋意识作为一项国家长期战略予以贯彻实施，在全社会广泛开展多种形式的海洋意识宣传讲座，利用各种媒体资源开展各种教育工作，引导和增强公众的海洋意识，尤其是提高青少年的海洋意识，全面推进我国学校海洋知识教育改革，引导国民从小了解海洋、熟悉海洋、关注海洋，[①]从而为我国海洋事业的长远发展提供持久的支持和推动。

综上所述，韩国政府自1996年成立海洋水产部后，韩国的海洋管理由原先的分散化管理体制转变为统一集中的管理体制，同时通过完善的海洋立法以及制定综合的海洋发展政策，设定了海洋水产部及其下属各涉海管理机构的职能权限，明确各部门的职能分工，大大提高了政府对海洋的管理效率。由于中国现行的海洋管理体制与韩国1996年成立海洋水产部之前的管理体制非常类似，而且中韩之间在地理和文化上比较接近，因此中国可以从韩国海洋管理体制改革中吸取经验教训，促进自身海洋事业发展，最终维护国家的海洋权益。

South Korea's Maritime Administration System

Ye Haohao

Abstract　Since the establishment of the Ministry of Maritime Affairs &

---

① 李飞：《构建现代海洋观念与战略》，《学理论》2011年第18期，第44页。

Fishers, South Korea's ocean administration system has changed from the decentralized administration pattern into the integrated one, which greatly improves the efficiency and becomes the model of other ocean countries. Besides, as China's economy develops constantly and rapidly and the ability of the comprehensive utilization and development of the ocean keeps growing, ocean plays a more and more important strategic role in China. This article mainly introduces Korea's ocean administration system and analyzes its advantages and disadvantages in order to present some constructive suggestions on Chinese ocean administration organizational revolution.

Key Words　Korea; ocean administration system; China; suggestions

韩国外来劳工人权保护政策转变的影响因素分析*

金东日　俞少宾

【内容提要】 韩国在短短的几十年内，由一个移民输出国迅速转变为移民输入国，外国人数量从无到有，快速增长，逐渐成为韩国经济社会中不可或缺的组成部分。作为一个传统意义上的单一民族和单一文化国家，韩国国民对外国人的涌入经历了从恐惧排外到逐渐容忍并接受的过程。同样，韩国政府对外国劳工的管理和人权保护，也经历了制度性忽视阶段、非自愿保护阶段以及系统性推进阶段。影响在韩外国劳工人权保护事业进程的主要因素有：外国劳工的斗争、韩国NGO等团体的救助和推动、韩国社会对外国劳工的态度转变及多元文化政策的认知、政府（金大中时期开始）的认可和推动等。但是，韩国社会的成功转型，才是外国劳工人权保障事业乃至整个韩国人权事业不断向前进步的最重要而关键的因素。

【关键词】 在韩外国劳工　人权保护政策　影响因素

【作者简介】 金东日，南开大学人权研究中心（国家人权教育与培训基地）研究员，南开大学周恩来政府管理学院教授，行政学博士；俞少宾，韩国高丽大学研究生院行政学专业博士生。

当今世界，大部分国家都把有关国民人权问题的主要内容纳入宪法之

---

* 本文为"国家社会科学基金重大项目：中国特色人权发展道路研究"（批准号：11&ZD072）。

中,并在现实中努力实践。这说明,虽然因各种条件的限制而其实现程度有所差异,但作为提升国民的生活质量并在更高层次上实现人的尊严和价值的实践活动,国民的人权无疑具有普遍意义。这里的问题是,具有如此重要意义的人权问题为什么在一个国家的不同阶段及不同国家之间存在着很不相同的表现形态?

人权问题所包含的领域非常广泛,影响不同领域人权问题的因素也很多。因此需要深入探讨不同领域乃至不同议题的影响因素,由此可综合整个人权实践的主要影响因素,据此提升人权实践的层次。本文将以韩国对外国劳工人权实践作为主要案例,来考察人权实践的影响因素。

对一个国家来说,外国劳工的人权问题相对于本国的同类问题关注度会低或晚(至少在开始关注的时间点上)一些,这是由其"身份"相对于本国国民比较"边缘"而导致的。如果已经关注外国劳工这一层的人权问题,说明该国的人权实践达到了一定程度的成熟阶段,即外国劳工的人权问题可以从整体上说明该国的基本人权状况。因此,我们期望通过考察韩国对外国劳工人权问题的政策实践演进,来了解韩国保护劳工人权的实际状况,并据此概括一国人权问题的主要影响因素。

一 在韩外国劳工的概况与特点

跨国劳动力的转移是过去数十年间亚洲和全球经济领域里非常重要的一个特点。[①] 在全球范围内,每年有数千万人由于政治、经济、留学或家庭团聚等各种原因,离开他们的原住国前往新的国家。

在20世纪60~80年代,韩国主要是劳动力输出国,在此期间,每年有相当数量的韩国劳动力前往德国和中东等国家就业。[②] 这一趋势到80年代中期开始扭转。1987年,韩国通过"六月抗争"完成了社会转型,在韩国

[①] Athukorala P., "International Labour Migration in East Asia: Trends, Patterns and Policy Issues," *Asian-Pacific Economic Literature*, 2006, 20 (1).

[②] Kee T. S., "Foreign Workers' Policies and Issues in South Korea: Focus on the Workers from the South East Asian Region," in *Global Korea: Old and New*, University Australia of Sydney, 2009. Kim A. E., "Global migration and South Korea: Foreign workers, Foreign brides and the Making of a Multicultural Society," *Ethnic and Racial Studies*, 2009, 32 (1).

移民史上这一年也是具有里程碑意义的年份。当年,韩国对外劳动力输出数量明显下降,与此相对应的是,外国劳动者开始涌入韩国就业。① 韩国出入境管理局的统计数据清晰地反映了这一转变(见表1)。1985年,共有约4万名外国人居住在韩国,其中大部分是由于种种原因无法取得韩国国籍的在韩华侨("台湾"籍),因此,真正的外国移民人数相当少。② 然而,十年后,在韩国居留的外国人口增长了五倍多,接近27万。2000年,外国移民者人数将近50万,而2007年这一数字更是轻松越过了百万大关,外国居民在韩国总人口中的比重也超过了2.2%。2010年,在韩国工作和生活的外国人数量进一步增长至120多万,其中还不包括大量的非法滞留人口。

表1 在韩外国人口统计(1985~2010年)

国家/地区	1985	1990	1995	2000	2005	2010	
						N	%
中国	2	147	67771	159475	282030	608881	48.3
美国	7750	14019	51996	87457	103029	127140	10.1
越南	0	1	9105	19009	38092	103306	8.2
日本	2472	5323	27429	25861	39410	48905	3.9
菲律宾	251	578	18752	27912	38057	47241	3.7
泰国	48	52	4611	17563	34188	44250	3.5
印度尼西亚	19	78	7059	19935	25599	31728	2.5
蒙古	0	2	856	14956	22475	29920	2.4
乌兹别克斯坦	0	—	1571	9413	13834	25895	2.1
中国台湾	25008	23583	27493	24056	25121	24760	2.0
其他	5370	5724	52998	85687	124822	170109	13.5
合 计	40920	49507	269641	491324	747467	1261415	100.0
全国人口	40448000	43411000	44609000	46136000	47279000	50515666	
占总人口比例	0.10	0.11	0.60	1.06	1.58	2.5	

数据来源:韩国法务部《出入国·外国人政策统计年报》,详细数据请参考 http://immigration.go.kr。

---

① Seol D. H., "Korean Citizens' Responses to the Inflow of Foreign Workers: Their Impacts on the Government's Foreign Labor Policy," 46th Annual Meeting of the International Studies Association. Hilton Hawaiian Village, Honolulu, Hawaii, USA: 2005, 2.
② Chung E. A., "Workers or Residents? Diverging Patterns of Immigrant Incorporation in Korea and Japan," *Pacific Affairs*, 2010, 83 (4).

众所周知，外国劳工的人权通常很难得到保护。联合国人权委员会指出，跨国移民者作为外国人往往缺乏制度性的权力保障，因此其人权容易受到侵犯。此外，即便大部分国家都已经签署了《联合国人权公约》，尊重并愿意保护跨国移民者的人权，但其实际执行情况并不乐观。①

在韩国工作和生活的外国劳工情况也基本如此。韩国长期以来被认为是一个单一民族和单一文化的国家，外国移民人数在短时期内的剧增虽然已经使韩国成为一个事实上的多元文化国家，然而普通韩国国民的心理认知仍然没有适应这一变化。他们在对待与自己不同的种族和文化上，还保留着排外的心理特征，②这一点给外国劳工的人权保护工作带来严峻的挑战，成为韩国对外国移民人权保护的第一个特点。具体来说，朝鲜难民、国际婚姻家庭出生的子女，以及已加入韩国国籍的外国人，由于具有公民身份而享受国民待遇，因此其基本人权可以得到较好的保护。"朝鲜族同胞"受益于韩国政府的特殊签证种类和居留期限设计而获得特殊照顾。与此相对，其余的外国移民既没有韩国国籍，同时也缺乏共同的民族和文化纽带，其人权最容易得到忽视甚至侵害。

从所持签证类型和从事活动范围来看，外国人口当中几乎一半是被中小企业雇佣的低技能外国劳工。③随着韩国经济的不断转型，国民受教育水平的提高，以及韩国低生育率和老龄化现象加剧，大量劳动力密集的中小企业无法在国内招募到充足的劳动力。韩国政府迫于中小企业的压力，不断扩大外国劳工的引进力度。目前，相当数量的外国劳工集中在韩国人不愿意从事的"3D"（脏、乱、差）行业，再加上大量的非法滞留者，④外国劳工占据了韩外国人口的绝对主流。对跨国劳工以及非法滞留者的人权保护不足，一直是国际人权保护领域的一块"短板"，这也构成了韩国对外国劳工人权保护的第二个特点。

---

① Office of the High Commissioner for Human Rights, http://www.ohchr.org.
② Choi J., "Educating Citizens in a Multicultural Society: The Case of South Korea," *The Social Studies*, 2010, 101 (4).
③ 根据韩国出入境管理局的最新统计数据，在2010年，共有51.4万名低技能外国劳工和14.2万名国际婚姻移民，分列第一和第二位；排在第三位和第四位的分别是国际学生（8.7万名）和高技能专业雇员（4.4万名）。
④ 20世纪90年代起，在韩国的"非法劳工"比例逐渐增加，到2003年，非法劳工占全部外国劳动的比例一度达到78%，此后，这一数字一直维持在20%左右的水平。

韩国对外国劳工人权保护的第三个特点是其发展和转变过程相当迅速。从一个单一民族和单一文化的国家转变成一个多元文化的国家并积极保护外国移民（合法和非法）的人权，韩国用了不到30年的时间走完了西方国家一两百年的路。在国籍取得的原则上，韩国已经逐步由"血统主义"过渡为"属地主义"，后天被赋予或争取的条件（如在韩国的居住年限、与韩国国民结婚、拥有特殊技能等）同样可以成为获得韩国国籍的条件。2006年，韩国成为亚洲第一个赋予外国常住居民（无韩国国籍）选举权的国家，此举打破了只有国民才能拥有选举权的"政治先例"，而许多移民政策更加开明的西方国家如法国和德国都未能做到这一点。[1]

二 韩国对外国劳工人权保护事业的发展历程

这里主要回顾和总结韩国政府和社会对外国劳工（合法或非法）人权保护沿革过程。总体上说，从20世纪80年代至今，韩国政府对外国移民的制度设计和管理政策不断进行着调整，其对外国劳工人权的尊重和保护经历了三个发展阶段：制度性忽视阶段、非自愿性保护阶段、系统性推进阶段。

1. 制度性忽视阶段（1987～1994年）

在此阶段，虽然外国劳工的数量不断增长，然而韩国政府一方面对大量涌入的外国劳工缺乏准备，另一方面由于种种原因一直没有正式承认其合法地位，也没有制定相应的制度对这类群体进行有效管理，更没有涉及他们的人权保护。

在20世纪80年代，最早一批来到韩国"淘金"的外国人，大部分是来自西方发达国家的教授、外语教师、科研人员以及其他高技能人才。[2] 随后逐渐出现外国移民通过旅游观光或其他短期签证进入韩国并非法滞留。与此同时，由于大量的中小企业无法以较低的成本在国内招募到充足的劳动力，为了增强竞争力，他们开始把目光投向不断涌入韩国的低技能外国劳工。为了维持国民经济的平稳增长以及保持韩国出口经济的竞争力，韩国政

---

[1] Chung E. A., "Workers or Residents? Diverging Patterns of Immigrant Incorporation in Korea and Japan," *Pacific Affairs*, 2010, 83 (4).

[2] Lim T. C., "The Changing Face of South Korea: The Emergence of Korea as a 'Land of Immigration'," *The Korea Society Quarterly*, 2002, Summer/Fall.

府对非法滞留并被雇用的外国劳工采取睁一只眼闭一只眼的态度。1992年，非法外国劳工数量的大幅增长迫使政府不得不采取措施，同时韩国中小企业协会（KFSB）也不断游说政府引进更多的外国劳工，在这种背景下韩国政府出台了"产业研修制度"并创建了新的签证种类——D3，即外国劳工以产业研修生的名义由韩国中小企业引进并"接受培训"。

产业研修制度的出台是韩国中小企业协会推动的，是以纯经济利益为目的的移民管理制度，因此它未能充分考虑并保护外国劳工的合法权益。在产业研修制度下，外国劳工虽然与韩国工人从事同样的工作，但由于他们在名义上是"研修生"而非"正式工人"，因此被剥夺了许多正当人权和福利（如组织工会、参与工资集体协商、享受医疗保险和工伤保险等），其他权利也经常受到侵犯（如护照被无故没收、居住地受到严格限制、禁止更换工作单位等）。① 韩国劳动政策研究所于1995年针对外国劳工的一份调查报告显示，外国劳工在工作场所普遍遭遇的问题包括：超长的工作时间，低工资，工资拖欠，辱骂、污辱和人身攻击，职业病以及工伤事故较多。② 由于大部分外国劳工来自经济发展水平较落后的东南亚地区，加上他们集体从事3D工种，外国劳工在日常生活中也经常被歧视。在此背景下，许多"研修生"不堪忍受超低的薪水和非人道的待遇而离开原来的工厂，主动成为"非法劳工"。到2003年，非法劳工占全部外国劳工的比率一度高达78%，③ 这从另一个侧面说明了产业研修制度的失败。

2. 非自愿性保护阶段（1995~2003年）

从20世纪90年代初开始，外国劳工人权意识觉醒，他们开始公开抗争，韩国的社会团体和相关NGO也发起声援并声势浩大。至此，外国劳工的生存状况开始被普通市民所了解，他们的人权境遇开始得到社会大众的同情和理解。最终韩国政府迫于这些压力，开始重新审视产业研修制度以及对

---

① Lim T. C.，"The Changing Face of South Korea: The Emergence of Korea as a 'Land of Immigration'，" *The Korea Society Quarterly*，2002，Summer/Fall. Seol D. H.，"Past and Present of Foreign Workers in Korea 1987 – 2000，" *Asia Solidarity Quarterly*，2000（2），pp. 6 – 31.

② Park S. -W. et al.，"A Survey of Foreign Workers in Korea 1995，" Policies & Protective Measures Concerning Foreign Migrant Workers，Seoul: Korea Research Institute for Workers' Human Rights & Justice，1995，pp. 317 – 357.

③ Seol D. H. et al.，"Foreign Migrant Workers and Social Discrimination in Korea，" *Harvard Asia Quarterly*，2004，8（1），pp. 45 – 50.

外国劳工的人权保护措施。由此开始，韩国政府对外国劳工的人权保护步入第二个阶段——非自愿性保护阶段。

该阶段的标志性事件是外国劳工的数次静坐示威。1994年，14名来自孟加拉国、尼泊尔、菲律宾和埃塞俄比亚的劳工聚集在"经济正义实践市民联合会"的总部静坐示威，呼吁给予外国劳工因工受伤的医疗救济和补偿。29天的示威结束后，韩国政府同意"提高对外国劳工的人权保护力度"并最终扩大了《韩国工伤赔偿法》的覆盖范围，非法外国劳工首次成为被保护对象。1995年，又有13名来自尼泊尔的劳工在首尔明洞天主教堂的门口示威，他们高举"我在工伤事故中弄断了三根手指""请不要虐待我""我们不是奴隶"等标语，呼吁市民关注外国劳工的工资拖欠、来自雇主的言语暴力和身体虐待等人权问题。1996年，还是在明洞天主教堂门口，更多的外国劳工加入了示威的行列，他们高呼"我们渴望自由""我们是人，不是动物""制定外国劳工保护法案"等口号。①

外国劳工持续的抗争和游说以及国内社会团体的呼吁，使得韩国政府对产业研修制度进行调整。从1995年起，韩国政府实施了《产业研修生保护和管理条例》，出台了对外国劳工的相关保护措施。但是由于中小企业协会等既得利益集团的阻碍，以及政府顾虑移民政策的大幅改变可能影响国民经济的平稳发展，韩国政府对产业研修制度只进行了局部修正，仅允许产业研修生在完成两年研修（E-3签证）之后的第三年可以取得正式工人的身份（E-8签证），其他内容不变。

3. 系统性推进阶段（2004年至今）

外国移民人数的不断增长，人权侵犯个案的不断增加，加上来自国际和国内社会的双重压力，使韩国政府逐渐认识到，对产业研修政策的小修小补无助于解决其在移民管理中存在的深刻矛盾，最终韩国政府开始认真思考如何有效地解决这些矛盾。韩国对外国劳工的人权保护，也由此迈入了制度化的轨道。

对外国劳工人权保护的系统性推进，离不开韩国《国家人权委员会法》的铺垫作用。为了履行韩国前总统金大中竞选时许下的承诺，韩国于2001年

---

① Lee Y., "Migration, Migrants, and Contested Ethno-Nationalism in Korea," *Critical Asian Studies*, 2009, 41 (3).

5月正式颁行《国家人权委员会法》,并同期设立了独立于立法、司法和行政机构的韩国国家人权委员会,按照联合国人权公约的原则践行人权事业。该法案反对任何基于社会地位、种族、性别、身体缺陷等的不平等待遇,韩国国民和在韩国居住的所有外国人均受该法案的保护。[①] 因此,外国劳工不论其身份是否合法,均享受同等的人权,对其人权的保护从此具有法律依据。

在此基础上,外国劳工以及国内社会团体数年的持续抗争,迫使韩国政府最终于2004年开始实施新的"就业许可制度"以代替"产业研修制度"。就业许可制度旨在为韩国中小企业提供稳定的劳动力来源,同时为外国劳工提供平等待遇,包括享有基本劳动权利、相关保险、法定最低工资等。在就业许可制度下,外国劳工第一次具有和本国工人同等的地位和权利。韩国政府为此设立了E-9签证类型,持有该签证的外国劳工可以受雇于总人数在300人以下的中小企业,最长可以滞留3年。

由于就业许可制度保障了外国劳工的合法权益,外国劳工不再需要主动变成非法劳工以获得更多的报酬待遇,因此非法劳工数量不断增长的趋势得到有效逆转。统计数据显示,就业许可制度有效地降低了非法外国劳工的数量。2002年,韩国总共有约30万名非法劳工滞留,就业许可制度实施后的2004年,这一数字便降低到20万左右,此后虽然在韩居住的外国人总数一直稳步攀升,但非法滞留人数一直稳定在20万。[②]

虽然就业许可制度在2004年就已经施行,然而由于中小企业协会的强力游说,产业研修制度并没有被同时废除。韩国在2007年以前,实际上实行的是就业许可制度和产业研修制度的"双轨制"。直到2007年1月,产业研修制度才被就业许可制度完全取代。2010年,韩国政府根据经济发展情况以及社会团体的诉求等新的形势,对就业许可制度进行了如下修订:延长劳动合同期限,雇用年限由3年延长为5年;允许劳工自由更换工作,换工作期间享有更长的求职缓冲时间;要求企业提供更佳的工作条件。[③] 新的

---

① Korea National Human Rights Commission, http://www.humanrights.go.kr/00_main/main.jsp.
② 数据来源:韩国法务部《出入国·外国人政策统计年报》,查阅历年统计数据,请参考 http://immigration.go.kr。
③ Seol D. H., "Migrant Workers in the Midst of Reforming Foreign Labor Policy in Korea," *Xen*: *Migration, Labor and Identity*, Seoul: SSamzie Space, 2004, pp. 26-30.

修订案虽然仍被社会团体指责为偏向雇主的利益，但不可否认的是，外国劳工的人权在这一时期得到了切实的制度保障。

同年，《韩国移民政策基本法》正式颁布。根据该法案的精神，韩国政府设立了外国人政策委员会，用以协调各级政府和市民团体之间有关外国人的政策议题。同时法案要求韩国政府根据形势的发展，每五年修订一次关于移民政策的基本条例。在实施2008～2012年的首个移民政策基本法时期，韩国政府拨付了6000亿韩元的预算，用于支持以下领域的政策活动：制定更开放的政策以增强国家竞争力；促进高质量的社会融合；执行移民和出入境管理法；加强对外国人的人权保护。[①] 该法案的通过意味着韩国政府对外国劳工的管理正式由单纯的移民管理转变为促进多元社会文化融合的系统性和制度性管理。

三 影响人权保护实践的因素

韩国在短短的几十年内，由一个移民输出国迅速转变为移民输入国，外国人数量快速增长，已经成为韩国经济社会中不可或缺的组成部分，政府对其管理也进入系统性推进阶段。

从以上关于韩国对外国劳工人权保护的发展历程来看，有很多因素影响了其进程，主要概括如下。

首先，外国劳工自身的斗争成功地使韩国社会认识了其非人道处境，为政策转变打下了舆论基础，并给韩国政府施加了压力。最初，外国劳工的人权意识并不强烈，但随着其数量的不断增长，工伤事故和权利侵犯事件不断增多，以及相关NGO的启蒙教育，越来越多的外国劳工的权利意识逐渐觉醒。与此同时，韩国本国劳工在工会的组织下集体抗争的示范效应，使得外国劳工开始在社会团体的组织和领导下开展一系列游行示威静坐等活动，向韩国政府和社会反映其所遭受的不平等待遇，并要求改变现行政策以更好地保障其合法权利。这些活动在20世纪90年代中后期达到高峰，使得韩国政府一方面面临着来自社会和国民的舆论压力，另一方面又承受着相关NGO

---

① Korea Immigration Service，http：//immigration.go.kr/HP/TIMM/index.do？strOrgGbnCd＝104000．

等团体的政治诉求压力,最终不得不废除产业研修制度。

其次,相关社会团体和NGO的救助和协力推动,扩大了外国劳工反抗运动的影响力,增强了韩国民众对外国劳工人权状况的认识。韩国国内一直存在很强大的要求改革的力量和声音,在韩国的社会转型过程中,各种形式的工人运动,以及其他社会团体的抗争功不可没。[1] 与大多数欧洲国家不同,韩国的政党在移民政策制定中并未发挥主导作用,相反,各种社会团体和NGO是保护外国劳工人权的拥护者。随着外国劳工人权受侵害事件不断增多,韩国国内的社会团体开始代表外国劳工,积极提出社会和经济公平待遇的诉求。20世纪90年代初,首尔出现了面向外国劳工的咨询和互助中心,此后不断蔓延至全国各地。最初,这些组织大部分是由宗教团体创办,随着时间的推移,其他的NGO开始进入这一领域,部分工会开始吸收外国劳工入会,并为其提供各种援助。此外NGO还联合外国劳工及其自治团体,举行抗议活动,以推进对外国劳工的法律保护。如1995年,尼泊尔劳工在首尔明洞天主教堂的示威结束后,"外国移民·劳动者运动联合会"即宣告成立。这些外国劳工组织除了独立活动以外,还广泛地与其他工会组织、一般NGO以及社会团体甚至与劳工输出国的NGO结成联盟并互相合作。[2] 在此期间,这些团体不断地组织各种抗议活动,要求废除产业研修制度并推行就业许可制度,同时增进韩国国民对外国劳工人权保障事业的关注度。可以说,没有他们的不断抗争,产业研修制度很难被终止。

再次,韩国社会对外国劳工的态度转变以及对多元文化政策的认知,为外国劳工的人权保护事业提供了舆论基础。起初,韩国作为一个传统上的"单一民族、单一文化"的国家,整个社会对大量涌入的外国劳工表示不信任。然而,随着外国劳工非人道的遭遇被曝光,以及相关NGO和学术界的大力宣传,韩国社会对外国劳工的态度逐渐发生了变化,开始熟悉并接受多元文化以及多元文化政策。2007年,一项对韩国国民的抽样调查结果显示,

---

[1] Lim T. C., "Racing from the Bottom in South Korea: The Nexus Between Civil Society and Transnational Migrants," *Asian Survey* 2003, 43 (3), pp. 423-442.

[2] 与之合作的团体主要包括韩国劳动组合总联盟、韩国民主劳动组合总联盟、经济正义实践市民联合会等,这些组织在韩国的社会转型中发挥了重要作用,因此它们在韩国的政治和经济界具有重要影响力。关于这些组织的背景信息,可参考 http://www.inochong.org(韩国劳动组合总联盟),http://http://nodong.org/(韩国民主劳动组合总联盟),http://www.ccej.or.kr(经济正义实践市民联合会)。

大多数韩国国民认为通过后天努力获取的条件（如语言能力以及持有韩国国籍）比先天具备的条件（如出生血统和出生地）更适合作为是否能成为韩国国民的判断标准。这表明韩国人已经开始逐渐走出血统主义，能够更开放地接纳各类移民。① 同时，越来越多的韩国国民表示愿意接纳外国移民成为本国公民自己的同事、邻居以及朋友，这与1997年的调查结果相比有了较大的改变。② 这表明，韩国社会对外国移民的态度已经从最初的疑虑和排外，逐渐过渡为容忍并接受他们的存在，这些都为外国劳工人权事业的发展提供了良好的社会心理基础。

最后，韩国社会的成功转型是推动韩国对外国劳工人权乃至整个国家人权保护事业的关键因素。金利卡（Kymlicka）指出：民主宪政国家会不可避免地接受外国劳工和少数族群提出的权利要求。由于在民主宪政国家，外国人和少数民族可以采取游行、示威、集会等方式自由地提出自己的权利主张、要求平等待遇。同时，国内其他相关团体和个人，也将加入斗争的洪流中，进一步壮大其实力。最终，政府除了接受并推进其主张外别无他法。③ 韩国对外国劳工乃至整个国家的人权事业的推动过程，证实了金利卡的这种观点。

一开始，工会不断组织工人进行斗争，提高了韩国工人的工资待遇，中小企业不得不将目光转向"廉价的"外国劳工，④ 导致外国劳工人权问题变得越来越严峻。与此同时，韩国政府面临四重压力：中小企业联合会的游说、外国劳工的抗争、相关NGO对外国劳工的大力支持，以及越来越明显的全方位国际化，这些压力最终促使韩国政府采取保护外国劳工人权的措施。然而，没有坚实的民主宪政基础，外国劳工自身无法合法地提出诉求和展开斗争，他们的非人道待遇将无法被韩国社会和国民所了解，相关NGO及社会团体也无从对政府施压并游说。另一方面，为了践行竞选总统时的承

---

① Kang W. T., *Korean Politics and National Identity*, Seoul: East Asian Institute, 2007.
② Oh K. T. et al., *Survey on Korean Workers' Recognition over Foreign Labor*, Seoul: Korean Women's Development Institute, 2007.
③ Kymlicka W. et al., "Liberal Multiculturalism: Western Models, Global Trends and Asian Debates," *Multiculturalism in Asia*, Oxford University Press, 2005, pp. 22 - 55.
④ Seol D. -H., *New Social Movement for Foreign Migrant Workers in Korea, 1992 - 2002* cited in, J. - K. Kim, *Politics of Struggle, Solidarity and Memory*, Seoul: Munhwagwahaksa, 2003, 2, pp. 76 - 99.

诺，2001年，金大中政府成立了国家人权委员会，由此韩国人权保护事业才步入正轨。这说明，韩国成功转型为民主宪政国家，推动了外国劳工人权事业。

综上所述，外国劳工自身的积极抗争，相关社会团体和NGO的救助和协力推动，韩国社会对外国劳工的态度转变以及对多元文化政策的认知等三个主要因素，直接推动了韩国对外国劳工人权保护事业的发展，而韩国社会的成功转型，则为外国劳工的人权保护事业，乃至整个韩国人权事业的不断进步奠定了最坚实的基础。

Factors Influencing the Evolution of Migrant Workers' Human Rights Protection Policies in South Korea

Jin Dongri   Yu Shaobin

Abstract   During the past decades, Korea has changed from a labor exporting country to a labor importing country and the number of foreign residents has increased rapidly. The presence of migrant labors had brought about dramatic changes to Korea's socio-economic horizon. In the meantime, Korean government's immigration policies have undergone three phases of evolvement, e. g. , institutional negligence, involuntary protection and systematic advancement. This paper argues that factors such as migrant workers' persistent struggle, NGO's support, mainstream society's attitudinal change and its recognition toward multiculturalist policies, and Korean government's initiatives have influenced the protection of migrant workers' human rights protection. Most importantly, Korea's successful democratic transition has laid a solid foundation for the overall progress.

Key Words   Korea; Migrant workers; human rights protection; influencing factors

韩国公共外交析论*

李 华

【内容提要】文化外交是国家间文化交流发展到一定阶段的产物，随着全球化的深入发展，文化外交逐步发展到公共外交新阶段，成为提升国家软实力和国家形象最有效的重要手段之一。战后韩国的"文化外交"向"公共外交"演进的历史表明，公共外交已经从国家事务的相对边缘地带逐步走向韩国政治舞台中心，这对韩国良好国家形象的塑造与提升发挥了重要作用。

【关键词】韩国 文化外交 公共外交

【作者简介】李华，国际政治（法学）博士，上海大学副教授，中国察哈尔学会公共外交研究员。

公共外交又称公众外交，是一个国家为争取"客观友善的国际舆论环境"，提升本国国际形象而开展的直接针对他国公众的公关活动。在全球化语境下，世界各国纷纷加强对公共外交的投入以求增强自身的"软实力"，扩大自己的国际话语权。20世纪90年代以来，韩国的公共外交实践不仅使韩国的民族凝聚力和历史责任感得到显著增强，促进了韩国经济的飞速发展，同时也成功塑造和提升了韩国良好的国家形象，引起世界的广泛关注。

---

* 本文为上海市教委本级学科建设项目"公共外交新走向"阶段性研究成果。

一 从文化外交到公共外交

欲理解公共外交的功能,必先理解文化外交的内涵。美国学者麦哲曾预言:"文化,将成为当前研究有关国际关系、国际安全和世界经济等问题的著作中最时髦的概念"。文化外交,顾名思义,即是以文化为纽带的外交形式。它是指主权国家以维护本国文化利益及实现国家对外文化战略目标为目的,在一定的对外文化政策指导下,借助文化手段来进行的外交活动,包括教育文化项目交流、人员往来、艺术表演与展示以及文化产品贸易等,旨在促进国家与国家之间、人民与人民之间相互理解与信任,构建和提升本国国际形象与软实力。[①]

文化外交的历史源远流长。张骞出使西域,玄奘天竺取经,鉴真东渡弘法,郑和七下西洋等都具有文化外交的意蕴,在历史上具有重要地位和意义。但文化外交这个概念更多反映的是全球化背景下国际文化交往从原来的低级政治(low-politics)到高级政治(high-politics)的范式转变。近代民族国家确立后,随着国家之间文化的传播、交流与沟通日益频繁,文化交流被正式纳入外交领域,成为主权国家政府外交关系的重要组成部分。冷战时期,文化外交逐渐沦落为美苏冷战的意识形态工具,由此具有了现代公共外交的色彩。冷战结束后,文化外交作为冷战时期的一种特殊斗争工具曾一度沉寂,但全球化的快速发展,尤其是20世纪90年代初约瑟夫·奈"软实力"概念的提出,文化作为软实力重要组成部分再度引起政界和学界的关注,文化外交也开始被赋予新的内涵。一些国家认识到保护自身独特文化的重要性,开始有意识地在对外交往中保持和维护自身文化的独特性,以期提升自己综合国力中的柔性部分。另一些极具抱负的大国则频频利用文化外交来推广自己的民主体制和价值观,以期更好地完成其在世界政治中设定的战略目标,文化外交的公共外交意蕴因此变得日益浓厚。今天,随着文化外交逐步发展到公共外交阶段,其重要内涵已经不再是传统外交分工体制下政治外交的辅助手段,而成为一国外交政策的核心内容和开展国际文化软实力竞争的重要手段。

[①] 胡文涛:《解读文化外交——一种学理分析》,《外交评论》2007年第3期。

作为文化外交的高级形态，公共外交是指在以社会媒体为代表的新媒体技术日趋活跃的信息传播环境中，由政府主导，由民间非政府组织和私人机构参与，以文化传播和信息交流为主要载体的针对他国公众尤其是精英阶层对本国的理解并实现国家利益的外交活动。① 公共外交曾被形象地比喻为在他国土壤上撒播的种子，它播下的是一国的理想和信念、道德信仰和价值观念，最终收获的是双方的理解和信任。作为一种主动面向外国公众的国际交流方式，成功的公共外交策略能有效增强本国的文化吸引力和政治影响力，提升国家的国际形象，从而在根本上改善国际舆论环境。

作为国家意志的柔性传播手段，文化外交和公共外交二者均致力于塑造国家形象和实现国家利益，"通过传播本国文化与价值观，在舆论引导上实现拷贝世界和感性世界的互动，在形象塑造上实现从实力政治到形象政治的转移"。② 同公共外交相比，文化外交关注更多的是人民之间的长期相互理解，具有长远的外交目标，而公共外交重点是向他国民众阐释本国政府的政策，以实现本国政府的短期目标。"9·11"事件特别是伊拉克战争后，对美国的谴责和批评席卷全球，反美主义的泛滥和蔓延，不仅增加了美国遭受恐怖袭击的危险，而且使美国的国际形象严重受损，大大削弱了美国的软实力。为了挽救自身的形象危机，美国短时间之内出台了众多的公共外交政策以救火。③ 但公共外交也具有长远的战略目标，约瑟夫·奈就认为"有效的公共外交必须包括短期、中期和长期战略"，就长期战略而言，它是建立在"文化和教育交流之上"的。文化和教育活动与国际广播活动相比，宣传色彩较淡、项目周期较长、对目标国的精英和年轻一代的影响也更为深远。

文化外交向公共外交的历史演变表明，经过漫长岁月的打磨，公共外交已经从国家事务的相对边缘地带逐步走向世界政治的中心舞台。其对民族国家国际战略的实施、国家软实力的提升、不同民族国家之间的交往乃至世界的和平、人类自身的和谐发展均发挥着独特而且重要的作用。在这个过程中，公共外交的功能不断拓展，包括了文化推广、国家形象塑造、国际间互

---

① 郑华：《新公共外交内涵对中国公共外交的启示》，《世界经济与政治》2011年第4期。
② 孙红霞：《文化外交的独特价值》，《国际资料信息》2007年第6期。
③ 李艳艳：《9·11后的美国公共外交》，《社会观察》2006年第6期。

信和认同建构等多个可以并存的方面;其参与人员也从传统的职业外交官专属演变为人人都可以参与。① 公共外交的这些特质决定了其必然被渴望改善和提升国家形象的国家所积极推广和实施。

二 韩国公共外交的主要特点

韩国国家形象塑造战略经历了一个由文化外交到公共外交演进的历史过程。二战结束后,在战争废墟上立国的韩国在文化上开始接受以美国为代表的西方文化,在经济上制定了一系列富民强国的政策。但囿于严峻的国际国内环境,韩国政府在外交上延续了"以强国为中心"的传统,长期唯美国马首是瞻,韩美关系的不对称性削弱了韩国外交的独立性。这一时期韩国文化外交在很大程度上被视为国家安保维持和经济发展的对外宣传手段,兼之与朝鲜的纠葛纷争,战后满目疮痍、动荡不安的韩国印象留在了很多国家民众的脑海之中。20世纪70年代之后,韩国一跃而为"亚洲四小龙"之一,随着国家经济实力的增强,韩国开始正视自身的国际地位和形象问题,文化外交开始在政府决策中占据独立的地位。1986年的亚运会和1988年的汉城奥运会,则将韩国政府的文化外交活动带入新的历史发展阶段——重视公共外交阶段。以举办奥运会为契机,韩国对外文化交流的幅度和广度得到极大拓展,整个国家的公共外交意识也进一步得到提升。韩国政府力图通过大力开展公共外交,把吸收并改造世界文化而形成的新型的、具有世界魅力的韩国文化推介到全世界,塑造积极健康的国家形象,韩国的国家生存战略也越来越打上公共外交的烙印。

无论从历史还是从现实来看,韩国开展政府外交的条件其实并不优越。韩国既不像美、英、法等西方国家那样拥有政治制度上的既得优势,也不像中、印、巴(西)等发展中大国那样拥有丰富的自然资源与人力资源。韩国经济对外依赖程度非常高,在地缘政治和综合国力等方面,偏于东北亚一隅的韩国更是存在严重局限性。这使韩国政府意识到外交转型的必要性与紧迫性,即从"以强国为中心"的政府外交转向以国外普通大众为对象的公共外交。通过加强文化软实力建设和广泛的公共外交实践向世界投射"韩国魅

---

① 钟新、何娟:《英国:从文化外交到公共外交的演进》,《国际新闻界》2010年第7期。

力因素"，促进韩国经济增长的同时，提高韩国在国际上的知名度与美誉度。

韩国开展公共外交的优势首先在于自己拥有深厚的人文传统和科技实力。公共外交本质上是一门交流与推广国家品牌形象的艺术，它需要通过语言、艺术、文化、人脉等无形财产为媒介向国际社会讲述"自己国家的故事"，而韩国作为世界第11大经济体和国际公认的民主国家，拥有独具特色的韩流文化，具备丰富的无形文化财富。另外，韩国经济发达，科技实力雄厚。20世纪下半叶以来，飞跃发展的韩国经济、尖端科学、"韩流"、体育、先进的网络技术等内容引起世界的广泛关注，三星、LG、现代等世界领先企业也在海外迎来艳羡目光。这些都使韩国具备了开展公共外交事业的有利环境和条件。

其次，韩国政府大力支持开展公共外交。韩国是一个深受儒家传统文化影响的国家，素以君子国自居，虽然战后沐浴着"西风美雨"，但其传统价值观的核心仍然是集体主义和权威主义，受此影响，至今无论在经济、政治还是在文化上走的还是政府主导模式。在公共外交方面，韩国目前并没有一个类似于"美国新闻署"的专门机构，韩国政府也没有提出明确的公共外交战略，其公共外交事实上是通过对外文化交流在进行。自从开展公共外交以来，政府无论从物质还是从政策上都给予了莫大的支持，包括外交通商部（主要负责和国外官方签订条约）、文化体育观光部（主要负责文化产业的推广）和教育人力资源部（主要负责韩语的推广和吸引留学生）等成为韩国实施公共外交的主要机构。①

外交通商部作为韩国公共外交的主要部门，主要通过文化外交、外媒管理、官方开发援助（ODA）、维和行动（PKO）等途径，参与构建韩侨网络，管理驻外使馆以及其下属单位韩国国际交流财团（KF）、韩国国际合作团（KOICA）和驻外同胞财团等。2010年以来外交通商部相继举办了韩国公共外交论坛等系列活动。2011年9月韩国在外交通商部下专门成立公共外交司，并首次设立公共外交大使，由外交通商部、文化部、教育部三驾马车合作开展公共外交工作。2012年，公共外交司又把"文化外交政策课"的名称改为"公共外交政策课"。为支持媒体宣传与文化交流，近期还列入50亿韩元（相当于人民币2833万）预算来"强化公共外交力度"。此部分

---

① 丁锐：《韩国对华公共外交的途径及启示》，《公共外交季刊》2012冬季号。

费用,将重点用在最近在第三世界国家深受欢迎的 K-pop(韩国流行音乐)演出。文化体育观光部是利用文化外交、体育外交、媒体和网络外交、韩国观光宣传等来推进公共外交的重要部门。负责统筹管理韩国文化产业交流财团、韩国观光公社、世宗学堂、韩国文化艺术委员会、电影振兴委员会、韩国内容产业振兴院等部门业务,其中代表性业务有"文化伙伴倡议"等。2001年8月,韩国文化体育观光部专门成立"文化产业振兴院",作为韩国公共外交最前端的机构,主要负责韩国的海外文化宣传与国家形象的提高,与他国民众开展最直接的接触等。

另外,韩国政府在实施公共外交时,为了增强公共外交的针对性和有效性,对公共外交对象进行了明确的文化定位,实施过程注重"有的放矢"。基于历史文化的认同及现实环境,韩国政府在文化体育观光部专门设立了"亚洲文化中心促进团",将公共外交的重点首先放在了以儒家文化为主的亚洲国家和地区。韩剧的市场投放和世宗学堂的建立地点,也主要选择亚洲区域,然后以亚洲为基点,逐渐向全世界延伸拓展。直属于韩国文化体育观光部的海外文化宣传院,其主要职能就是及时、准确地向全世界提供有关韩国的各种资讯信息。这种对公共外交对象进行文化划分,有助于公共外交的推进。①

三 韩国公共外交的主要举措

(一)以文化产业为先导,塑造文化大国形象

文化是韩国的立国之本。素以"君子之国"自居的韩国政府不仅将文化视作观念的东西,也将其视为一种可以器物化的产业,对文化产业的政治外交意义有着深刻认识。

20世纪七八十年代韩国依靠发展重化工业和实施出口导向性战略曾创造出辉煌的"汉江奇迹",由世界上最贫穷落后的国家之一,一跃进入世界发达国家之列,90年代,韩国又依靠技术创新,通过发展 IT 业成为科技强国。但经过1997年亚洲金融风暴的重创之后,政府开始认识到不能单靠

---

① 丁锐:《韩国对华公共外交的途径及启示》,《公共外交季刊》2011年冬季号。

重工业来支撑经济，而应通过知识型产业经济的发展提升国家的软实力与竞争力。1998年金大中出任总统后，正式提出"文化立国"方针，将文化产业明确定位为韩国经济复兴的动力，确定将低消耗、无污染、立足于创新创意的文化产业作为21世纪国家经济发展的重点产业加以扶持，并宣布自2001年起，用五年的时间，使韩国成为世界第五大文化产业强国，最终目标是把韩国建设成为21世纪文化大国和知识经济强国。①

随着韩国文化意识的觉醒以及韩国公共外交的兴起，韩国文化产业中文化的传播给塑造、提升国家形象带来的意外收获，使韩国政府逐渐意识到，文化产业不仅仅是韩国经济发展的支柱产业，更是韩国进行对外文化宣传，实现韩国"文化效应"，提升其国际形象的重要手段。2001年，韩国文化体育观光部发表了《韩国文化产业白皮书》，明确提出了韩国文化进军海外的"先占战略"，将"韩流"市场分为"深化""扩散"和"潜在"三个等级，即先抢滩中国等亚洲市场，进而以中日为跳板，打入国际市场。同时，文化体育观光部还推出"韩流产业培育方案"，在政策、机构、资金等方面给予大力支持，严格筛选文化信息，优先考虑对外交有利的文化产品出口。

为便于系统管理文化产业和具体落实执行"文化立国"方针，20世纪90年代末，韩国政府内部设立了文化产业局，分设电影、影像、文化产业政策等科室。之后陆续设立了游戏综合支援中心、文化产业振兴院、广播影像产业振兴院、软件振兴院等数个扶持性机构，为相关产业发展献计献策，大力推动电子游戏、动画、漫画、角色设计等行业的发展。到2009年，又将上述几个文化产业扶持机构进行统合，成立了韩国文化振兴院。作为一个综合机构，文化振兴院承担着开发优秀文化信息及应用技术、支援文化产业销售、制定政策、培养人才等任务，负责协助将文化创意转化为文化产业，该院每年从政府手中得到的拨款约为5000万美元。这一旨在实现文化产业强国目标的公共外交机关的成立，为韩国文化产业在海外的快速发展和增强国内外人员往来起到了重要的推动作用，不仅为改善及发展韩国海外文化产业交流提供了平台，同时也促进了外国公众对韩国的了解和友善，进而促成了外国政府对韩国实施较友好的政策。②

---

① 许为民：《韩国政府在文化产业发展中的作用与启示》，《理论导刊》2008年第2期。
② 〔韩〕李善京：《韩国为什么发展文化产业》，《青年记者》2006年第5期。

(二) 以"韩流"为抓手，向世界讲述"韩国的故事"

"韩流"是指20世纪90年代中期后，以韩国影视剧和韩国流行音乐为核心的韩国大众文化及其所代表的生活方式的大规模对外输出所形成的一种文化现象。① 韩流的兴起不仅引发了全球经济格局的变化——韩流成功地成为了一种世界消费品，打破了欧美文化商品垄断世界市场的格局，而且被纳入公共外交轨道，成为塑造和提升国家形象，开展公共外交的重要途径。

从现实来看，"韩流"不仅是韩国软实力的重要体现，同时也是韩国公共外交的主要资源。"韩流"不仅为韩国带来了为数可观的直接和间接经济效益，同时还改变了海外公众对韩国的印象，对加强韩国与世界各国民众之间的相互信任起到了十分重要的作用。

近年来，"韩流"在韩国政府的大力扶植下，创造经济价值的同时充分发挥着公共外交的重要职能。以韩国影视剧为例，其设计就充分体现了公共外交的内在属性：作为影视业强国的韩国不仅仅高度重视影视剧作的商业价值，更重视商业利益之外的内容，即通过影视与文化价值的完美结合讲述"韩国故事"，引导海外观众认知韩国的历史、文化甚至哲学，逐步接受韩国的社会价值观，从而将韩国文化和韩国精神传播到世界。在韩国的影视剧中，韩国的儒家文化传统表现得淋漓尽致，韩国人的优雅谈吐、尊礼重教、时尚光鲜，尤其是韩国人的"仁爱孝悌"礼仪文化贯穿始终。正是通过这些点滴细微之处，韩国文化外交的精神得以活化，韩国积极健康形象得以确立。而这样做既可以避免政治入侵的嫌疑，又可以达到"润物细无声"的效果，从而实现了公共外交之目的。

跆拳道和整容术则是韩国公共外交设计的另样典范。2000年悉尼奥运会将跆拳道正式列为比赛项目后，跆拳道开始在各国掀起练习热潮。韩国对跆拳道内在文化要素进行了精心设计和推广，越来越多的"知韩派"通过一次次的跆拳道获段晋级，不知不觉中完成了对韩国文化的学习。整容术作为一门医学技术，同样承载着韩国公共外交的使命。其在海外的宣传推介方式，无不折射出韩国的光亮元素，提升着大韩民国的绚丽形象。在韩国明星

---

① 黄兴华：《试析"韩流"与韩国对华文化外交》，《公共外交季刊》2012年夏季号。

们"旧貌换新颜"的视觉冲击下,韩国医术精、明星美、国家好的印象,逐步渗透、固化于人们的意识形态话语之中。

这种通过"韩流"展开的公共外交形式赋予韩国的绝不仅仅是"文化产品出口大国"的美誉,更为重要的是韩国形象——一个既保持儒家文化的传统国家,又是现代化的先进国家——被间接而不露声色地通过文化产业传递给了海外普通大众,影响着海外大众的生活方式和思维方式,这无疑比政府直接的政策宣传更为有效和持久。

(三) 加强国家品牌建设,推广"韩国模式"

李明博总统2008年上台以来,努力推进韩国史上最积极的公共外交活动,致力于提升国家品牌形象等"软实力"建设,强调韩国的历史文化以及发展经验应升华至韩国模式并与世界共享。为了更好地对外宣传介绍韩国,提升韩国的国家品牌形象,韩国政府专门成立了直属总统的国家品牌委员会。

作为韩国公共外交的重要主体,国家品牌委员会全方位涉足多种产业。先后启动了"世界学生交流""韩语世界化(世宗学堂)与跆拳道名品化""海外服务团综合品牌""韩侨综合网络构建""韩国名牌产品挖掘与宣传""彩虹韩国""数字韩国"和"国家品牌指数开发"等十大课题。这其中最具代表性的是作为海外服务团综合品牌的"世界的朋友——韩国"。这一海外志愿项目吸引了大学生、企业、明星以及非政府组织等民间部门的广泛参与,志愿者人数高达20000名。同时,国家品牌委员会还开设了韩国品牌网和韩国品牌博客,引领韩国品牌网络外交。他们通过招募韩国品牌网记者团和邀请世界各国博客高手对韩国品牌进行报道和宣传,开设韩国高端产业基地访问项目和设置传统文化体验奖等,不断提升韩国品牌形象和国家形象。

韩国外交通商部与国家品牌委员会共同进行的针对外国教科书的"纠错"行动,是国家品牌建设的重要组成部分。韩国政府一直非常关注外国教科书对韩国的描述,从2003年开始,政府先后收集分析了90多个国家近8000本教科书,迄今为止出自17个国家的教科书中的30多处错误已被修改完毕,但韩国人认为还有590处错误有待修改。2011年,韩国国家品牌委员会还宣布,将在2013年把韩国的国家品牌价值提升到世界第十五位,达到经济合作与发展组织国家的平均水平。① 为了实现这一目标，韩国设立了新的国家形象建设目标，即建设"高品格的国家"，"乐于帮助其他国家的，受世界人民爱戴的国家"。该委员会最近还进行了很多富有创意的探索。例如，在韩国企业的赞助下遴选熟练使用微博的年轻人组成"韩国品牌探险队"。探险队在韩国进行文化体验，寻找能够提升韩国国家品牌的文化要素。国家品牌委员会还引导中小企业在产品以及品牌文化中使用体现"韩国文化 DNA"的要素。为配合国家品牌建设，现代、三星大企业主动承担起在海外宣传韩国文化的任务。韩国政府部门及学术界则定期对国家海外形象跟踪调查，并提出有针对性的改善方案。

另外，打造特色鲜明的城市品牌在韩国公共外交战略中的地位也越来越凸显。韩国通过一系列的城市特色建设，如启动"你好，首尔""幸福水源""动感釜山""多彩大邱""放飞仁川"等城市品牌建设项目，不仅大大改善了相关城市的形象，提升了城市观光产业的竞争力，形成宣传城市文化的核心理念，赢得广泛声誉。

2012 年 10~11 月，韩国三星经济研究所针对 26 个国家的 1.35 万名意见领袖进行了国家品牌指数调查。结果显示，韩国国家品牌排名呈现上升势头，从以前的第 19 位上升至第 17 位。在国家品牌指数的具体项目中，韩国现代文化排在第 8 位。"江南 Style"的演唱者 PSY 以及 K-pop 明星则成为宣传和提升韩国现代文化的"名人"，为国家品牌建设立下汗马功劳。②

（四）积极推广韩国教育文化，增强国际影响力

韩国在推行公共外交的过程中着重打文化牌，希冀通过发展教育增强其国际影响力，达到公共外交的目的。为此，韩国政府主要采取了以下几种方式。

首先，通过韩国语教学推行文化教育国际化。韩国政府在培养民众珍视自身传统文化的同时，积极开展国际化的学校教育，把向世界介绍、传播和推广韩文化作为其基本目标。韩国政府十分注重并积极推动韩国语教学活动，以传播韩国的文化，扩大韩国的影响。1991 年 1 月，根据第 13163 号

---

① 王晓玲：《寻找提升国家品牌的文化要素》，《光明日报》2011 年 9 月 23 日。
② 朱晓磊：《"江南 Style"助力韩国国家品牌排名上升》，《环球时报》2013 年 1 月 11 日。

总统令,韩国文化体育观光部成立国立国语研究院,主要目标是推广标准韩国语。此外,韩国教育部下属的课程评价院设立了"海外韩国语能力测试中心",该中心主持的"韩国语能力考试"主要面向非韩国语母语的外国人及海外韩国侨胞,其目的在于推广韩国语。2007年,韩国文化体育观光部对外宣布,将于5年内在全球100个地区建立"世宗学堂",面向当地普通民众,免费教授韩国文字和韩国文化。① 世宗学堂教学中的诸多要素,体现了公共外交开展的主要途径和目的。一方面,语言教学是公共外交最重要的工具之一,以语言渗透促进文化渗透;另一方面,世宗学堂所用课本都是韩国政府委派本国著名大学编写的,教材内容反映了韩国社会价值观和公共外交定位。

其次,韩国政府把加强留学生教育作为其推行教育国际化的重要手段。韩国政府希望通过接受外国留学生加深对韩国的理解和感情,从而成为向世界传播韩国文化的使者。为此,韩国在吸引留学生方面做了大量工作,且成效显著。例如推出立体的留学生支援政策,整合高校、社会等多方力量积极改善留学生的学习、生活环境。除留学生外,韩方的工作还延伸到了留学生家长。在韩国全境,留学生家长办理入境签证均享受优惠政策,让人感受到其留学生工作的人性化,从而拉近了海外民众与韩国的心理距离,增强了对韩国的良好印象。

重大国际活动和国家标语构建也成为韩国公共外交战略中的重要棋子。20世纪80年代举办的亚运会和奥运会展示了韩国作为新兴体育强国的形象,2002年韩日世界杯和2012年丽水世博会则分别展示了动态的韩国和生机勃勃的绿色韩国形象。同时通过增加对外援助和主办高级别国际性活动也成功提升了韩国的国际话语。例如2010年主办的G20峰会,2012年主办核安全峰会等,这些都对提高国外民众对韩国国家认知度与共感度产生了重要影响。

此外,韩国政府从中央到地方都非常重视传统文化的保护和传承,对于历史遗迹、传统工艺和技艺、传统艺术、生活习俗、饮食服饰等,都投入大量财力以各种方式加以保护和发扬。比如将传统工艺、技艺和艺术的传承者列为"国宝",给予政府补贴;将传统说唱、假面舞、摔跤、造纸艺术、宫廷御膳、传统礼仪、传统医药等列为无形文化财产加以管理;举办"文化

---

① 黄兴华:《试析"韩流"与韩国对华公共外交》,《公共外交季刊》2012年夏季号。

遗产年""旅游年"等活动,以及开展诸如"泡菜节""假面舞节"等活动来宣传韩国的传统文化。这些举措推动了韩国文化的世界化,深化了世界大众对韩国文化的认识,提升和增强了韩国的美誉度。

四 结论

从20世纪后期以来,在不到50年的时间里,韩国在实现经济发展和民主化的同时,从一个接受援助的国家变成了提供援助的国家,从一个引进吸收西方文化的国家变成一个输出自身优秀文化的国家,作为曾经的"亚洲四小龙"在增长乏力的后危机时代"老树焕发新春",成为"新钻11国"中唯一的发达国家,其国际形象得到极大改善,国际话语权和影响力也得到很大提升。在此方面,以文化外交为核心的韩国公共外交实质上发挥了巨大作用。

韩国公共外交给世人的启示是,尽管世界政治的较量在于实力,然而一国公共外交的成败并不完全取决于这个国家在世界权力格局之中的分量,它还取决于该国选择怎样的外交内容和形式。在全球化时代,文化作为一个国家的重要战略资源和国家软实力的重要组成部分,其作用和影响日益凸显。置身于全球化和"后殖民"国际关系语境之下的韩国,其国家形象的提升正是全面考量并培育了韩国本土包括文化在内的各种软实力资源,并采取了适合韩国国情的公共外交战略举措,而"韩流"和韩国贸易出口的关联则恰恰证明了一个母语只在本国内使用的小国也可以在短短的时间内成为全球潮流新宠。

Analysis of South Korea's Public Diplomacy

Li Hua

Abstract With the in-depth development of globalization, cultural diplomacy, as a product of cultural exchange among countries, gradually developed into a new stage of public diplomacy and became one of the most effective means promoting national soft power and national image. Post-war Korea's evolution from cultural diplomacy to public diplomacy showed that public diplomacy has been gradually moved into the new historical stage from the relatively low affairs of state to the political center of the country, and played an important role on building and promotion of a good national image of South Korea.

Key Words　　South Korean cultural diplomacy；public diplomacy

试论韩国参与越南战争的"红利"

韩忠富

【内容提要】1964～1973年期间,韩国出兵越南,协助美军作战。韩国通过出兵越南,从美国得到大量援助,在很大程度上解决了当时经济建设急需的外汇问题。这笔外汇与出兵越南带来的军需采购以及战地后勤工程承包等所谓"越战特需"一起,直接、间接地带动了韩国经济的发展,成为促进韩国经济腾飞的强劲助力。

【关键词】韩国 派越部队 经济收益

【作者简介】韩忠富,吉林省社会科学院朝鲜韩国研究所研究员,文学博士。

众所周知,战争之于经济,其作用基本上是负面的,是破坏性的;但对特定情况下的特定国家而言,战争又并非仅仅具有破坏作用,它也可能推动经济发展,譬如20世纪两次世界大战之于美国、朝鲜战争之于日本。同样,越南战争对韩国经济来说,也产生了这种特殊的作用。

越南战争期间,韩国应美国之邀于1964年9月11日派出了1个医疗中队(移动野战医院)和1个跆拳道教官团到越南参战。1965年2月14日,韩国建设支援团和海军运输部队(亦称"白鸽部队")到达越南执行任务。1965年10月3日韩国海军陆战第2旅团("青龙部队")、1965年10月16日陆军首都师团("猛虎部队")、1966年8月30日陆军第九师团("白马部队")等作战部队相继被派往越南参战。1973年3月23日,根据巴黎和平协定的规定,韩国军队全部撤回。其间韩国派越部队总计325517人,在越南战场上常年维持5万人的规模,① 其数量仅次于美国,居参战国第2位。

出兵越南,不仅是韩国历史上规模最大、时间最长的对外军事行动,也是韩国建国后的第一次对外军事行动。1961年"5·16"军事政变后,朴正熙军事集团上台,一开始便主动与美国交涉,探讨向越南派兵的可能性,将出兵越南与韩日邦交正常化一起,作为决定政权命运的核心战略着力推行。与遭受国民激烈反对的韩日邦交正常化不同,同样是包含了经济诉求的外交行为——出兵越南得到了大多数国民的热烈支持,成为韩国第三共和国政府强权统治的政治基础。同时,韩国通过出兵越南,从美国得到大量的援助,在很大程度上解决了当时经济建设急需的外汇问题(另外一个途径为通过韩日邦交正常化得到赔款)。这笔外汇与出兵越南带来的军需采购以及战地后勤工程承包等所谓"越战特需"一起,直接、间接地带动了韩国经济的发展,成为促进韩国经济腾飞的强劲助力。

一 越战特需与韩、美、南越三角贸易

美国大规模出兵越南带来的一个直接后果是,在越美军大量的军需使得东南亚消费市场急剧扩大。这为韩国开拓新的商品输出渠道、打开国际市场,提供了极大的可能;追随美国出兵越南,使得韩国有机会分享这一巨大的"蛋糕"。

1965年5月17日,朴正熙正式访问美国,并就韩国向越南派出作战部队一事,与美国总统约翰逊进行会谈。朴正熙利用美国急需韩国出动作战部队的迫切心理,要求美国尽一切可能支持韩国扩大生产能力;约翰逊总统则做出了绕过国会、以间接支持的方式替代无偿援助韩国的决定,促成了韩、美、南越三角贸易的出现。1966年3月4日,美国为使韩国尽快派出第二批作战部队奔赴越南,与韩国签署了《韩美协议纪要》(即《布朗备忘录》),承诺驻越美军从韩国采购部分军需品,允许韩国企业参与驻越美军

---

① 〔韩〕国防部战史编纂委员会:《派越韩国军战史》韩文版卷1,首尔,1978,序。

后勤工程的承包。

以出兵越南为契机,韩国对外贸易出现了快速增长。通过对韩国外贸状况统计数据的分析,可以发现出兵越南对韩国经济发展产生的积极影响。

表1 出兵前后韩国主要出口地区与平均出口额比较

单位:百万美元,%

	平均输出额		比例	
	1962~1963	1966~1967	1962~1963	1966~1967
美 国	18.2	116.7	25.74	40.95
日 本	24.2	75.2	34.23	26.39
除日本以外的亚洲	20.6	40.2	29.14	14.11
合 计	70.7	285.0	100.00	100.00

资料来源:Naya Seiji, "The Vietnam War and Some Aspects of Its Economic Impact on Asian Countries," *The Developing Economies* IX, No.1, March, 1971。

表2 韩国对东南亚出口状况(1962~1966年)

单位:百万美元

	1962	1963	1964	1965	1966
输出总额	54.9	86.6	119.5	175.1	249.7
中国台湾	1.4	0.7	2.0	1.9	2.2
菲律宾	0.3	2.6	1.2	1.4	0.8
泰 国	0.4	1.6	2.6	4.3	4.8
马来西亚	0	0	0	0	0.6
南 越	0	1.2	6.3	17.7	23.8

资料来源:〔韩〕大韩商工会议所1969年公报:《越南停战与韩国经济》,韩文版,第196页。

表3 韩国对南越出口状况(1961~1972年)

单位:百万美元,%

	1961	1962	1963	1964	1965	1966	1967	1968	1969	1970	1971	1972
商业出口	0.07	0.8	12.1	6.3	14.8	13.9	7.3	5.6	12.9	12.8	14.5	12.5
军需采购	0	0	0	0	2.8	9.9	15.9	32.4	34.2	57.3	21.2	15.0
总 额	0.07	0.8	12.1	6.3	17.7	23.8	23.2	38.0	47.1	70.1	35.7	27.5
总输出比	0.17	1.46	1.39	5.29	9.02	9.55	6.84	7.99	5.86	4044	2.58	2.11

资料来源:韩国银行:《经济统计年报(1974)》,韩文版,转引自〔韩〕权哲焕《韩国经济的发展过程》,石枕出版社,1981,第157页。

从参战前后韩国在不同地区的出口额比较结果来看,尽管除日本以外的亚洲地区比重明显减小,但韩国对南越的出口量却在出兵后急剧上升。就像表1、表2所显示的那样,1964年韩国对南越的出口额仅为630万美元,而两年后的1966年就达到了2380万美元,增长了将近3倍;根据表3所显示的数据,1966年后韩国对南越的出口额更是稳步上升,到1970年达到最高峰7010万美元。

出兵越南后,韩国对美出口的增长同样在表1中有所反映,然而由此产生的增长幅度却并不明了;结合表4中的数据进行分析发现,出兵越南期间,韩国对美出口快速增长的趋势一直没有停止。这对当时脆弱的韩国经济而言,其积极意义不言而喻。

表4 韩国对美出口状况(1961~1975年)

单位:百万美元,%

	1961	1962	1963	1964	1965	1966	1967	1968	1969	1970	1971	1972	1973	1974	1975
出口总额	40.9	54.8	86.8	119.1	175.1	250.3	320.2	455.4	622.5	835.2	1067	1624	3225	4460	5081
对美出口	6.9	12.0	24.3	36.6	61.7	95.8	137.4	237.0	315.7	395.2	531.8	759.0	1021	1492	1536
比 例	16.3	21.9	28.0	30.7	35.1	38.3	42.9	52.0	50.7	47.3	49.8	46.7	31.7	33.5	30.2

资料来源:韩国银行:《经济统计年报(1975)》,韩文版,转引自 Dong Sung-Cho, "From Unilateral Asymmetry to Bilateral Symmetry," p.235; Korean Customs, Trade Statistics。

表5显示,1966~1967年,一般性出口物资种类与对南越出口物资种类间存在着明显的区别。尽管当时韩国用以出口的产品以劳动集约型的轻工业品(如纺织类、塑料、假发等)为主,但对南越的出口却是以钢铁、机械、运输装备等重工业制品为主。其中,钢铁制品、运输装备、化学制品等各占生产总量94.3%、51.8%、40.9%,这些产品都出口到了南越。这表明对南越的出口有效地带动了韩国的重化工业的发展,对实现朴正熙政权以发展基干产业为重心的经济战略起到了积极的推动作用。

与此同时,期待从越南战争特需中大捞一把的美国生产商,开始对约翰逊总统给予韩国的特惠政策产生极大的不满。1966年底,韩国完成了第2次对越增兵,在对韩交涉中已稳占上风的约翰逊政府为平息工商界的愤怒,开始对韩国输出南越产品的种类采取严格的限制措施,"以使韩国制品无法

表5　韩国对南越出口产品种类与全部出口种类的比例（1966~1967年）

种类		构成比例		对南越出口/全部出口
		对南越出口	全部出口	
总额（百万美元）		9.7	282.9	3.41%
%		100	100	
主要类别总额对比		87.27	18.60	种类别对南越出口/全部出口（%）
种类别比例	农产品	5.19	13.55	1.31
	食品、饮料	1.70	0.13	44.20
	印刷品	1.50	0.16	32.84
	化学制品	0.35	0.04	40.87
	钢铁制品	45.87	1.66	94.29
	机械类	15.53	1.30	40.77
	运输装备	9.50	0.63	51.75
	玻璃、石材类	3.91	0.40	32.98
	非铁合金	3.54	0.73	16.53

资料来源：Naya Seiji, "The Vietnam War and Some Aspects of Its Economic Impact on Asian Countries," *The Developing Economies* IX, No.1, March, 1971。

在越南与美国货竞争"。①

美国出台并严格执行这一政策的结果是，韩国对南越出口的与战争有关的物资种类开始发生变化，以纺织业为主的军需物资和美国为驻越韩军提供的包括泡菜等韩国食品在内的罐装补给品，成为韩国出口南越的主要产品。

当然，纺织品成为出口的主打品种，对当时韩国的产业结构还是有一定的积极作用。1965年，纺织产业的产能已达9200万公斤，② 除满足韩国国内消费的需求外，还有很大的剩余。纺织类军需品的大量出口，极大地推动了韩国灵活利用出口资源战略的实施。

---

① 美国总统安全事务助理威廉·本迪（William Bundy）发给驻韩大使的密电。Deptel 1110 (seoul), Bundy to Poats to Ambassador and Berstein, April 1966, NSF, Korea Vol.3, Box 255, LBJ Library.
② United Nation, Economic Commission for Asia and the Far East, 1967. Short and Medium-Term Prospects for Exports of Manufactures from Selected Developing Countries: Republic of Korea, pp.30-31.

表6 1968年度韩国对南越出口制品主要种类与构成比例

	出口额(百万美元)	比例(%)
总额	38.0	100
军服、鞋、睡具类	13.1	34.6
C类野战口粮	12.7	33.5
水泥、建材类	2.9	7.6
玻璃、装修材料	1.6	4.3
化肥	1.3	3.6
啤酒、香烟类	1.1	3.0
除草机	0.4	1.2
韩药材	0.3	0.9
钢铁类	0.1	0.3
运输装备	0.1	0.3
其他	4.1	10.8

资料来源：United Nation, Economic Commission for Asia and the Far East, 1967. Short and Medium-Term Prospects for Exports of Manufactures from Selected Developing Countries: Republic of Korea, pp. 69 - 70。

1966年末，在南越的韩军已达到30000人的规模。但是，美国提供的副食品及野战口粮却由于脂肪含量过高而不适合韩国人，其口味也不为韩国军人所接受。有鉴于此，韩国政府以提高派越部队的士气为由，强烈要求美国为韩国士兵每日提供一定量的包括泡菜在内的韩国食品。在这一要求的背后，隐藏着韩国借此机会为其初步建立起来的易拉罐产业提供进一步发展机会的深层目的。美国方面在研究了包括价格在内的诸多事项后，于1966年末与韩国相关企业签订了合同，要求1967年为其生产1100万美元的韩国食品。韩国政府出资于1966年11月建立了"大韩食品株式会社"，并任命预备役将军崔泳熙为社长，专门负责该会社的经营管理①。

美国积极协助韩国发展罐装食品产业，采购其产品，基于下列几点原因：(1) 既可提高韩国士兵的士气，又比为其提供C类口粮价格便宜很多，可以减轻政府负担；(2) 相比于军事援助，间接的经济援助更符合美国对盟国的援助政策取向；(3) 美国的限制政策，使得韩国无法继续增加重工业品对南越的出口，在这种情况下，美国需要对出兵众多的韩国

---

① Memo. U. S. Procurement of the Korean Combat Ration, March 1967, USF, Asia and the Pacific, Korea PM Chung Il-Kwon Visit Papers, Box 256, LBJ Library.

进行一定的安抚。①

1967年3月,韩国总理丁一权访问美国,就美国支持韩国建设罐装食品厂事达成一致;到1973年驻越韩军完全撤回时为止,罐装食品一直是韩国对南越出口的最主要产品之一。

1965~1972年,韩国通过对南越的出口,共获利2.83亿美元,其中,商业出口获利9400.3万美元;总出口额的2/3为战争相关物资。根据表11所列数据,韩国对南越出口的收益,占了韩国越战红利的1/3。

二 军人汇款、越南战场上的韩国企业及劳工

1964年派出建设支持团(即"白鸽部队")时,韩国国防部根据韩军海外勤务津贴的规定,与美国方面协商派越韩军的津贴问题,并取得了美方的同意,对派越韩军发放津贴;1966年韩美双方经过协商,对津贴标准进行了调整。津贴的具体标准及1966年调整后的标准如表7所示。

表7-a 派越韩军士兵津贴调整

单位:美元/日

	下 士	兵长	上等兵	一等兵	二等兵
1964	1.50	1.20	1.10	1.00	0.60
1966	1.90	1.80	1.50	1.35	1.25
增加(%)	+0.40 (26.70)	+0.60 (50.0)	+0.40 (36.4)	+0.35 (35.0)	+0.65 (108.33)

资料来源:〔美〕参议院:《战后美国的对韩政策》(韩国会译本),1971年10月,第81~83、86页;另参见〔韩〕国防部军史编纂研究所《追加公开资料》第7卷,第8卷,2005年韩文版。

表7-b 派越韩军军官津贴

单位:美元/日

中将	10	大校	6.5	大尉	5.00	准尉	3.5
少将	8	中校	6.0	中尉	4.50	上士	2.50
准将	7	少校	5.5	少尉	4.00	中士	2.00

资料来源:〔韩〕国防部军史编纂研究所:《越南战争资料集》04-01,豪兹上将书函册,1964.12.25。

---

① Memo. U. S. Procurement of the Korean Combat Ration, March 1967, USF., Asia and the Pacific, Korea PM Chung Il-Kwon Visit Papers, Box 256, LBJ Library.

根据韩国有关部门的统计,在 1965~1973 年韩国出兵越南期间,韩国得自美国的津贴补助达 3 亿美元之巨。① 具体统计数字详见表 8。

表 8　派越韩军海外勤务津贴支取及汇现一览

单位：1000 美元

年度	津贴支取额	韩国汇现额	比率(%)	现地消费额	战伤补偿金	比率(%)
1965	3059.1	1797.3	58.8	1261.8	0	41.2
1966	19757.6	14882.2	75.3	4875.4	1100	24.7
1967	33906.8	27689.2	81.7	6217.6	4600	18.3
1968	36599.5	29409.8	80.4	7189.7	4600	19.6
1969	36982.7	31625.8	85.5	5356.9	10800	14.5
1970	36128.6	29372.9	81.3	6755.7	15200	18.7
1971	35668.0	30294.6	84.9	5373.4	13900	15.1
1972	29519.2	25710.7	87.0	3808.5	1200	13.0
1973	3946.9	3946.9	100	0		
总计	235568.4	194729.4	82.7	40839.0	65300	17.3

资料来源：〔韩〕驻越韩国军司令部：《越南战争综合研究》,1974 年韩文版,第 1142 页；〔韩〕峨山社会福祉财团：《韩国的海外就业》,1988 年韩文版,第 215 页。

从表 8 中可知,派越韩军官兵共获得了约 2.4 亿美元的海外勤务津贴和 6530 万美元的战伤补偿金。其中,约 2.6 亿美元被寄回韩国,只有 4083 万美元消费在南越,消费不到总津贴额的 1/5；而且,消费的大部分集中于电视、冰箱、电风扇等家用电器,而这些家用电器又几乎都寄回韩国。那些寄给韩国官兵家属的美元被兑换成了韩币,一部分用于改善家庭经济状况的同时,推动了民生产业的发展,其余的则被用在了京釜高速公路等基干产业的建设之中,对韩国当时的经济发展所起的作用,甚至等同于从日本得到的 3 亿美元无偿援助款（对日请求权资金②）,成为 20 世纪 70 年代韩国经济快速发展的

---

① 对于韩国派越部队获得津贴的统计数字,韩国学界存在一定的分歧,但差额不大,大多数学者的统计为 3.2 亿~3.7 亿美元。如韩国前派越部队司令官蔡命新在其出版的著作中就认为是 3.67 亿美元。引自〔韩〕蔡命新《越南战争与韩国军》,〔韩〕越战参战战友会,2002 年韩文版,第 375 页。
② 1961 年朴正熙军事集团掌握韩国政权后,为解决经济发展急需的资金问题,积极执行了两个战略性的政策,其中一个是主动追随美国出兵越南,另一个就是韩日邦交正常化。1965 年 6 月 22 日,朴正熙当局顶着反对势力的巨大压力和国民的激烈反对,与日本签订《韩日基本关系条约》,1965 年 12 月 18 日该条约与相应协定生效。其中,《韩日请求权与经济合作协定》规定,今后 10 年间,日本向韩国提供总额相当于 5 亿美元的请求权资金（无偿资金 3 亿美元,长期低息贷款 2 亿美元）和 3 亿美元以上的商业贷款。参见韩高丽大学亚洲研究所日本史研究室编《韩日关系资料集》第 1 辑,1976 年韩文版,第 152~202 页。

原动力之一。

通过出兵越南,韩国企业得以走出国门,参与美军在南越的军事工程、后勤等领域的建设和运营。这些将业务拓展到越南的企业,主要从事建设、土木工程、物资运输、医疗及娱乐等为驻越美军服务的行业。如表9所示,截至1972年,这些企业共汇现3亿多美元。

表9 在南越韩国企业及服务业体汇款一览

单位:百万美元

年度	服务业	建筑业	年度	服务业	建筑业
1966	8.32(10*)	3.30(5)	1970	52.35(48)	10.65(12)
1967	35.47(25)	14.20(9)	1971	31.98(38)	8.53(11)
1968	46.06(41)	10.39(12)	1972	9.20(23)	3.10(7)
1969	55.27(56)	11.54(12)	总额	238.65	61.71

*括号内数字为当年在南越韩国企业数。

资料来源:〔韩〕中央情报部东南亚研究班:《基本情报:越南经济状况》,1969年韩文版,第71页;〔韩〕国史编纂委员会:《派越韩国军战史》第20辑,1975年韩文版,第1139页;〔韩〕峨山社会福祉财团:《韩国的海外就业》,1988年韩文版,第216页。

1966年以前,在南越的韩国建筑企业主要从事军事基地及军用建筑、桥梁土木工程等的修建工作。1967年美国执行对韩限制型政策后,韩国建筑企业转而从美国企业手中分包工程。截至1972年,在南越的韩国建筑企业共计寄回国内6100万美元。与所获外汇相比,更为重要的是,韩国建筑业在南越承包、分包工程所积累起来的技术和经验,为20世纪70年代后期韩国进军中东等海外市场打下了坚实的基础。

借出兵越南之机,韩国政府开始大规模对南越进行劳务输出。到南越淘金的韩国打工仔中的大部分(占总数的2/3)成为在南越美国企业集团(如RMK-BRJ建筑集团、PAGE、PHILCO、VINNEL等)的雇员,其他的则进入韩国在南越的企业工作;其人数常年维持在7万名左右,占到了韩国参战期间在南越外国人力的40%和同一时期派越军人以外全部韩国海外劳工的63%。如表10显示,到1972年为止,他们共赚取了1.66亿美元(包括工资和补偿费)。

表10　在南越韩国劳工数与汇款一览

	1. 韩国企业所属	2. 外国企业所属	1+2	汇款额（百万美元）	在南越劳工数占海外劳工数比例
1965	0	105	105		0.6
1966	2187	7834	10021	9.1	80.1
1967	3983	8964	12947	34.3	64.1
1968	4284	11287	15571	33.6	70.9
1969	3941	8678	12619	43.1	38.8
1970	2739	3997	6736	26.9	12.9
1971	2672	3106	5778	15.3	3.8
1972	857	850	1707	3.9	0.9
合计			25179	166.2	39.6

资料来源：〔韩〕峨山社会福祉财团：《韩国的海外就业》，1988年韩文版，第176～182页。

包括军人在内的在南越人员，通过向国内汇款，使得韩国的储蓄率大为提高，从而对国内经济和社会产生了相当大的影响。特别值得一提的是，在南越的劳务人员归国时，多数都拥有5000～8000美元储蓄，相当一部分人的储蓄甚至在10000美元以上；[①] 30余万名主要出身农村的派越军人，也以汇款形式的储蓄推动韩国经济的发展。

三　韩国越战收益的经济影响

据不完全统计，1965～1972年韩国出兵越南的经济收益总额达10.36亿美元。这笔不包括美国因韩国出兵越南而激增的无偿援助在内的资金，占同期韩国外汇储备的29.83%、GNP的2.07%。1966～1971年间，韩国人均GNP增加了11.7%。[②] 由此可见，参加越南战争带来的外汇储备的增加，对1966年开始的韩国五年经济开发计划的顺利执行，起到了不可替代的作用。

[①] Kim Se-Jin, "South Korea's Involvement in Vietnam and Its Economic and Political Impact", *Asian Survey*, 10, No. 6, June 1970, pp. 519–532.

[②] U. S. Congress, Senate, Committee on Foreign Relations. 1973, Korea and Philippines, November 1972: Staff Report, Washingdon D. C., USG. PO, p. 15.

从表11可以看出，韩国出兵越南获得直接收入始于1966年，这是大规模派兵的第二年。这一年韩国从南越共赚取了6220万美元；其后经济收益持续快速增长，1969年为2.06亿美元，1970年达到了创纪录的2.08亿美元。总体而言，该收入的70%来自非贸易部门。这样的结果，其实很好理解。原材料和半加工品的收入与需要资金投入的输出不同，因其收益幅度大，对国家经济的贡献自然不言而喻。1965年韩国外汇储备只有1.38亿美元，但从20世纪60年代末期开始逐渐增加，1972年达到了创纪录的6.94亿美元。外汇储备的增加，不仅能增强竞争力提升信用度，还有利于借款和吸引外国投资者。

表11 出兵越南的经济收益

单位：百万美元

	1965	1966	1967	1968	1969	1970	1971	1972	1965~1972	%
商业出口	14.8	13.9	7.3	5.6	12.9	12.8	14.5	12.5	94.3	9.1
军需采购	2.8	9.9	15.9	32.4	34.2	57.3	21.2	15.0	188.8	18.2
贸易部门	17.7	23.8	23.2	38.0	47.1	70.1	35.7	27.5	283.1	27.3
军人津贴	1.8	15.5	31.4	31.4	33.9	30.6	32.3	26.8	201.5	19.4
劳工汇款	—	9.1	34.3	33.6	43.1	26.9	15.3	3.9	166.2	16.0
死伤补偿金	0	1.1	4.6	4.6	10.8	15.2	13.9	12.0	65.3	6.3
服务业	0	8.3	35.5	35.5	55.3	52.4	32	9.2	238.8	23.1
建筑业	0	3.3	14.2	14.2	11.5	10.7	8.5	3.1	61.7	5.9
支付保险金	0	1.1	4.6	4.6	3.6	2.1	1.3	0.7	19.4	1.9
非贸易部门	1.8	38.4	123.6	130.7	158.4	137.9	103.3	55.7	752.9	72.7
合　计	19.5	62.2	146.8	168.7	205.5	207.8	139.0	83.2	1036.0	100

资料来源：根据本文表1～表10综合而成。

表12 韩国的越战收入对GNP及外汇储备的影响

单位：百万美元，%

	1965	1966	1967	1968	1969	1970	1971	1972	总计/平均
A. 越战收入	19.5	62.2	146.8	168.7	205.5	207.8	139.0	83.2	1036.0
B. GNP	3006	3671	4274	5226	6625	7834	9145	10254	50035
C. 外汇储备	138	236	347	388	550	584	535	694	3472
A/B	0.6	1.8	3.7	3.6	3.5	3.1	1.5	0.8	2.07
A/C	11.1	28.3	45.3	48.2	42.9	41.2	26.0	12.0	29.83

资料来源：据本文表11整理、测算的结果。

韩国得自越战的红利，对发展、完善其产业基础，创造消费需求发挥了极大的作用。出兵南越期间，韩国的 GNP 从 1965 年的 30 亿美元，增加到 1972 年的 100.2 亿美元，GNP 增长率从出兵前的 7% 上升到 13%，而人均 GNP 则从 1964 年的 105 美元增加到了 1973 年的 373 美元，增长率达到了惊人的 255%。以上所有这些变化，对韩国完成从依靠美国的无偿援助获得外汇到持有外汇储备的转变，起到了决定性的作用。

Dividend for Participating in the Vietnam War for the ROK

Han Zhongfu

Abstract During the Vietnam War II 1964 −1973, above 320,000 Korean soldiers were sent to Southern Vietnam with the requirement from America. While they were fighting, the Korean Government got a huge military and economic aid from America. In the same time, it took a huge military market for Korea too. During the war, Korea's export and export of labor services to Vietnam was increased quickly. With these help Korea got her foreign exchange urgently needed for economic development in a certain extent.

Key Words ROK; Vietnam War; financial bonus

韩国对朝鲜战争的公共记忆

张宝云

【内容提要】 本文分析了朝鲜战争后韩国中学教科书及新闻报道中有关朝鲜战争的内容，阐释了韩国对朝鲜战争的历史认识。通过分析，本文认为韩国对朝鲜战争的历史认识是随着时代的变化而变化的。20世纪80年代以前，韩国对朝鲜战争的认识比较感性；进入80年代特别是90年代中后期以后，韩国对朝鲜战争的认识愈来愈客观。韩国对朝鲜战争认识的上述演变与国内社会环境的变化直接相关，是一个根据不同政权的不同需要对历史事实进行重新构建、解析的过程。

【关键词】 朝鲜战争　公共记忆　历史教育

【作者简介】 张宝云，北京大学外国语学院博士生，鲁东大学韩语系讲师。

一　引言

朝鲜战争[①]是一场极具对抗性的战争，涉及多个国家，参战各国的历史记忆不尽相同。就韩国而言，朝鲜战争对其影响非常深刻，至今余波犹存。

---

① 在韩国，朝鲜战争一般被称为"韩国战争""6·25战争""6·25动乱"等。

英国著名史学家霍布斯鲍姆（Eric Hobsbawm）在发现东欧民族战争源于历史记忆这一事实时曾讲到"历史学会像核物理学一样危险"。① 东北亚存在的历史问题是影响东北亚国际关系的重要因素，战争当事国韩国是如何记忆朝鲜战争的？这种记忆有没有发生变化？针对这些问题的分析探讨，对我们从根本上解决东北亚历史问题、促进跨文化和跨国家的理解具有积极的意义。

目前，国内对朝鲜战争的研究主要集中在探讨中国参战原因及战争影响上，对参与国如何记忆战争的研究基本上处于空白状态。以笔者目力所及，到目前为止，仅有赵亚莉、林琳所著《六国历史教科书对朝鲜战争的不同视角》② 与李敦球所著《韩国人对朝鲜战争的几种看法》③ 涉及这一领域。但前者仅对朝、韩、中、美、苏、日六国历史教科书观点之差异作了比较分析，对各国如何记忆战争几乎没有涉及；后者亦是如此，文中仅对韩国学术界关于朝鲜战争的研究动向做了整理介绍。

在韩国，最近几年对如何记忆战争的研究有了一些新进展，其中主要包括김형곤所著《한국전쟁의 기억과 사진》④ 及유재은所著《남북한 교과서의 6·25 전쟁 서술 비교》⑤ 等。但这些研究或侧重于通过照片等资料，或侧重于通过比较历史教科书来研究战争记忆问题，对韩国如何纪念朝鲜战争未能从局外更为客观的角度做出研究。

有鉴于此，笔者希望通过分析朝鲜战争后至今韩国中学教科书上有关朝鲜战争的表述，以及韩国纪念朝鲜战争的新闻报道所折射出的民间认识，来阐释韩国对朝鲜战争的历史认识，并解析这种历史认识的演变过程。

---

① 转引自〔韩〕都珍淳《동북아 평화벨트 시론: 한중일 전쟁 기억, 망각을 넘어 평화의 연대로》（An Exploration of the Transboundary Peacebelt in Northeast Asia: Beyond the Amnesia of the War Memories of Korea, Japan, and China），《历史批评》通卷 87 号，2009，第 421 页。

② 赵亚莉、林琳：《六国历史教科书对朝鲜战争的不同视角》，《历史教学》2009 年第 5 期。

③ 李敦球：《韩国人对朝鲜战争的几种看法》，《东北亚论坛》2001 年第 1 期。

④ 〔韩〕김형곤：《한국전쟁의 기억과 사진》（《韩国战争的记忆与照片》），한국학술정보（韩国学术情报），2007。

⑤ 〔韩〕유재은：《남북한 교과서의 6·25 전쟁 서술 비교》（Comparison of Korean War Description in Text Book of South and North Korea），韩国首尔市立大学硕士学位论文，2004。

需要说明的是，韩国教学大纲的特征之一是教学大纲要随着政权的变化而变化①，为了解教学大纲的变化（政权的变化）是否带来了教科书内容的变化，本文按教学大纲对教科书做了时期划分。② 此外，因篇幅所限，本文对新闻报道基本上只摘录了其标题，未能具体抄录其详细内容。

二　韩国教科书中的朝鲜战争

（一）教科书中所描述的开战背景

因涉及战争责任问题，谁率先发动战争常成为争议的话题。朝鲜战争开战的责任一直以来都备受争议。③ 从 1954 年至今，在韩国中学教科书中，对朝鲜战争爆发的背景与开战主体的描述如下。

第 1 次教学大纲时期（1954.4～1963.2）
内部，大韩民国到处呈现出一派朝气蓬勃、欣欣向荣④的发展景象。外部，联合国亦于 1948 年 12 月在巴黎召开的联合国大会上承认我方政府为唯一合法政府。
进驻北韩的苏军炮制了以金日成为头目的傀儡政府，凭借军事实力非法强行扩张共产主义，把北韩变成了他们的天下。随后出人意料的是，我国被以"三八线"为界分成南北两部分，南韩实现了民主自由，而北韩却被卷进了共产帝国主义的暴虐铁蹄之下。⑤

---

① 〔韩〕상허학회：《국어 교과서와 지배 이데올로기》（国语教科书与支配性意识形态），《반공주의와 한국문학》（反共主义与韩国文学），깊은샘，2005，第 101 页。
② 笔者按：从韩国建国到现在不到 70 年的时间中，教学大纲变化已达 7～8 次之多，现行教学大纲是第 7 次教学大纲的修订版。另外，本文在划分教学大纲的具体时期时参考了〔韩〕이종국《한국의 교과서 변천사》（《韩国教科书变迁史》），大韩教科书株式会社，2008。
③ 笔者按：随着苏联解密档案的公开，现在历史学界普遍认为是朝鲜打响了朝鲜战争的第一枪，但朝鲜依然主张是韩国率先挑起了战争。
④ 本文引文中着重号为笔者所加，且本文中所引韩国教科书、新闻报道内容除特殊说明外，均由笔者翻译。下同。
⑤ 〔韩〕김상기：《우리 나라 역사》（《我国历史》），장왕사，1959，第 244 页。转引自〔韩〕유재은《남북한 교과서의 6·25 전쟁 서술 비교》（Comparison of Korean War Description in Text Book of South and North Korea），第 10 页。

三八线以北，苏联的走狗金日成建立了傀儡政权——所谓的朝鲜人民共和国，在苏联的指导下迅速强化军备，与中共相勾结，于1950年6月25日凌晨在装甲车、飞机的掩护下，大举越过三八线，全面开始南侵。①

第2次教学大纲时期（1963.2~1973.2）

在南韩，政府建立后军政时期的混乱局面得到了有效整治，社会秩序渐趋稳定，经济也实现了复兴。于是，驻韩美军撤军，南韩自主性发展也逐渐步入了正轨。②

此前一直处于苏联共产主义支配下的北韩金日成傀儡集团自称人民共和国，在苏联的指示下，做好入侵南韩的各种准备后，于4283年（檀纪——笔者注）③ 6月25日在三八线全线发动了非法入侵。④

第3次教学大纲时期（1973.2~1981.12）

大韩民国建立后，政府面临的问题千头万绪。对内要整治解放后混乱的社会秩序，改善极度恶化的经济；对外要粉碎已经实现共产化了的北韩的侵略企图。北韩的共产主义者们看到大韩民国的这些罅漏，组建了以金日成为头目的所谓朝鲜民主主义人民共和国，不仅在北韩的土地上实行共产独裁，而且还试图扰乱大韩民国。他们在苏联的援助下，大力加强军事力量，在"6·25"之前已组建成一支有20多万人的军队，并配备了重型装备。与此同时，他们还唆使南韩的共产主义者们在济州岛挑起暴动⑤并发动了丽水、顺天叛乱。⑥

---

① 〔韩〕김상기：《우리 나라 역사》（《我国历史》），第244页。转引自〔韩〕유재은：《남북한 교과서의 6·25 전쟁 서술 비교》（Comparison of Korean War Description in Text Book of South and North Korea），第5页。
② 〔韩〕강대헌：《새로운 사회2》（《新社会2》），홍지사，1966，第288页。转引自〔韩〕유재은：《남북한 교과서의 6·25 전쟁 서술 비교》（Comparison of Korean War Description in Text Book of South and North Korea），第11页。
③ 檀纪，檀君纪元的简称，是一个以朝鲜半岛历史为基准的纪年单位，像西方惯用的"公元"。在檀纪年份上减去2333，便是该年份的公元纪年。檀纪4283年即为公元1950年。
④ 〔韩〕이병도：중등《국사》（初中《国史》），을유문화사，1965，第193页。转引自〔韩〕유재은：《남북한 교과서의 6·25 전쟁 서술 비교》（Comparison of Korean War Description in Text Book of South and North Korea），第5~6页。
⑤ 笔者按：此处所谓的"济州岛暴动"，是指"济州四·三事件"；下述"丽水、顺天叛乱"是指"丽水、顺天事件"。
⑥ 〔韩〕文教部：고등학교《국사》（高中《国史》），大韩教科书株式会社，1974，第226页。

第 4 次教学大纲时期（1981.12～1987.6）

北韩与苏联打出了外国军队撤军、建立统一政府等招牌，要求美军撤军，阻碍大韩民国组建政府。在苏联的各种军事援助下，北韩大力加强军事力量，组建成 10 多个重型装备师，共 20 余万人，随时准备乘虚而入，其军备之强非我们所能相比。他们对美国缺乏一致性的政策（如声称韩半岛不在美国的太平洋防卫线之内等）心存侥幸，最终在苏联与中共的援助下，于 1950 年 6 月 25 日（星期日）凌晨在三八线全线开始非法南侵，制造了同族相残的悲剧。①

第 5 次教学大纲时期（1987.6～1992.6）

试图通过武装赤化南韩的北韩共产主义者们，一方面释放和平烟幕发动和平攻势，一方面伺机南侵。

他们对美国发表的讲话（如将韩半岛排除在美国太平洋防卫线之外等）心存侥幸，最终在苏联的援助下，于 1950 年 6 月 25 日（星期日）凌晨在三八线全线开始南侵，酿成了同族相残的悲剧。遭到突袭的大韩民国国军不顾武器落后，英勇奋战，誓死捍卫祖国。但终因兵力薄弱、装备不足，首尔失陷，国军后退至洛东江战线。②

第 6 次教学大纲时期（1992.6～1997.12）

这时驻韩美军已经撤离韩半岛，并且美国还有讲话声称将韩半岛排除在其太平洋防卫线之外。利用这种形势，北韩的共产主义者们开始着手备战。金日成秘密访问苏联，取得了苏联与中国的南侵援助承诺，并最后于 1950 年 6 月 25 日凌晨在三八线全线发动了武装南侵。③

第 7 次教学大纲时期（1997.12～2007.2）

北韩政权秘密加强军事力量，在苏联的援助下，配备了战斗机、坦克等最新武器，准备武装南侵，以求实现对南韩的共产化。中国则把国

---

① 〔韩〕文教部：고등학교《국사》（高中《国史》），大韩教科书株式会社，1982，第 164 页。
② 〔韩〕文教部：고등학교《국사》（高中《国史》），大韩教科书株式会社，1990，第 178 页。
③ 〔韩〕教育部：고등학교《국사》（高中《国史》），大韩教科书株式会社，1996，第 199 页。转引自〔韩〕유재은《남북한 교과서의 6·25 전쟁 서술 비교》（Comparison of Korean War Description in Text Book of South and North Korea），第 6 页。

共内战时为共产主义而战的5万朝鲜义勇军①编入了北韩人民军。②

1949年春后，北韩领导人金日成与朴宪永多次访问莫斯科，金日成在见到斯大林后，提出了通过战争占领南韩的计划。1950年春，斯大林同意了金日成的作战计划，并特别强调要周密部署、充分备战，同时还请求中国的毛泽东支援金日成的作战计划。（中略）

中国共产党警告说，如果韩国军队和联合国军越过三八线北进，那么中国将会出兵参战。印度则提议举行停战协商。（中略）

国军与联合国军刚一到达北韩与中国接境地区，中国共产党马上就派出了大规模军队。在中国内战中锻炼出来的善于在山地与严寒环境中作战的中共军队，给补给线愈拉愈长的国军与联合国军造成了巨大压力。③

第7次教学大纲修订版时期（2007年至现在）

朝鲜共产政权与苏联秘密签订军事协定以增强军事实力，为入侵大韩民国做准备。（中略）

朝鲜一方面加快南侵准备，另一方面在表面上提出希望与韩国和平相处，以掩藏其南侵意图。1950年6月25日凌晨，朝鲜越过三八线，开始南侵。（中略）

韩国军队与联合国军一直进军到鸭绿江畔，眼看统一在望④，但由于中国军队的介入，不得不撤退。⑤

（二）教科书表述内容的演进轨迹

韩国教科书一直都认为是朝鲜打响了朝鲜战争第一枪，战争的责任在于

---

① 朝鲜义勇军是抗日战争时期在中国共产党领导下的韩国抗日武装。1945年根据中共中央东北局的指示，朝鲜义勇军被改组为第一、三、五、七4个支队，分别开赴中国东北朝鲜族聚居地区开展工作，并积极参加了中国的解放战争。参见石源华《论中国共产党与朝鲜义勇军的关系》，《军事历史研究》2000年第3期，第57~58页。
② 〔韩〕김광남等：고등학교《한국 근·현대사》（高中《韩国近现代史》），首尔：斗山，2002，第276页。
③ 〔韩〕김흥수等：고등학교《한국 근·현대사》（高中《韩国近现代史》），首尔：天才教育，2004，第279~281页。
④ 《历史教科书中的朝鲜战争》，《文史参考》2010年第12期，第116页。
⑤ 〔韩〕教育科学技术部：《国史》，2010年3月。转引自《历史教科书中的朝鲜战争》，《文史参考》2010年第12期，第116页。

朝鲜与苏联。另外，尽管整体叙述基调没有发生太大变化，但随着时代的发展，教科书中的感性表述日益减少，内容日趋客观，历史教育作为官方宣传反共主义工具的作用有所淡化。

在第 1 次教学大纲时期，强调朝鲜半岛分裂的责任在于朝鲜与苏联，言辞表述比较感性，对战争爆发前社会形势的描述也欠客观，摆出了一副无辜受害的姿态。不过值得注意的是，尽管当时韩国政府为论证其统治合法性，在教科书中声称"联合国大会承认我方政府为唯一合法政府"，但现在韩国内部对这一问题是存在争议的。有学者认为，1948 年 12 月 12 日联合国大会第 195 号决议对"合法政府"的定义是："在联合国临时委员会的监督下，可以举行选举的三八线以南地区"，而并非"整个韩半岛"，因此，韩国历史教科书执笔标准开发委员会根据听证会收集到的意见，决定在自 2013 年起开始使用的初中历史教科书编写指南中删除"韩国是联合国承认的韩半岛唯一的合法政府"表述中的"韩半岛唯一"词句。[1]但对此，韩国教育技术科学部表示，"联合国大会决议承认韩国为韩半岛唯一合法政府是铁的事实，否定了这一修改，重新确定了"韩半岛唯一"的论断。[2]

在第 2 次教学大纲时期，战争背景的介绍亦比较感性，在回避自己同美国关系的同时，还把朝鲜描述成苏联的"傀儡政权"。而且对战争爆发前社会形势的描述也不够客观，依然摆出一副无辜受害的姿态，把战争的责任推给朝鲜。

到第 3 次教学大纲时期，尽管言辞表述还是比较感性，但较之以前已有明显好转，教科书中开始承认战争爆发前韩国的政治、经济、社会形势并不稳定。

到第 4 次、第 5 次教学大纲时期，亦即 20 世纪 80 年代后，韩国教科书开始提到美国的立场对引发战争的影响，认为美国对诱发战争负有责任，并且言辞表述也渐趋缓和。

---

[1] 参见 2011 年 11 月 26 日《뉴데일리》（*New Daily*）报道《이태진 국사편찬위원장에게》（《致国史编纂委员会委员长李泰镇》），http：//www.newdaily.co.kr/news/article.html?no=98744。

[2] 参见 2011 年 11 月 9 日《朝鲜日报》A8 版报道《교과서에 '유일 합법정부' '자유민주주의' '독재' 표현 쓴다》（《教材中使用"唯一合法政府""自由民主主义""独裁"字眼》），http：//news.chosun.com/site/data/html_dir/2011/11/09/2011110900118.html。

进入90年代后，教科书中对朝鲜战争的表述变得更为客观和理性。在介绍共产主义者对韩国的后方扰乱工作时，原来毫无顾忌使用的"济州岛暴动""丽水、顺天叛乱"等字眼从第6次教学大纲时开始消失。[①]

以上是韩国教科书中言辞表述和开战背景方面的变化。另外，在韩国教科书中，对"中国是否事先支持朝鲜发动战争"的表述也是不断变化的。在第1次教学大纲时，写道朝鲜发动战争是"在苏联的指导下"，"与中共相勾结"，认为朝鲜事先得到了苏联与中国的支持。但从第2次大纲起，这种中国事先支持朝鲜的表述开始消失，从第4次大纲起又开始记述，提及"在苏联与中共的援助下"。但奇怪的是，这种表述到第5次大纲时又消失不见了。到第6次大纲时，其表述则变为"金日成秘密访问苏联，取得了苏联与中国的南侵援助承诺"，较之以前更为明确和具体。到第7次大纲后，天才教育版《韩国近现代史》中还更为明确地表述为"斯大林同意了金日成的作战计划"，"同时还请求中国的毛泽东支援金日成的作战计划"。

另外，在韩国教科书中，对中国等国家的参战表述也是随着时代的变化而变化的。在第1~6次教学大纲时期，对中国的参战原因均未作具体说明，只简单提到中国参战，但从第7次大纲起，部分教科书[②]对中国军队的参战原因做了简单叙述，如"因为担心联合国军会进攻满洲，所以中国派出了大规模军队支持北韩"[③]，"联合国军刚一进攻至鸭绿江，中国马上就以'保家卫国'的名义派出了军队"[④] 等。从第7次大纲起，韩国教科书中还提到中国5万朝鲜义勇军被编入朝鲜人民军及中国发出的警告等内容。

值得注意的是，在韩国教科书中，一直主张仁川登陆后韩国军队与联合国军向北越过三八线是理所应当的，并且认为如果没有中国军队的介入，朝鲜半岛应该早已实现了统一。

---

① 笔者按：在1990年9月韩国文教部发行的高中《国史》教科书中，谴责共产主义者的表述还随处可见，但在1996年发行的教科书中，这种表述大部分都被删除了。
② 在韩国，1974~2002年期间韩国历史教科书采用国定制，只有一套。但从2003年起，韩国中学历史教科书中，近现代史教科书采用审定制，存在多个版本。
③ 〔韩〕김광남等：고등학교《한국 근·현대사》（高中《韩国近现代史》），第279页。
④ 〔韩〕한철호等：고등학교《한국 근·현대사》（高中《韩国近现代史》），大韩教科书，2002年，第262页。转引自〔韩〕손승환《'한국 근·현대사'교과서의 6·25전쟁 서술 분석》（Comparative Analysis in Description Regarding 6·25 War in Korean Modern and Contemporary History Textbooks），韩国韩南大学硕士学位论文，2007，第29页。

三 韩国新闻报道中的朝鲜战争

(一) 新闻报道的主基调

韩国的新闻报道中又是如何记忆朝鲜战争的呢？本文摘录、总结有代表性的新闻标题如下。

1. 20世纪50年代

- 6·25五周年：不要忘记今日的冤仇（1955.06.25，《东亚日报》，第3版）
- 消灭共匪，报仇雪恨！（1955.06.26，《京乡新闻》，第3版）
- 6·25与阵亡勇士（1956.06.25，《东亚日报》，第4版）
- 消灭共党，实现统一！（1957.06.26，《京乡新闻》，第3版）
- 6·25八周年：没齿难忘傀儡军野蛮行径，热切盼望祖国早日统一（1958.06.25，《京乡新闻》，第2版）
- 6·25，这个仇一定要报！（1959.06.25，《东亚日报》，第1版）

2. 20世纪60年代

- 加强对共防御（1961.06.26，《东亚日报》，第1版）
- 6·25十二周年：化悲痛为力量，振奋精神，重建家园！（1962.06.25，《东亚日报》，第1版）
- 振奋精神，重建家园，实现祖国统一！（1962.06.25，《京乡新闻》，第1版）
- 继续向目标前进——朴议长纪念词（1963.06.25，《东亚日报》，第2版）
- 锐意进取，战胜共党，实现统一！（1964.06.25，《京乡新闻》，第1版）
- 下定决心，战胜共党，实现统一！（1965.06.25，《东亚日报》，第1版，社论）
- 6·25警钟长鸣：加快经济发展，实现由"反共"向"赢共"的历史性转变！（1965.06.25，《京乡新闻》，第1版）
- 加快发展，积聚实力，争取早日实现祖国统一！（朴总统）6·25十六周年讲话（1966.06.25，《每日经济》，第1版）
- 坚持经济独立，建设自主国防，为战胜共党实现祖国统一而奋斗！

(1969.06.25,《每日经济》,第 1 版)

3. 20 世纪 70 年代
- 朴总统纪念 6·25 二十周年讲话：提升综合国力,实现和平统一！(1970.06.25,《每日经济》,第 1 版)
- 朴总统纪念 6·25 二十一周年讲话：增强国力,迫使北傀放弃侵略野心；励精图治,提防安逸与大意酿成第二悲剧！(1971.06.25,《京乡新闻》,第 1 版)
- 朴总统 6·25 二十二周年讲话：促进内部团结发展,实现祖国和平统一！(1972.06.24,《京乡新闻》,第 1 版)
- 百万市民参加反共动员大会：6·25 二十四周年（1974.06.25,《东亚日报》,第 1 版)
- 消除反共认识差距,切实做好新形势下的意识形态工作——消除战后出生一代与老一代反共认识差距座谈录（1974.06.25,《京乡新闻》,第 4 版），
- 无法忘却的历史——6·25 苦难回顾（1975.06.25,《每日经济》,第 7 版)
- 不可忘却的教训——北傀南侵真相回顾（1976.06.25,《每日经济》,第 7 版)
- 统一思想,凝心聚力,全力做好安全保障工作：文化公报部 6·25 二十九周年讲话（1979.06.25,《京乡新闻》,第 1 版)

4. 20 世纪 80 年代
- 经历过战争的一代 VS 战后出生的一代：6·25 座谈录（1980.06.25,《东亚日报》,第 5 版)
- 高度警惕不切实际的对北观（1982.06.26,《东亚日报》,第 9 版)
- 6·25 与我们的现实（1984.06.25,《每日经济》,第 2 版)
- 战后出生的一代占总人口的比例高达 76%,是经历过战争一代的三倍多（1985.06.25,《京乡新闻》,第 1 版)
- 部分左倾激进思想令人担忧：文化公报部部长李元洪纪念 6·25 三十五周年讲话（1985.06.25,《东亚日报》,第 1 版)
- 正确认识"共产主义"的本真面目（1986.06.25,《每日经济》,第 1 版)
- 6·25 与战后出生的一代（1986.06.25,《东亚日报》,第 2 版)

- 修正主义抬头，6·25"侵南说"遭质疑：6·25 战争的再诠释〔1988.06.24，《韩民族日报（The Hankyoreh）》，第 5 版〕
- 6·25 被扭曲，部分势力粉饰北傀南侵战争（1988.06.25，《东亚日报》，第 1 版）
- 座谈录：如何看待《韩国战争的起源》① 一书？（1988.11.26，《韩民族日报》，第 7 版）
- 6·25 三十九周年：教育资料匮乏，6·25 教学遭遇棘手难题——战后出生青年教师增多，"亲身体验"教学法面临瓶颈（1989.06.24，《东亚日报》，第 15 版）

5. 20 世纪 90 年代

- 6·25 爆发后国军后退时曾实施大规模屠杀：保导联盟事件②——被掩盖的真相（1990.06.24，《韩民族日报》，第 12 版）
- "诱发侵南责任说"③ 引起新关注：6·25 四十一周年（1991.06.25，《东亚日报》，第 5 版）
- 6·25 动乱 42 年来的变化（1992.06.25，《京乡新闻》，第 5 版）
- 俄向我国交付 6·25 档案目录（1993.06.25，《京乡新闻》，第 1 版）
- 海报变迁折射政府意识形态教育的嬗变：宣传海报中的 6·25（1995.06.25，《东亚日报》，第 2 版）
- 俄、中历史教科书删除 6·25"侵北说"（1996.06.25，《东亚日

---

① 《韩国战争的起源》英文名为 The Origins of the Korean War，作者为美国著名的朝鲜战争问题专家布鲁斯·库明斯（Bruce Commings）。在该书中，库明斯对断言朝鲜战争是苏联挑动北朝鲜发动的观点加以了修正，认为朝鲜战争起源于半岛南北方的内战，而美国对战争的爆发负有重要责任。该书 1986 年被翻译介绍到韩国后，曾引起极大关注，造成了重大影响，可以说对 20 世纪 80 年代韩国民主化运动、反美运动的发展起到了推波助澜的作用。

② 保导联盟事件是指朝鲜战争初期，大韩民国国军在韩国针对共产党支持者进行的一场大规模屠杀。其中大部分死者为与共产党关系甚浅甚至不相干的人士。（参见维基百科：保导联盟事件）

③ 关于朝鲜战争爆发的原因，主要有"侵南说""侵北说"及"诱导侵南说"三种观点。"侵南说"认为是朝鲜率先发动攻击侵略韩国，"侵北说"与此正相反。"诱导侵南说"则认为，"战争很可能是李承晚故意对朝鲜实施挑衅行动而造成的。他指望这些行动会使朝鲜人采取越过三八线的报复性行为，而朝鲜人正好落入了这个圈套"（参见〔美〕I. F. 斯通《朝鲜战争内幕》，浙江人民出版社，1989，第 114~115 页）。这里所讲的"诱发侵南责任说"是认为，韩国政权尽管没有故意诱导朝鲜发动战争，但对诱发战争负有责任，是韩国政权促使金日成对形势作出了错误的判断从而发动了朝鲜战争。

报》，第 1 版）
- 韩国战争爆发 50 周年南北专题讨论会正在运作中（1998.06.25，《东亚日报》，第 1 版）

6. 21 世纪
- 被遗忘的"6·25"（2006.06.26，《江原日报》）①
- [6·25 六十周年，美国与北韩] 60 岁以上人群中 70%，20～30 岁人群中 42% 认为"战争责任在金日成"（2010.06.25，《朝鲜日报》）②
- 6·25 参战美国老兵迷上韩剧《迈达斯》（2011.06.28，SBS TV）③
- 至今仍无法忘记韩国战争中阵亡的丈夫（2011.06.26，ohmynews）④
- KBS、MBC、SBS，你们想干什么？——MBC、SBS 转播 "5.18 光州事件" 纪念仪式，但对 6·25 却不理不睬

据调查显示，自金泳三政府执政以来，KBS、MBC、SBS 三家电视台播放 6·25 特别节目的次数在持续减少，特别是金大中与卢武铉政府时期，关注度更是极为低迷。

媒体监督市民团体——公正媒体市民联合 6 月 27 日公布了 1993～2011 年间对 KBS、MBC、SBS 三家电视台 6·25 战争特别节目 6 月份播出情况的跟踪结果。

据分析显示，金泳三政府时期，上述三家电视台编排节目数量平均为 6.9 起，其中 KBS 9.4 起，MBC 6.2 起，SBS 5 起。但此后金大中政府时期播放数量大幅减少，平均 2.1 起。其中 KBS 3.8 起，MBC 1 起，SBS 1.4 起。

卢武铉政府时期也没有太大变化，平均 2.7 起，其中 KBS 3.8 起，MBC 2.5 起，SBS 1.8 起。与金泳三政府相比，金大中与卢武铉政府时期播放数量明显减少。

李明博政府上台以后，上述三家电视台的平均播放数为 3.4 起，较之以前有所增加。但具体来看，只是 KBS 由原来的 3.8 起增加到 7 起而已，

---

① 参见 http：//news.naver.com/main/read.nhn?mode=LSD&mid=sec&sid1=102&oid=087&aid=0000089012。
② 参见 http：//news.chosun.com/site/data/html_dir/2010/06/25/2010062500137.html。
③ 参见 http：//news.sbs.co.kr/section_news/news_read.jsp?news_id=N1000938252。
④ 参见 http：//www.ohmynews.com/NWS_Web/view/at_pg.aspx?CNTN_CD=A0001587581。

MBC 与 SBS 则呈下降趋势。特别是 MBC，2002 年、2007 年、2008 年度没有播放任何特别节目或转播战争纪念仪式。由此我们可以看到 KBS 与 MBC 在行使官方媒体作用方面的差距。SBS 在 2000 年、2002 年、2006 年、2007～2009 年度也没有播放任何特别节目或转播战争纪念仪式。①

（二）新闻报道表述内容的嬗变过程

韩国新闻报道对朝鲜战争的历史记忆也是随着时代的变化而变化的。在 20 世纪 50 年代，新闻报道主要强调不可以忘记朝鲜战争，不可以忘记朝鲜战争所带来的仇恨。1955 年 6 月 25 日，《东亚日报》所刊登的《不要忘记今日的冤仇》可谓是其中的典型。这一时期的新闻报道中经常出现"共产傀儡""消灭共党实现统一"之类的言辞。诱发国民对朝鲜的愤慨之心，显现其统治合法性，是该时期新闻报道的主基调。

20 世纪 60 年代，每逢朝鲜战争纪念日，朴正熙总统关于朝鲜战争的讲话就会出现在头版报道中，并且其主要内容一般为敦促国民重建家园，搞好经济建设。这个时期的新闻报道中经常出现"战胜共党实现统一"的字眼，"消灭共党实现统一"的提法则相对减少。"先建设后统一"，是这一时期新闻报道纪念朝鲜战争的核心主题。在 1966 年纪念朝鲜战争讲话中，朴正熙总统明确指出："现在应将所有的努力倾注在统一的预备阶段，即经济建设与现代化工作上来"，统一"只有在政治、经济、社会、科学等方面培养出能够压倒共产主义的中坚力量，实现自立与现代化的中期目标之后，才有可能"。②

进入 70 年代，"全民动员，集中力量，做好安全保障工作"取代了之前的"灭共统一""战胜共党实现统一"等口号，成为新闻报道的主基调。新闻报纸强调，"安逸与大意会酿成第二悲剧"，"如因麻痹大意或个人的牢骚不满，我们不能够紧紧团结在一起，那北傀就会发动南侵"，③ 他们还呼吁"现在我们面临着北傀武装侵略的严重威胁。在这紧急关头，再也不能

---

① 参见 http：//www.bignews.co.kr/news/article.html？no＝232730。
② 参见 1966 年 6 月 25 日韩国《京乡新闻》第 1 版报道《분별없는 남북교류론은 혼란助长》（《贸然进行南北交流必将助长混乱》）。
③ 参见 1974 年 6 月 25 日《东亚日报》第 1 版报道《百萬市民 反共궐기大會：6·25 스물 네돌》（《百万市民参加反共动员大会：6·25 二十四周年》）。

容忍逃兵、旁观者的存在","现在需要我们每位公民都行动起来,集中力量,遏制、粉碎北傀的武装挑衅"。①新闻报道表明了韩国政府热衷于强调战争的现实意义,使之为现实政治服务。此外,从该时期起,新闻报道还开始关注那些战后出生的一代对朝鲜战争的认识问题。

到了80年代后,战后出生的一代对朝鲜战争的认识问题成为新闻报道的最重要议题。报道经常指出,超过半数的国民没有亲身经历过战争,要警惕年轻一代不切实际的对朝观,对战后出生的一代进行反共教育,对部分势力粉饰美化朝鲜战争或认同"侵北说"的行动绝不可掉以轻心。不过也正是这些报道让我们从侧面了解到80年代后韩国民众对朝鲜战争的认识逐渐摆脱政府宣传,呈多元化趋势。正如1989年6月24日《东亚日报》刊发的《6·25三十九周年:教育资料匮乏,6·25教学遭遇棘手难题》所指出的一样,20世纪80年代以后,在韩国有很多人认为6·25战争是一场民族解放战争,甚至有教师公开宣称"6·25是南韩侵略北韩,美军是占领军","6·25是美军首先侵略北韩而引发的"。②

到了90年代后,尽管报道中仍会出现"批判政府不可等同于袒北"③等内容,宣扬"仅仅依靠冷战思维,推行反共教育,只能是一种权宜之策,很难从根本上说服非6·25一代。对于占全国国民3/4的非6·25一代来说,以后的任务就是告诉他们共产主义的虚构性"④,但脱离冷战思维的报道则更为多见。1990年《韩民族日报》报道的"保导联盟事件"可谓其典型。进入90年代后,6·25对韩国人来说,不再是感性的,而是一个可以进行客观观察和分析的历史事件。

进入21世纪,正如前述《KBS、MBC、SBS,你们想干什么?——MBC、SBS转播"5·18光州事件"纪念仪式,但对6·25却不理不睬》报道中指出的一样,除了受政府影响较大的KBS外,其他新闻媒体对朝鲜

---

① 参见1975年5月26日《京乡新闻》第2版报道《総力安保態勢는·至上命題》(全民动员,集中力量,做好安全保障工作是当前最重要最迫切的任务)。
② 参见1989年6月24日《东亚日报》第15版报道《6·25 39주년남침설명「교육자료」없다》(《6·25三十九周年:教育资料匮乏,6·25教学遭遇棘手难题》)。
③ 参见1995年6月25日《东亚日报》第11版报道《「6·25」45주년姜英勳 韓赤총재—咸在鳳교수 대담"정부비판이 北찬양 돼선 곤란"》(《6·25四十五周年韩国红十字会总裁姜英勋与咸在凤教授对谈录:批判政府不可等同于袒北》)。
④ 参见1990年6月25日《京乡新闻》第1版报道《非6·25 세대》(《非6·25一代》)。

战争的关注度持续降低,"6·25 正在成为一场被国民遗忘的战争"①。不过有关外国参战士兵的消息以及追忆当年参战老兵的内容倒还经常见诸报端。

四 结语

本文分析了朝鲜战争后韩国中学教科书及新闻报道有关朝鲜战争的内容。韩国对朝鲜战争的历史记忆是随着时代的变化而变化的,而且这种变化与其国内社会环境的变化直接相关,是一个根据不同政权的不同需要对历史事实进行重新构建、解析的过程。

在 20 世纪五六十年代,韩国教科书与新闻报道中的言辞表述都比较感性,"反共"为其主要特征。到了 70 年代,尽管教科书开始承认战争爆发前韩国社会形势并不稳定,但言辞表述还是比较感性,一直强调战争的现实意义,朝鲜战争成为政府教育国民的素材。进入 80 年代后,教科书中的言辞表述开始趋于缓和,新闻报道也更关注年轻一代对朝鲜战争的认识问题。到了 90 年代后,韩国历史教科书中对朝鲜战争的表述则更为客观和理性,新闻媒体脱离冷战思维的报道也更为多见。

概言之,20 世纪在 80 年代以前,韩国对朝鲜战争的认识比较感性,朝鲜战争起到了敌视共产主义势力、维护政权统治的作用。但到了 80 年代特别是 90 年代中后期以后,韩国民众对朝鲜战争的认识则愈来愈客观,朝鲜战争正逐渐成为一个可以进行客观观察的历史事件。

其次,韩国教科书对中、美等参战各国的表述也是随着国际国内环境的变化而变化的。首先,在 20 世纪 80 年代,受本国社会反美情绪高涨、对美态度发生重大变化的影响,韩国教科书中从第 4 次教学大纲时期起开始提到美国的立场对引发战争的影响,认为美国对诱发朝鲜战争负有责任。其次,受中苏交恶、中美建交等国际环境变化的影响,韩国教科书中对"中国是否事先支持朝鲜发动战争"的表述也不断地发生着变化。再次,受冷战体

---

① 参见 2011 年 6 月 28 日韩国《bignews》报道《지상파 3사,6.25 '잊혀진 전쟁' 만드나? MBC、SBS 5.18기념식은 중계,6.25는 외면》(《KBS、MBC、SBS,你们想干什么?——MBC、SBS 转播 "5.18 光州事件"纪念仪式,但对 6·25 却不理不睬》)。

系瓦解、中韩建交等时代背景的影响,韩国部分教科书从第7次大纲时期起,开始对中国军队的参战原因做了简单叙述,而在之前的第1~6次大纲时期,教科书中对中国的参战原因则一直未作任何具体说明,只是简单提到中国参战这一情况。

另外,韩国对朝鲜战争的历史记忆也受学术界研究成果的影响,20世纪90年代后,随着学术界对朝鲜战争的研究成果不断进入教科书,教科书中的内容表述愈来愈明确与具体。如就"中国是否事先支持朝鲜发动战争"这一问题,尽管在第4次教学大纲时期简单地讲到"在苏联与中共的援助下",但到第6次教学大纲时期则讲道,"金日成秘密访问苏联,取得了苏联与中国的南侵援助承诺",第7次大纲颁布后,天才教育版《韩国近现代史》还更为具体地讲到是"斯大林同意了金日成的作战计划","同时还请求中国的毛泽东支援金日成的作战计划"。此外,从第7次教学大纲时期起,教科书开始提到的"中国5万朝鲜义勇军编入朝鲜人民军"这一内容,也是历史研究学术成果在实际教材编撰中的反映。

值得注意的是,尽管韩国教科书中一直都认为是朝鲜率先发动了战争,但其民间认识在20世纪80年代后则相对多元,"诱发侵南责任说"等修正主义观点曾一度成为人们关注的焦点。并且在韩国教科书中,一直认为仁川登陆后韩国军队与联合国军向北越过三八线是理所应当的,如果没有中国军队的介入,朝鲜半岛应该早已实现了统一。

概而言之,韩国公共记忆中的朝鲜战争是根据现实的需要重新构建、解析而建立起来的,烙有深刻的时代印记。

South Korea's Collective Memory of the Korean War

Zhang Baoyun

Abstract This paper illuminates the historical perception of South Korea on the Korean War issue by analyzing the high school textbooks and newspaper articles in the post-war era. Through the analysis, it was found that the way of remembering the Korean Was has been changed with the development of the times. Until the 1980s, the recollection of the war stayed in a comparatively perceptual stage. Since the late 1990s, the recollection of the public society on the Korean War has gradually become more "objective" and this is directly related to the political, economic, social changes in the domestic environment. Particularly, the way of retructuralization and interpretation the narratives of high school textbooks were deeply influenced by the needs of the each regime throughout the process.

Key Words　　Korean War; collective memory; history education

中日苏空军航校中的韩籍飞行员考述*

崔凤春

【内容提要】民国时期，中国航空学校及空军内的韩籍①飞行员可分为中国、苏联航空学校毕业生和日本航空学校毕业生，包括未加入中国空军者在内共计三十余人。据查，民国时期广东军事飞机学校（广东航空学校前身）、云南航空学校（又称云南航空队）、中央航空学校（空军军官学校前身）、南昌航空机械学校、北京南苑航空学校、洛阳航空学校（吴佩孚的洛阳飞机场、冯玉祥部航空队）、保定航空学校均有韩籍飞行员。他们为圆自己的蓝天梦，投效中国空军，在中国的蓝天上增添了异彩。本文拟以史料为依据，对民国时期中国航空学校及空军内韩籍飞行员分别详加考述。

【关键词】民国时期　中日苏航校　韩籍飞行员

【作者简介】崔凤春，杭州师范大学外国语学院教授，历史学博士。

---

* 本文为国家社会科学基金资助项目（批准号07XGJ003）阶段性成果。
① "韩"即朝鲜或韩国之简称，自古本如此，有别于现在。1910年日韩两国强行合并，自此直至日本投降，大韩帝国（韩国）主权国家地位不复存在。本文为行文方便将混用朝鲜、韩国两个国名，以示殖民地时期该故土或该民族。

一　中国航空学校韩籍飞行员

（一）广东军事飞机学校

1920年11月，孙中山在广州重建护法军政府，设航空局于广州大沙头，任命朱卓文为局长，下设两个飞行队，开始培养中国航空人才。经驻沪大韩民国临时政府成员介绍，朴泰河、金震一两位韩籍青年赴粤进入大沙头航空局飞行队，学习航空技术。1922年秋，北伐军总指挥许崇智按孙中山部署挥师进入福建，与督军李厚基大战，夺取福州。朴、金两位飞行员参加了这次北伐东征。① 此后，他们在大沙头飞机修理厂就职。

1924年9月，孙中山在苏联顾问的帮助下，创办广东军事飞机学校，校址设在广州大沙头飞机修理厂附近。② 第一期学员来源主要是黄埔军校学生和飞机修理厂职工，共计20余人。他们于1925年7月毕业，获得毕业证书者仅五人，其中有朴泰河与金震一。

1. 朴泰河

朴泰河，原名朴斗铉，又名朴太厦、朴泰夏、朴泰和。1893年12月17日生于朝鲜平安南道江西郡双龙面新庆里。1914年春，移居江西郡星台面大马里。1917年，再次迁居平壤府黄金町61番地（号）。③ 同年初，流亡上海，靠打工维持生计，后来积极参与大韩民国临时政府领导的反日独立运动。朴泰河结识当时滞留上海的孙中山。1923年2月，孙中山返粤主政，任命其秘书陈友仁为航空局长。朴再次前往广州大沙头机场就职，月薪25元，孙中山每月补助其15元。1924年11月，孙中山应邀北上商谈国事，陈友仁随同前往，因而苏联顾问李縻代理航空局长，兼任军事飞机学校校长。朴被选拔进入军事飞机学校学习。1925年7月9日，他以第一名的优异成绩毕业。在校期间，朴泰河曾积极参与朝鲜义烈团的反日恐怖活动，并自愿加入中国共产党。国民政府选送他和其他五位中国优秀生一起，由李縻

---

① 上海《独立新闻》第146号，1922年11月18日。
② 《广州文史资料》第26辑。1982年，第68页。
③ 〔日〕朝鲜总督府警务局：《國外ニ於ケル容疑朝鮮人名簿》，昭和九年（1934年）六月，第265页。

带领赴苏莫斯科航空学校深造。1925年9月20日，朴从广州启程前往苏联，他打算学成后驾驶飞机回粤。① 临行前，他给家里写信说："我作为朝鲜人，依靠外国政府的公费，能到文明国实现自己的理想，这不仅是我自己的光荣，也是全朝鲜民族的光荣，深感欣喜。机上留影一张，同时寄往，望查收。"② 赴苏后，他再也没有回到中国。

2. 金震一

金震一，又名金振一，朝鲜平安南道人，中共党员，军事飞机学校毕业后，留校任机械士。1926年6月，广东国民政府从第一期留校生和第二期学员中共选派十来名学员到苏联留学，其中有韩籍毕业生金震一。他到苏联后，被编入列宁格勒机械学校学习。

3. 李泽民/金公缉

李泽民，朝鲜平安南道人，1924年初和金振一同赴广州加入中国国籍（广东省香山县），在大沙头机场就职，月薪25元。1924年夏，以留学美国为由辞去机场工作，返回上海筹集出国旅费。③

金公缉，1919年"3·1"运动后，流亡中国东北，从事反日独立运动。20年代初去往上海，加入安昌浩领导的兴士团。不久，经安昌浩介绍，赴粤进入军事飞机学校受训。20年代中期，他离开广东前往苏联，进入莫斯科航空学校学习。1927年3月试飞时，因飞机失事去世。④

关于以上两人的情况，日本驻广东总领事馆的谍报资料也称：1924年夏，"6月4日，来自广东的朝鲜人崔某说，广东飞行学校有三位同胞，他们是朴泰和、金熙洙和本人。经常来往广东的朝鲜人及中国军内的朝鲜人总共三十名，义烈团尚未来到广东。"⑤ 假如上述谍报属实，那么金熙洙很有可能是金震一，崔某很可能是李泽民。李泽民和金公缉的经历大致相符，此

---

① 〔日〕外务省外交史料馆藏《不逞團關係雜件——朝鮮人ノ部》，大正十四年（1925年）十一月十二日，《廣東在留朝鮮人（朴斗鉉）ノ通信ニ關スル件》。
② 〔日〕外务省外交史料馆藏《不逞團關係雜件——朝鮮人ノ部》，大正十四年（1925年）九月二十九日，《廣東在留朝鮮人ノ通信ニ關スル件》。
③ 〔日〕外务省外交史料馆藏《不逞團關係雜件——朝鮮人ノ部》，大正十三年（1924年）七月十四日，《廣東飛行學校在學朝鮮人ニ關スル件》。
④ 〔韩〕李允植著《为了用飞机震撼人心，将来在国内进行大轰炸》，2003，第88~89页。
⑤ 〔日〕外务省外交史料馆藏《不逞團關係雜件——朝鮮人ノ部》，大正十三年（1924年）六月十六日，《義烈團長金元鳳ノ廣東滯在說ニ關スル件》。

二人很可能为同一个人。

1925年7月以后，张治中任航空局长兼军事飞机学校校长，招收第二期学员，共计60余人，分为飞行、机械、侦察三个班，在当年12月正式开课，于1926年12月期满毕业。翌年1月，仅有七人参加毕业典礼获得证书。第二期学员来源主要是黄埔军校第三期（1925.1~1926.1）的毕业生和广州市内其他军校毕业生，其中有黄埔军校第三期步科三名韩籍生①，即车廷信、刘铁仙和张圣哲。②

4. 车廷信

车廷信，号志一，又名车迭。1898年9月7日生于朝鲜平安南道大同郡金祭面里仁里398番地，妻崔礼寔。1919年2月13日，其父车镇奎（57岁）在日本人的毒刑下成了冤魂。③同年3月4日，车廷信在平安南道江西郡沙川率众掀起示威运动，袭击日本宪兵驻所，刺杀日本人。随后流亡上海，参加大韩民国临时政府活动，还加入了大韩赤十字会。④同年7月15日，其母尹氏（59岁）也在日本人的毒刑下含怨而死。8月13日，平壤地方法院在车廷信本人缺席的情况下，对其判处死刑。1922年12月，车廷信从上海前往广州，考进广东省立第一甲种工业学校，1924年9月毕业。1925年1月，他考入黄埔军校第三期步科，7月被选送大沙头军事飞机学校第二期学习。⑤

5. 刘铁仙

刘铁仙，号沧波，又名刘铁善、刘澈善、刘铁宣。1895年生于朝鲜京畿道长端郡，京城普成中学毕业。1919年来到上海，参加韩国临时政府领导的独立运动，担任西伯利亚及北满方面的通信联络工作。后来又加入朝鲜义烈团。1923年考入云南讲武学校。在校期间，他怀疑校内有一个韩籍学生是日本密探，就将其杀害，并打伤几名同学，随后逃离云南，前往广东考

---

① 湖南省档案馆校编《黄埔军校同学录》，湖南人民出版社，1989。
② 《空军学校第五期毕业纪念册》1932年（内有1~4期同学录），广东省档案馆藏，军类新卷号334。
③ 上海《独立新闻》第4号，1919年9月2日。
④ 上海《独立新闻》第30号，1919年11月27日。
⑤ 〔日〕外务省外交史料馆藏《不逞團關係雜件——朝鮮人ノ部》，大正十五年（1926年）七月十三日。驻广东总领事森田宽藏致外务大臣男爵币原喜重郎《廣東地方不逞鮮人ノ動靜二關スル件》。

入黄埔军校第三期步兵队。① 1925 年被选派到大沙头军事飞机学校第二期学习。② 在校期间，他曾担任被压迫民族联合会和朝鲜革命军人会干部。③ 刘铁仙也是中共党员。赴苏后，他再也没有回到中国。

6. 张圣哲

张圣哲，朝鲜平安北道义州人，黄埔军校第三期步科毕业。广东军事飞机学校第二期毕业后，被派到苏联列宁格勒航空学校深造。④ 回到中国后，历任杭州笕桥中央航空学校教官、空军昆明机械厂厂长、中校机械士。同时担任新韩民主党干部。

7. 李秉云

李秉云，原名李龙植，又名李秉云、李秉勋。原籍朝鲜咸镜南道元山府上洞，京城私立培材学校修业四年。14 岁时，从元山乘船来到上海，在法租界霞飞路朝鲜杂货商金时文家当店员，业余在夜学部读了两年书。1924 年 6 月，赴粤参加军校入学考试，8 月进入广东第二军校修业一年，毕业后又考入大沙头军事飞机学校第二期。1926 年 9 月，他奉命参加国民革命军北伐，担任第二师第十七团第三连连长，指挥 160 余名士兵驻扎长沙、南昌等地。1927 年 8 月国共分裂后，李秉云经汉口逃往上海，经崔凤官介绍，加入了中共上海韩人支部和中国本部韩人青年同盟上海支部（后改为上海韩人青年同盟）。1930 年 4 月 20 日，他和三名中共党员在上海公共租界向电车职工发表演讲时，不幸被工部局警察逮捕并引渡日本总领事馆，5 月 13 日，被遣送至朝鲜咸兴地方法院元山支厅受审。⑤

8. 其他

关于 1926 年广东军事飞机学校韩籍学生人数，日本驻广东总领事馆掌握了如下谍报："1 月中旬来自上海的金思默（28～29 岁）准备报考飞行学校。1 月 21 日参加该校入学考试者共 9 名，朝鲜籍应考者 3 名中 2 名落榜，

---

① 〔日〕外务省外交史料馆藏《不逞团关系杂件——朝鲜人之部》，大正十五年（1926 年）四月三十日，《关于要视察鲜人之言动及略历》。
② 广东省档案馆藏，军类新卷号 334，《空校学校第五期毕业纪念册》。
③ 〔日〕外务省外交史料馆藏《不逞团关系杂件——朝鲜人之部》，大正十五年（1926 年）四月三十日。
④ 《朝鲜日报》1927 年 2 月 25 日。
⑤ 〔日〕山口縣文書館所藏林家（朝鮮總督府關係）史料 38，2003 年，《朝鮮人共產主義者押送ニ關スル件》。

只有李承勋1名合格入学。金思默希望到中国军杨宁部队当军人。目前该飞行学校朝鲜籍在校生共计以下7名：朴泰厦（30岁），1925年六七月份被选送俄罗斯留学，目前在莫斯科；李春一约30岁，车廷信27~28岁，郑尚镐24~25岁，朴明济32岁，李承勋18~19岁；此外尚有一名。"①

杨宁原名金勋，化名杨州平、杨令，云南讲武学校第16期步兵科毕业留校，后来赴粤历任黄埔军校第三期第四队上尉队长、第四期（1926.1~1926.10）技术助教练、第五期（1926.3~1927.8）中校技术主任教官，月薪180元。1925年9月，就任李济深部营长（即叶挺独立团第三营营长），驻扎广东肇庆，不久又回到黄埔军校任教。李承勋即李乘云。此外，金思默、李春一、郑尚镐、朴明济等人来历不详。

1927年2月，广东军事飞机学校教官、机械士及第二期大多数毕业生奉命赴俄考察深造，其中车廷信、张圣哲、刘铁仙等韩籍学员进入列宁格勒机械学校学习。至此，广东军事飞机学校校务暂告停办。

（二）云南航空学校

1922年秋，唐继尧在云南讲武学校内设置航空处，委任刘沛泉为处长，下设两个航空队。同时，唐继尧还组建云南航空学校，任命刘沛泉兼任校长，聘请航空队飞行员兼任教官。1922年12月25日，云南航空学校在讲武学校内正式开学。云南航空队第一班（即第一期）从开学到1924年上半年之间，共招收39名同学，详见表1。其中有韩籍女生权基玉和湖南益阳籍女生夏文华（薛如）。

表1　云南航空学校第一期韩籍同学姓名一览

姓名	别号	年龄	通信处
张志日	太空	25	上海法界望志路永吉里七十七号全于沧转
李英茂	青邱	26	上海法界崇山路二十二号转
权基玉	桓山	22	上海法界麦赛儿蒂罗路二十四号

资料来源：云南省档案馆藏：全宗56，目录号，卷号355，《云南航空学校第二期同学录》，民国十六年二月。

---

① 〔日〕外务省外交史料馆藏《不逞團關係雜件——朝鮮人ノ部》，大正十五年（1926年）一月二十五日，《廣東地方不逞鮮人ノ動靜二關スル件》。

1. 权基玉

权基玉（1901~1988），化名林国英。1901年1月11日生于朝鲜平安南道中平壤府上水口里152番地，李然皓①之妻。平壤崇贤小学毕业，读崇义女中时，因参加"3·1"运动被拘留三周。获释后，积极捐款救助大韩民国临时政府，又被平壤警察署逮捕，以"违反制令"罪，判处6个月监禁。获释后，她帮助文逸民、张德震等人制造"平南道厅炸弹事件"。同时，他们还组织平壤青年会女子传教队开展巡回演讲活动。1920年9月，亡命上海，经金淳爱（金奎植之妻）介绍进入杭州弘道女中读书。② 1923年夏毕业，随即回到上海，在私立仁成小学任教，同时跟英国人学英语，以便将来实现蓝天梦。她曾说过："我要学会飞行技术，将来炸毁日本！"她曾报考北京南苑航空学校和保定航空学校，因为不招女生而被拒之门外。1924年3月末，权基玉和另一名女性带着韩国临时政府证明书和李始荣特意为其开具的介绍信前往昆明，她考入云南航空学校第一期飞行科（亦称"云南航空队第一班"）。入学后，权基玉对外谎称自己是"钱居义，浙江温州人，21岁"。③ "钱居义"是权基玉的拟音字。她懂韩、日、中、英四种语言，既有胆识，又善于社交，很快就被唐继尧赏识，韩籍生的管理和云南省政府及武校之间的接洽工作全由她负责。1925年2月28日，期满毕业。④ 其毕业证书记载如下。

> 航空第贰拾伍号
> 毕业证书
> 云南航空队第壹班学生权基玉
> 兹江苏省上海县人年二十二岁在队修学期满合行发给毕业证书此证
> 省长唐继尧
> 队长柳希权
> 中华民国十四年二月月二十八日

---

① 李然皓（1896.6.10~1947.10.27），号仙隐，又名李相定，原籍朝鲜庆北大邱府本町二丁目1番地。
② 上海《独立新闻》第162号，1923年7月21日。
③ 〔日〕《外务省警察史》第53卷，（东京）不二出版社，1997，第221~229页。
④ 〔韩〕金厚卿著《韩国民族运动史料（中国篇）》，韩国国会图书馆，1976，第501、767页；《日本外务省特殊调查文书》25，（首尔）高丽书林，1989，第327页。

毕业后，权基玉戴着航空标志（WING）奉命参加实习。1925年12月13日，她和李英茂一起乘火车离开昆明，翌年1月7日抵达上海。11日，权基玉为了继续深造飞行技术，又乘火车经南京前往北京。

1926年4月，经临时政府介绍，权基玉到冯玉祥部西北军航空队当飞行员，参与了西北军配合北伐军进攻北洋军的行动。①

> 军字第二〇四五号
> 委任状
> 今委任权基玉为本署航空处副飞航员此状
> 张之江
> 中华民国十五年四月二十日

上图为冯玉祥国民军（西北军）航空署发给权基玉的副飞行员委任状。1925年，北方军阀联合攻打冯玉祥，冯玉祥不敌而退回陕西。翌年，宣布下野，并赴苏考察，张之江继任国民军总司令。冯玉祥在苏期间，奉直晋系军阀围击国民军，张之江败北脱离军界。冯从苏联赶回，于同年9月在绥远五原誓师，接受中国国民党领导，其部队改编为国民革命军联军即国民革命军第二集团军，参加北伐。权基玉在这个时期认识国民军韩籍参谋李相定，不久结为夫妻。

1927年2月18日，北伐军攻占杭州，派员赴沪策反孙传芳部航空队起义，获得成功，旋在上海成立国民革命军东路军航空司令部。权基玉和其他5名航空技术人员参与接收孙传芳部航空队飞机，并在杭州合影，保存至今。当时，权基玉女扮男装，还戴着礼帽。权基玉和崔用德都在东路军航空司令部任职。1928年5月，权基玉和中央军校韩籍教官孙斗焕不幸以共产党嫌疑犯为由被日警拘捕，后来经中方斡旋，才从上海日本总领事馆获释。② 此后，权基玉到南京中央航空队服务。③

---

① 朝鲜《东亚日报》1926年5月21日。
② 朝鲜《东亚日报》1928年5月25日，6月28日；朝鲜《中外日报》1928年5月25日，7月3日。
③ 成都市档案馆藏，全宗121，卷号61，《中央航空学校同学录》，民国二十五年一月；姜长英著《中国航空史》，清华大学出版社，2000，第89页。

1932年，权基玉奉命参加"1·28"上海抗战，荣获国民政府颁发的勋章。1933年7月，权基玉调职杭州航空署。① 1935年，权基玉奉命准备抗日宣传飞行，最终因故未能实施。当时，她和中国早期女飞行员李月华、意大利籍教官等6名航空人员在机前合影，保存至今。1936年，权基玉在南京空军飞行大队服务，住处在南京东厅街9号。②

1937年中日开战后，权基玉赴重庆担任"陆军参谋学校"教官，1940年晋升空军中校。在重庆时期，她还积极参加了"留渝韩国爱国妇人会"的活动。

2. 李英茂（李士英）

李英茂，原名李永禄，号青邱，又名李光默、李英武，1894年2月17日生于庆尚北道漆谷郡枝川面新洞57番地。1918~1920年，就读于大邱启圣学校。1921年4月，进入京城府文所学习；翌年3月，退出该所，并于同年5月来到中国。云南航空学校第一期飞行科毕业。曾任南京国民政府飞行队副飞行员。1935年9月7日，叙任空军中尉。1937年8月，任第一军区司令部第13中队副中队长（中队长李逸阶）、航空委员会轰炸机训练队队长。1939年1月31日，日本陆军航空兵的"天皇号"飞机被中国军队击中，迫降在湖北荆门县的沙洋镇东北襄河东岸。中国航空委员会获悉后，立即派遣成都空军第八修理厂维修人员火速前往现场。经过两个多月的修复工作，"天皇号"终于可以飞行。空军飞行大队少校飞行员李英茂驾驶这架"天皇号"（已改名为"沙洋号"）飞机强行升空，沿长江低空径直飞往重庆。不久，又奉命飞赴成都空军第八飞机修理厂大修。同年5月，成都地区韩侨捐款慰劳朝鲜义勇队，其名录中有李英茂等成都航空界韩籍人士。③ 他是朝鲜民族革命党特派工作员。抗战末期，奉命参加印缅战场。1945年6月28日，晋任空军中美联队少校。解放后，李英茂回到韩国，历任国防部航空局长兼空军副总司令、空军飞行团长。

3. 张志日

张志日，又名张志一。原籍朝鲜庆尚南道，通晓日本情况。据日方情报

---

① 〔日〕朝鲜总督府警务局：《国外ニ於ケル容疑朝鲜人名簿》，昭和九年六月，第133页。
② 〔日〕社会问题资料研究会编《思想情势视察报告集（其の五）》，昭和十四年二月，第127页。
③ 桂林《朝鲜义勇队通讯》第13期，1939年5月21日，第11~12页。

资料,"1923 年 8 月 8 日,义烈团支部成员张志一来沪,住在法界大安里丽信公司(韩人经营),他身上带有从国内筹集的活动资金。最近,金若山困于支付义烈团经费,对其来沪感到惊喜。"① 入学之前,张志日曾以"赤色劳动组合"代表资格,参加上海韩人"国民代表会议",是"继统派"代表之一。②

1925 年 2 月,云南航空学校第一期毕业后,张志日奉命参加实习。同年 11 月间,去了上海。据日本驻上海总领事馆谍报,"云南航空学校 3 名朝鲜籍毕业生于 1926 年 1 月 7 日回到上海,停留在上海法国租界内义烈团员某朝鲜人家里。金某为了参加广东的中国军队将于 8 日离开当地,权某为了继续深造飞行技术将于 11 日乘火车经南京前往北京,李英武暂时留在当地。"③ 金某无疑是张志日,从离开云南航空学校以后,其踪迹不复出现。时值中国大革命,留沪义烈团成员大都把活动舞台转移到广东,因而张志日或许将工作方向预定广东。

《阿里郎》主人公金山(张志乐)曾经回忆道:"之前某段时期极少数朝鲜人赴日本学习飞行技术,他们学成后就援助中国,因此如今日本不再训练朝鲜人。这次战争开始之前,两名朝鲜飞行员死于中国军队里,其中一人叫徐曰甫,民族主义者,1925 年在张家口与冯玉祥作战时不幸因故牺牲。另一个飞行员是共产主义者,赴江西加入了中国红军。当时,南京政府的一架飞机坠落在漳州附近。这名飞行员并不是机械士,但他竭尽全力修好飞机,并在苏维埃首都瑞金试飞。由于他不谙地理环境而误入敌区。他在赣州会昌强行着陆时牺牲。"④

这架飞机是国民党福建省剿匪司令部司令兼闽南航空处处长张贞所部使用的德·哈维兰(DH-60)俄式教练轰炸机。1932 年 4 月,中国红军攻克江西漳州。当这架飞机飞过红军宿营地上空时,被红军机枪打中,坠落在漳州桥南机场。红军官兵将这架飞机命名为"马克思号"。这架飞机最后不知所终,其去向迄今仍是个谜。综而观之,金山所说的那个飞行员就是张志日。

---

① 〔韩〕外务省陆军军省文书(第二辑)《韩国民族运动史料(中国篇)》,第 443 页。
② 上海《独立新闻》第 153 号,1923 年 1 月 2 日。
③ 〔日〕外务省外交史料馆藏《不逞团关系杂件——朝鲜人之部》,大正十五年一月十二日,《飞行学校毕业鲜人来沪案》。
④ 〔日〕李恢成、水野直树编《「アリランの歌」覚书》,岩波书店,1991,第 351~352 页。

4. 李春

李春，朝鲜京城私立普成中学毕业。1924年，考入云南航空学校第一期。后不久因精神病休养，时年27岁。① 此后，似乎退学回沪。此外，李春之名也散见于其他一些史料之中，然是否与航空队的李春同属一人，难以确定。例如：1923年6月上海"国民代表会议"建设派附属代表李春；② 1925年8月，驻满参议府第一次行政会议决定警务主任为李春；③ 1927年广州暴动韩籍烈士李春，时年28岁，原籍俄领兴凯湖；④ 1929年元旦，"在中国韩人青年同盟上海支部"发行《战斗青年》创刊号，编辑李春。⑤

以上零散资料中，广州暴动韩籍烈士李春是由中国本部韩人青年同盟执行委员会在事后不久经调查确定的。假如其调查结果属实，那么上海《战斗青年》创刊号编辑李春无疑是另一个人。

（三）中央航空学校

1928年11月，南京中央陆军军官学校附设航空班。1931年秋，在航空班基础上，成立军政部航空学校，年底迁至杭州笕桥。1932年6月，军政部航空学校扩大改组为中央航空学校，隶属于军事委员会航空署。1935年春，国民政府在洛阳成立中央航空学校洛阳分校。1937年春，在南昌成立航空机械学校。1938年，中央航空学校由笕桥迁往昆明巫家坝原云南航空学校旧址，并改名为空军军官学校。1943年冬，空军军官学校迁至印度拉合尔，抗战胜利后迁回杭州笕桥。

1. 金恩济

金恩济，又名金殷济，1906年7月15日生于朝鲜平安北道定州郡葛山面鼎阳洞604番地。1928年4月，考入中央陆军军官学校第六期第一总队骑兵队第二连，1929年5月毕业，被编入中央军校航空班学习。1931年3月毕业。1935年9月，叙任空军中尉飞行员、杭州航空队队副。1936年10

---

① 〔日〕《外务省警察史》第53卷，（东京）不二出版社，1997，第232~233页。
② 〔韩〕《韩国民族运动史料（中国篇）》，国会图书馆，1976，第309页。
③ 〔日〕金正明编《朝鲜独立运动》Ⅱ，附《朝鲜民族运动年鉴》，第320页。
④ 朝鲜《东亚日报》1928年1月16日。
⑤ 〔日〕金正明编《朝鲜独立运动》Ⅱ，附《朝鲜民族运动年鉴》，第343页。

月29日，从兰州驾驶飞机开往西安，因机体故障起火殉职。① 期间，曾经加入韩国革命党。

2. 崔镶城

崔镶城，原名李荣，又名崔阳成、崔让城。1914年，生于黑龙江省林甸。1934年9月，被编入南京中央军校第11期入伍生。1935年6月，转入中央航空学校第八期，毕业后任轰炸机飞行员。日本投降前，曾任空军中美联队所属第一大队第三中队中尉副中队长，日本投降后回国。曾经加入朝鲜民族革命党。

3. 欧阳明

欧阳明，原名金元英，又名王辉男。原籍朝鲜黄海道长渊郡长渊面绎后里278番地，金甫渊长子。1922年9月6日生于上海法界恺自迩路（今金陵中路）275号。1935年，入金九特务队预备训练所（南京）受训。在空军军官学校第十六期航空班驱逐组毕业，第七批留美人员。任空军中美联队所属第五大队第二十九中队少尉三级飞行员。1945年3月24日，自湖南芷江驾机出击湘阴日军，起飞时因飞机故障失事殉职。② 曾经加入朝鲜共产主义革命同志会（朝鲜青年前卫同盟前身）。

4. 孙基宗

孙基宗（1911~1991），原籍朝鲜黄海道殷栗郡长连面东部里1062番地，孙斗焕之子。1919年4月25日，随父来到上海，先后在韩人仁成小学和三一公学（中学）读书。1928年，进入上海航空工厂学习航空技术。③ 1930年，任蒋介石专机随机机械师兼副驾驶。1932年3月，与金铁男长女金贤学结婚。抗战时期，主要担任空中运输工作。1944年，调入上海中国航空公司，并与中国女性陈功正结婚。1954年，调任云南航空公司设备工程师。1991年，因病去世。④

5. 金信

金信，1922年9月21日生于上海，大韩民国临时政府主席金九之次子。1943年，中国西南联合大学哲学系毕业。其后，进入空军军官学校第18期初

---

① 《韩民》第九号，民国二十五年（1936年）十一月三十日。
② 中国空军总司令部编《空军忠烈录》第一辑第508页。
③ 《华夏人文地理》2003年7月号。孙基宗三女孙国娟记录为"上海高级航空学院"，恐有误。
④ 上海《新民晚报》2008年10月28日。

级班受训,不久奉命前往印度拉合尔空军分校接受初级飞行训练。1945 年 11 月回国,1946 年,美国空军飞行学校毕业。历任韩国空军本部作战局长、战斗飞行团团长、空军参谋次长、空军参谋总长(空军中将)、驻台北"大使"、交通部长官、国会议员、独立纪念馆首任理事长、白凡金九纪念馆馆长等。

(四)南苑航空学校

徐曰甫,号大林,又名徐国一、梁国一,1889 年 3 月 9 日生于朝鲜咸镜南道元山府新兴洞 24 番地,平壤大成中学毕业。1910 年日韩合并之前,流亡中国东北,曾参加过反日马贼团。1913 年,为了募捐进入朝鲜,目睹日本人试飞,立志要成为一名飞行员。1919 年"3·1"运动前夕,赴河南省洛阳投效冯玉祥部航空队。1920 年 3 月,经冯玉祥介绍进入北京南苑航空学校第三期学习。1923 年 4 月毕业后留校任少校教官。留京期间,他曾加入朝鲜义烈团,还成立申义团(又称信义团)。1924 年 9 月,他作为冯玉祥航空大队大队长驾驶飞机参加了苏浙战争。① 他每次驾驶飞机时都说:"假若我独立军有一架这种飞机,我就装炸弹飞往京城炸毁朝鲜总督府大楼!"1926 年 6 月 28 日,徐曰甫在陕西省宝鸡孔家庄机场首次试飞从意大利新进口的飞机,不幸飞机发生故障坠落,机毁人亡。②

(五)保定航空学校

崔用德,又名崔沧石、崔容德。1892 年生于朝鲜平安北道义州郡,后迁居京城。1923 年,与赵润植一起投效直系军阀吴佩孚的洛阳航空队。③ 不久经徐曰甫介绍,崔用德考入保定航空学校,赵润植考入保定陆军军校第八期炮科。④ 在此之前,崔用德曾加入朝鲜义烈团,利用安东怡隆洋行轮船把

---

① 〔日〕外务省外交史料馆藏《不逞团关系杂件——朝鲜人之部》,大正十三年(1924 年)九月四日,朝鲜总督府警务局长《关于中国飞行学校朝鲜籍教官参战》。
② 朝鲜《东亚日报》1926 年 7 月 6 日。
③ 〔日〕外务省外交史料馆藏《不逞团关系杂件——朝鲜人之部》,大正十三年(1924 年)十月十八日。
④ 任牧辛等主编《保定军事学堂纪实》,中国文史出版社,2000,第 902 页。赵润植,号松平,又名赵仲岳、赵淳昌、赵祝嵩、山畑竹松,1894 年 9 月 9 日生于朝鲜京畿道利川郡清渼长湖院里 117 番地。曾东渡日本就读于早稻田大学。1918 年来到中国辗转关内各地从事反日独立运动。保定学校毕业后,在中国军队服兵役,1930 年退役,来到上海静安寺路开办山口洋行,并担任日军翻译。

手枪和反日宣传品运往朝鲜,不幸被奉天中方逮捕,不久获释。航校毕业后,任孙传芳航空队飞行员。北伐战争后期,投靠南京国民政府航空局,历任航空队第四队副队长(队长杨官宇)、水上飞行队长、中央航空学校教官、空军南昌总站站长、成都航空大队空军少将、韩国临时政府军务部航空建设委员会主任、韩国光复军总司令部总务处长、参谋处长等职务。日本投降后回国,历任国防部次官、空军参谋总长(空军中将)。

二 日本航空学校韩籍飞行员

1. 安昌男

安昌男,化名安虎。1900年3月19日生于朝鲜京城西北村平洞武岳斋。美洞公立普通学校毕业。15岁时,从徽文义塾中途退学。"3·1"运动后不久,东渡日本先进入大阪汽车学校学习,几个月后进入东京赤羽飞行机械制作所学习,不久考入小栗飞行学校学习三个月。1922年12月10日,他驾驶"金刚号"飞机在京城汝夷岛机场上空进行故国访问飞行表演,观众达五万。他的这次飞行表演,给朝鲜民众留下了深刻印象,甚至有人还写了一首歌《安昌男飞机》,在群众中传唱开来。① 安昌男是朝鲜(韩国)历史上第一个驾驶飞机飞行朝鲜上空的本土飞行员,被誉为"韩国航空先驱"。1923年7月,他获得了一级飞行员资格证书。1924年12月,他离开日本来到中国沈阳。当他经过东北航空学校时,该校愿意高薪聘其为教官,但他还是婉言谢绝了,因为东北属于日本势力范围,张作霖仍未改变亲日倾向。随后他前往上海,深交韩国临时政府成员。1925年11月,经吕运亨和清华大学第五任校长曹云祥的介绍,安昌男与柳树人一起赴山西省太原,加入阎锡山的山西航空兵团。同时,他还成立秘密组织"大韩独立共鸣团",开展反日独立运动。从1927年起,他任山西航空学校教官,兼任阎锡山专机驾驶员。1930年4月2日,安昌男换装"容克斯"号新发动机后试飞,因飞机失事坠落于汾河东岸。安昌男和航空队副队长王奇、机械师李目同时遇难。

2. 金治轩

金治轩,又名金治玕、金治汉,原籍朝鲜平壤。1924年9月,日本东

---

① 朝鲜《三千里》初夏号,1929年6月,第61~62页。

京伊藤飞机制作所毕业,获得三级飞行员资格证书。① 大革命时期,他来到中国投效广东革命政府航空局,随空军参加北伐。1927 年初,国民政府进驻武汉后,所属航空局改组为国民革命军总司令部航空处,他仍在航空处工作。同年 3 月,他加入"留鄂韩国革命青年会"。② 有关金治轩的信息仅此而已。

3. 田相国

田相国,又名李相国。1908 年生于朝鲜黄海道信川郡斗罗面清溪里 583 番地。20 世纪 30 年代初,日本航空学校毕业。后来到南京加入中国国籍(江苏省江宁县),被聘任为南京国民政府航空局少尉飞行员。中央航空学校高级班第二期毕业。1935 年 9 月,叙任空军中尉。1937 年 8 月,任南昌第一军区司令部第一大队(轰炸机)第一中队副队长(中队长李赐祯),不久又晋任上尉队长。抗战初期,田相国圆满完成空运任务 17 次,出击敌军 15 次。1938 年 8 月 21 日,他从汉口驾驶 C.B 机 74 号飞往四川成都,因发动机故障,坠落于湖北宜昌西 60 公里南沱江殉职。③

4. 郑再燮

郑再燮,又名郑佑燮。1903 年 10 月 26 日生于朝鲜全罗北道益山郡砺小里 685 番地。1925 年 11 月,日本东京第一航空学校毕业,三级飞行员。20 世纪 30 年代初,来到南京加入国民政府航空队。中央航空学校高级班毕业。1935 年 9 月 7 日,叙任空军中尉。抗战时期,在南昌航空机械学校任职。曾任朝鲜民族革命党特派工作员。

5. 闵成基

闵成基,原名闵泳玖,又名闵永浩。1894 年 4 月 27 日生于朝鲜忠清南道牙山郡温阳面左部里 136 番地,闵丙吉之子。1925 年 5 月,日本神奈川县航空学校毕业,三级飞行员。中国大革命时期,赴河南加入吴佩孚军。1932 年 6 月,转入南京国民政府航空局。1935 年 9 月,叙任航空大队空军少尉。1937 年晋任空军中尉驾驶员。1942 年任韩国光复军上校参谋。

---

① 沧浪子:《白衣飞行士群像》,载金英植编《三千里》8,(首尔)图书出版韩光,1995,第 145 页。
② 〔韩〕秋宪树编《资料韩国独立运动》第 2 卷,(首尔)延世大学校出版部,1972,第 295~297 页。
③ 中国空军总司令部编《空军忠烈录》第一辑,第 209 页。

6. 金练器

金练器，原名金荣浩。1910年3月7日生于朝鲜平安北道义州郡古馆面下端洞256番地。1926年从平壤崇实学校毕业后，东渡日本考入东京立川飞行学校，试图故土访问飞行，因需要巨额经费，未能如愿。1929年，日本东京立川飞行学校毕业，获得二级飞行员资格证书。他曾试图在东京和新义州之间展开长途飞行，因经费不足而未能如愿。1930年，经中国驻新义州领事朱蒂介绍，赴南京接洽外交部，被编入国民政府航空署。1932年4月，因成绩卓著，升任国民政府军政部航空第一队少校飞航员。① 1935年夏，他住在上海法界拉都路兴顺南里26号。此后不详。

7. 金英哉

金英哉（1911.4.5～1965.7.20），又名王英哉、金英载、金铁雄、王铁夫。原籍朝鲜平安北道龙川郡扬下面五松洞，金弘壹之侄。1931年求学日本。日本航空学校毕业后来到上海，当选为韩人青年党理事，历任蒋介石专机中尉机械师、昆明航空大队上尉机械师。1940年以后，任韩国光复军总司令部秘书、警护员，曾经筹划组建韩国航空队。日本投降后回国。

8. 尹公钦

尹公钦，又名李哲。1913年5月18日生于朝鲜平安北道博川郡西面金鸡洞74番地。在京城第一高普修业三年，日本飞行学校毕业，获得二级飞行员资格证书，曾试图乡土访问飞行，未能成功。1933年4月，经中国东北赴上海，准备进南京航空队。同年9月，经李宽介绍进入南京朝鲜革命干部学校第二期受训，翌年4月20日毕业。同年5月12日，奉命从南京启程，途经沈阳、新义州，三日后抵达京城，6月29日被定州警察署逮捕，11月9日遣送新义州法院检事局受审，1935年7月26日被判处有期徒刑两年半。获释后不久，回到南京加入朝鲜民族革命党及朝鲜青年前卫同盟。1937年11月，跟随朝鲜民族战线联盟家属乘船从南京启程，途经武汉、宜昌等地，翌年3月抵达重庆。② 同年10月，在汉口加入朝鲜义勇队第二支队，年底与妻赵明淑、崔昌益等一起经西安进入延安抗日军政大学学习，毕业后被派到太行山抗日根据地从事前方工作。1941年1月10日，出席华北

---

① 朝鲜《三千里》1932年12月号，第38～39页。
② 〔韩〕《韩民族独立运动史资料集》46，韩国国史编纂委员会，2001，第354～358页。

朝鲜青年联合会（朝鲜独立同盟前身）成立大会。此后，被派赴敌后从事地下工作。日本投降后，回国当选为朝鲜劳动党中央委员。

三　苏联航空学校韩籍飞行员

1. 机械士金震一、张圣哲和驾驶员车廷信

金震一从苏联回到中国后，一直默默无闻。1939年5月，成都韩侨为朝鲜义勇队捐送慰劳金，其中有金震一，[①] 他或许在成都空军飞机修理厂任职。同一时期，陕西省南郑空军基地有韩籍空军飞行员车廷信和张圣哲。[②] 当时，车廷信为空军中校驾驶员，张圣哲为进口飞机检查员。张圣哲曾在杭州筧桥中央航空学校任教官，后任云南昆明空军机械厂厂长。

2. 王连

王连，又名王琏。中国朝鲜族作家金学铁的妹夫，中共党员。1927年大革命失败后，王连被派往莫斯科东方大学和列宁学院留学。毕业后，曾在苏联空军实习几年。1935年9月，王连等奉命到达马拉尔的奥伦堡苏军第三航校（苏联契卡洛夫空军第三航校）学习驾驶Y-2、P-5型飞机（侦察和轰炸机）。1939年4月毕业。同年5月，王连奉命到新疆工作。根据中共中央的指示，王连奉命到延安从事航空工作。日本投降后，王连回到自己的祖国担任空军司令官。

四　结论

殖民地时期朝鲜民族的蓝天梦与现在相比大相径庭。那时的中国天空一片黑云密布，连年战火纷飞，危险无处不在。为了正义、和平与独立，朝鲜民族的优秀儿女纷纷投效中国空军，在东征、北伐和抗日战场上身经百战，出生入死，自愿献出了青春、热血乃至生命。他们不仅是朝鲜民族的英雄模范人物，也是中韩两民族永远值得铭记的革命先烈。

---

① 桂林《朝鲜义勇队通讯》第13期，1939年5月21日。当时除了金震一之外，崔用德、李英茂、崔镶城等人也在成都空军飞机修理厂工作。
② 朝鲜总督府警务局编《中南支那及北中米に於ける在留朝鲜人の狀況》，昭和十五年（1940年）。

The Korean Pilots in Aviation Schools of China, the Former Soviet Union and Japan

Cui Fengchun

Abstract During the period of the Republic of China, there were more than 30 Korean pilots who served in Chinese aviation schools and Chinese air force and most of them graduated from China, the Soviet Union and Japan aviation school. According to the documents, during the period of the republic of China, there were Korean students studying at the Guangdong Military Aircraft School, Yunnan Aviation School, the Central Aviation School, Nanchang Aviation Machinery School, Beijing Nanyuan Aviation Schools, Luoyang Aviation School and Baoding Aviation School. This paper examined those Korean pilots carefully based on the historical documents.

Key Words Republic of China; the aviation schools of China; Soviet Union and Japan; Korean pilots

韩国光复军研究的重要中文史料
——评《韩国光复军小史》

蒲 元

【内容提要】韩国光复军是韩国海外武装抗日复国运动的重要参与力量,其在中国的抗日战争史、韩国独立运动史以及中韩关系史上都占有重要的地位。《韩国光复军小史》一书记录了该军的缘起、组建和有关军事政治活动,是韩国光复军问题研究中值得重视的中文史料。

【关键词】韩国光复军　中文　史料　历史

【作者简介】蒲元,武警工程大学讲师,少校,历史学硕士。

19 世纪的朝鲜内忧外患。在觊觎其已久的日本的威逼下,朝鲜被迫与日本先后签订《朝日修好条规》《乙巳条约》《第三次日韩协约》和《日韩合并条约》等一系列不平等条约。日本据此不断蚕食韩国主权,最终于 1910 年将韩国"合并",日本天皇诏敕废除韩国国号,[①] 设置朝鲜总督府。

国破志存,朝鲜半岛上的爱国志士奔走于世界各地,展开艰苦卓绝的抗日复国活动。1919 年,韩国临时政府在中国上海宣告成立。1940 年 9 月 17 日,韩国光复军在中国重庆组建,成为韩国独立复国运动的主要武装力量。

---

① 关于朝鲜和韩国名称的问题。朝鲜一词在中国古籍中出现很早,《尚书大传》和《史记》中均有朝鲜之名。1897 年 12 月,朝鲜高宗李熙将国名由"朝鲜"改为"大韩帝国",1910 年,日本吞并"大韩帝国"后,日本天皇诏敕废除韩国国号,设置朝鲜总督府。因此,本文中的"朝鲜""韩国"皆指 1945 年以前统一的朝鲜。

韩国光复军与中国军民和盟国军队并肩战斗，为二战胜利做出了贡献。韩国光复军的成长和作战史，在中国的抗日战争史、韩国独立运动史以及中韩关系史上都占有重要的地位。

《韩国光复军小史》作为较早出现的记载韩国光复军有关情况的史料，值得研究者注意。

一　《韩国光复军小史》的基本情况

《韩国光复军小史》一书现藏于中国陕西省西安市的陕西省图书馆近代文献室，藏数为一本。编者为韩国光复军第二支队，出版时间为1943年3月1日。全书为竖排本，铅字印刷，共34页，约1.6万字。封面上有"陕西西京图书馆惠存"字样，落款为"韩国光复军第二支队赠"。该书印刷用纸质量不佳，类似草纸，颜色泛黄，页面脆化情况比较突出。

陕西省西安市系韩国光复军第二支队驻地。"陕西西京图书馆"即创建于1909年的"陕西图书馆"，1937年更名为"陕西省立西京图书馆"，1953年，正式定名为"陕西省图书馆"并沿用至今。

目前，在重庆市图书馆及档案馆、上海市图书馆及档案馆、复旦大学图书馆、中国国家图书馆、南京市图书馆、中国第二历史档案馆（南京）、四川省图书馆、南京大学图书馆、北京大学图书馆、深圳文献港（深圳市图书馆与深圳大学图书馆联合创建）等机构公开的馆藏资源中，均未找到《韩国光复军小史》一书。其中，重庆作为抗战期间韩国临时政府和韩国光复军总司令部的驻地、上海作为抗战前韩国临时政府驻地、南京作为国民政府首都，都属于韩国独立运动史料比较集中的地区；而国家图书馆、北京大学图书馆、深圳文献港则公认资源丰富。在以上各处均未发现《韩国光复军小史》相关信息，说明该书存世量可能非常有限。

推其原因，一是抗战期间战事倥偬，韩国光复军第二支队作为一个军事单位，不可能以过多精力投入印制工作，因此该书的印数很可能较小；二是韩国光复军第二支队的主要活动地域在西安市，战时物资转运极为不便，因此该书流传到外地的可能性不大；三是该书印刷质量一般，特别是纸张状况不佳，不易保存。

二 《韩国光复军小史》与现存其他韩国光复军相关中文资料

韩国光复军史的实质是武装力量集团的作战史，属于军事历史中的战史范畴，应具有浓重的军事色彩。然而，现存关于韩国光复军的中文资料中，以纯军事或作战的角度记述和讨论该军军政活动的较少，大多是围绕中韩关系、韩国临时政府独立运动、国民政府对韩国光复军的扶持及韩国光复军地位和隶属关系的变化等方面展开的。

这些中文资料主要包括四类：一是当时报刊的相关报道，例如中国国民党中央机关报《中央日报》、中国共产党机关报《新华日报》、韩国光复军机关刊物《光复》等的相关报道；二是有关人员、单位撰写、编辑的书籍、资料汇编和论文，例如葛赤峰的《朝鲜革命纪》、潘公昭的《今日的韩国》、石源华的《韩国反日独立运动史论》、杨昭全的《关内地区朝鲜人民反日独立运动史料汇编》（包括部分译自韩国文献的资料）、台北中研院近代史研究所的《国民政府与韩国独立运动史料》、胡春惠的《韩国独立运动在中国》，及石源华、王世新、朴昌昱、赵金勇、王梅、李炫熙等的论文等；三是相关的档案，例如上海市档案馆、重庆市档案馆的档案文献，台湾有关部门馆藏《朱家骅档案》等；四是参与韩国独立运动人士的回忆录或日记，例如邵毓麟的《使韩回忆录》《胜利前后》，吴铁城的《吴铁城回忆录》，王世杰的《王世杰日记》，金九的《白凡逸志》等。

上述中文资料对于韩国光复军军政活动的记述，从整体上看是非常分散的，相关信息数量也比较少。以《中央日报》和《新华日报》为例，此两报对韩国独立运动的报道的总数分别为 255 和 392 条，[①] 合计 647 条，数量不可谓不多。但细究之下，两份报纸中涉及韩国光复军，特别是该军军政活动的报道实际上屈指可数。

[①] 曹恩惠：《国共两党新闻媒体对于韩国独立运动报道的比较研究——以新华日报和中央日报为中心》，转引自石源华《韩国独立运动政党与社团研究》，中国社会科学出版社，2003，第 272 页。

目前，对韩国光复军作战情况进行集中论述的作品，只有石源华的《韩国光复军战史述论》、王世新的《韩国光复军在华东地区》等少数成果。而韩国光复军第二支队编写的《韩国光复军小史》，不仅详细叙述了该军缘起、诞生和发展的过程，还以相对较大的篇幅和较专业的视角记述了该军的军政活动情况。作为出版于抗战期间较早的一部专门以韩国光复军为叙述对象的第一手原始史料，《韩国光复军小史》对于韩国光复军研究具有较高的参考价值。

三 《韩国光复军小史》的主要章节与内容

全书包括绪言、第一章《韩国独立战争之第一幕》、第二章《如火如荼的义兵运动》、第三章《光复运动由国内移至东北》、第四章《光复运动在东北之辉煌成绩》、第五章《九一八以后之韩国光复运动》、第六章《韩国光复军之成立》、第七章《两年半来的韩国光复军》以及结论等九个部分。

其中，绪言部分简要记述了韩国在远东的政治地位、日本吞并韩国的主要步骤，以及韩国志士奋起抗争的基本情况。

第一章主要叙述了韩国国防军被日本侵略当局解散的过程、1907年8月1日爆发京城韩军起义及被血腥镇压的经过。

第二章主要记述了由韩军起义引发的韩国义兵反日运动及遭日本侵略当局残酷打击的情况，还介绍了李麟荣、金秀敏等20位义兵运动领袖的简要生平。

第三章主要记述了义兵运动失败后韩国志士在中国东北开展武装复国运动的过程，并对"大韩西路军政署""北路军政署""韩国独立军""朝鲜革命军"及"高丽革命军"等五支重要反日武装力量进行了逐一介绍。

第四章主要记载了自韩国"三一"运动（1919年）至中国"九一八"事变前（1931年）韩国武装力量在中国东北进行反日活动的卓越成就，并对包括"青山里战役"在内数次重要战役的情况进行了概述。

第五章主要记载了"九一八"事变后，韩国独立军与中国军队组成中韩联军和中韩联合讨日军，以及朝鲜革命军在中国东北的武装抗日活动。

第六章主要记述了韩国临时政府在中国国民政府支持下，于1940年9

月 17 日在中国重庆组建韩国光复军这一重要事件的前后过程,并对韩国光复军之于韩国独立复国运动的意义给予了高度评价:"总之,韩国光复军是复活韩国的救星,是三千万韩人的革命灯塔,是三十多年来韩国光复运动的优秀传统的唯一继承者,是今后韩国独立解放斗争的灵魂。"①

第七章主要记述了自 1940 年 9 月成立至 1943 年 3 月该书出版为止,韩国光复军的主要军政活动和成绩。这是书中反映韩国光复军军事活动情况较集中的一章。

结论部分首先从历史、利害及道义三个方面分析了中国与韩国的紧密关系及中国支持韩国独立运动的必要性和重要性;其次从政治策略和战略两个角度分析了韩国光复军对于中国抗战、亚洲乃至世界和平具有的积极意义。

四 《韩国光复军小史》的史料价值

《韩国光复军小史》一书所具有的史料价值,除了存世量的稀少性和编者作为军事单位的特殊身份等方面外,更主要体现在内容上。

该书第七章对韩国光复军自成立以来两年又六个月时间内的军政活动进行了集中记述,并将其总结为 23 项,除去因保密问题隐去内容四项,实有 19 项。②

其中,军事及作战相关活动主要包括:(1)"派人赴敌后工作";(2)"在江西、福建、山西等处设立招募处,招募韩人";(3)"将韩国青年战地工作队全体收编为第×支队";(4)"选派优秀青年,入××战干团受训","在西安之干部均已参加××方面受训,受训期满";(5)"在山西展开对敌宣传";(6)"策动敌军中之韩籍青年反正";(7)"派干部参加第×第×战区政治部及参谋处担任审问日本俘虏及训练韩籍俘虏等工作";(8)"太平洋战事爆发后,旅美韩侨纷纷组织光复军美国支队,亦即韩国志愿兵。昨年二月下旬,洛杉矶首先成立一个支队,队长金荣九,'三一'节时举行阅兵

---

① 韩国光复军第二支队:《韩国光复军小史》,1943,陕西省图书馆馆藏,第 27 页。
② 本章记载的韩国光复军的 19 项军政活动中,有 7 项与韩国光复军总司令李青天所撰《世界大局与韩国光复军》一文(刊载于 1942 年 6 月 14 日《新华日报》)的相关内容较为接近,其余 12 项则为李文所无。李文见冯开文、杨昭全《大韩民国政府在重庆》,重庆出版社,1999,第 212~213 页。

式，由美境韩人联合委员会授军旗，参加者除美国当局外，尚有旅美中国志愿队，及菲律宾志愿队。4月4日及26日，中韩菲志愿队复联合举行阅兵游行。现在这三个单位，都在加尼福利亚'省防军'中受训，司令官是加省省长奥尔逊，受训完毕，或赴澳洲，或遭来远东正式参战"；（9）"华北沦陷后，日寇尽量逼韩人移民，现华北韩人至少有五十万以上。本军年来在华北颇有布置，陆续吸收韩国青年，现由敌后来投效本军者已达××人"；（10）"东北若干韩国战斗单位，现已取得秘密联络"；（11）"训练韩国军官之机构已在筹备中"。①

配合作战的政治宣传活动主要包括：（1）"在大后方各地从事抗敌宣传活动"；（2）"出版光复杂志，并编印各种小册子，阐扬韩国文物，鼓吹韩国革命"；（3）"自三月起，国际电台每周添设韩语广播，由临时政府与光复军派员分别担任，对韩国国内及敌国内广播"。②

该部分的内容，除了相对集中详细地记述了韩国光复军两年半时间内的军政活动，为研究韩国光复军史提供了丰富的信息外，其中所提到的韩国光复军官兵参加国民政府军事培训、韩国光复军海外支队、《光复》杂志及韩语国际广播等问题，也为进一步深入展开韩国光复军相关研究提供了线索。

另外，《韩国光复军小史》还对该军的诞生时间提出了较为新颖的看法。一般认为，韩国光复军在1940年9月17日正式组建于中国重庆。而该书认为，由于1907年8月1日日本侵略当局非法解散了韩国国防军，引发了韩国"志士豪杰"们"以眼还眼，以牙还牙""轰轰烈烈，正气弥天"的武装反抗，因此，韩国光复军的缘起应追溯到1907年8月1日。③

---

① 韩国光复军第二支队：《韩国光复军小史》，第28~30页。
② 韩国光复军第二支队：《韩国光复军小史》，第28~30页。
③ 此观点受到当时韩国独立运动人士广泛赞成。光复军总司令李青天在《韩国光复军的过去与将来》一文（刊载于1941年2月1日《光复》）中称："韩国光复军这个名称，骤然看来，好象是初次听见的新鲜名词。其实，自一九〇七年八月一日韩国国防军被日寇强迫解散之后，韩人对之称为'义兵运动'，也叫'光复军运动'。……三十年来为祖国光复独立而与倭敌流血斗争的韩国光复军运动，是极其光荣辉煌的"。转引自杨昭全等编《关内地区朝鲜人反日独立运动资料汇编》（下册），辽宁民族出版社，1987，第1003页。韩国临时政府外务部长赵素昂在《光复军总司令部成立报告》（刊载于《光复》1941年2月1日）中亦说"韩国光复军，早于一九〇七年八月一日国防军解散时，仍即成立"。转引自杨昭全等编《关内地区朝鲜人反日独立运动资料汇编》（下册），第1019页。当代学者石源华等也已注意到此问题，见石源华《韩国光复军战史论述》，《军事历史研究》1998年3期。

该书绪言部分写道："一九〇七年韩国国防军解散之日，也就是韩国光复军创建之时。这一点特别重要，因而值得提出来一说。明白此，即可知道韩国光复军并不是一个新名词，他早在三十六年前就存在了。故在东方弱小民族中，我们即称韩国光复军是第一支反抗日寇争取东亚和平的军队，亦不为过。"① 紧接着，该书在第一章对此问题进行了进一步阐述，认为1907年8月1日的"京城韩军起义，虽然失败了，但韩军对日之斗争……却反而扩大了、尖锐了。各地韩军，闻悉京城这悲壮的一幕后，都纷纷哗变，开始武装对抗运动，即'义兵运动'，亦称为'光复军运动'。故韩国独立者订八月一日为韩国独立运动的纪念日，亦即韩国光复军正式诞生之日"。②

作为以"韩国光复军"为正式名称的武装力量或军事集团，该军的诞生之日自然当属1940年9月17日，这是毫无疑问的。但是，假若以更宽泛的视野，将韩国光复军从一支军队的名称放大为韩国独立运动中军事斗争活动的象征或军事光复路线的代表，那么，称其缘起于1907年8月1日似乎也有其合理之处。《韩国光复军小史》一书将该军建军的时间提前了33年，虽可能有强调韩国光复军与其武装独立斗争的继承性和正统性，以利于宣传吸引韩国青年投效和动员中国军民增强对其支持的目的，但也为研究1940年9月以前韩国独立运动武装力量与韩国光复军之间的承继关系提供了某种启示。

Important Chinese Language Historical Materials on the Korean Revival Army

—A Review of *The History of the Korean Revival Army*

Pu Yuan

Abstract　The Korean Revival Army was the very significant force in Korean overseas armed anti-Japanese Zionist movement. And especially, it played an

---

① 韩国光复军第二支队：《韩国光复军小史》，第2页。
② 韩国光复军第二支队：《韩国光复军小史》，第5页。

important role not only in the Chinese Anti-Japanese War, but also in the South Korea's independent movement and the development of China-South Korea relationship. This book, *The History of the Korean Revival Army*, which records the origin, the army construction, as well as the relevant military and political activities, is considered to be the important Chinese historical materials in the study of the Korean Revival Army.

Key Words　The Korean Revival Army; Chinese language; historical materials; history

白凡金九遇刺事件真相探秘

宋 健

【内容提要】韩国反日独立运动家金九1949年遇刺身亡后，韩国有关方面曾进行过数次调查，但未取得实质性进展。1992年，事件真相调查工作重新启动，在政府部门和国会主导下，按照司法程序正式展开调查。但限于诸多因素，此事件真相迄今尚不能说已完全揭开，某些深层内幕仍为韩国民众及世人所关注，成为韩国现代史遗留至今的未解疑团。

【关键词】金九 遇刺 真相 调查

【作者简介】宋健，吉林省社会科学院朝鲜韩国研究所副研究员，历史学硕士。

金九（1876～1949），号白凡，韩国著名民族主义独立运动家和民主主义政治家。早年曾投身反日义兵活动及爱国教育运动。1919年朝鲜"3·1"运动爆发后流亡上海，参加大韩民国临时政府，历任要职，并发起创建韩国独立党、韩人爱国团，积极开展反日独立运动。1940年临时政府迁至重庆后，金九任主席，并组建韩国光复军，计划返国对日作战。1945年日本投降后，金九等"临政"人士以个人名义回国，全心致力于国家自主独立和民族统一大业，力主建立南北联合政府，并亲自北上平壤出席"4月南北联席会议"，与金日成等北方领导人共商建立南北统一政府事宜。1948年大韩民国成立后，金九拒绝参加李承晚政府，继续为国家的统一奔走呼号，招致李承晚政权的仇视和排斥。1949年6月26日，在首尔京桥庄寓所被陆军少尉安斗熙暗杀。金九生前所著自传《白凡逸志》一书，真实地记录了这位反日独立斗士为国家和民族的独立统一而不屈抗争的历程。

一 金九事件真相调查缘起

金九及其领导的大韩民国临时政府，在韩国反日独立运动史上占有重要地位，被尊为"国父"的金九先生，深受韩国民众的尊敬和爱戴。如今，金九先生遇害已60余载，韩国有关部门及民间团体对他遇害事件曾先后进行过多次调查。然而，由于历史、政治等诸多原因，金九被刺事件的真相迄今尚未完全揭开，其真正内幕仍然为韩国民众及各国史界所关注，成为韩国现代史的一个重大疑团。

韩国对金九遇刺事件内幕的调查活动，始终在政府部门或民间断断续续地进行着。1960年4月，李承晚政权被"4·19"人民群众斗争推翻后，韩国民众要求查明事件真相的呼声日益高涨，暗杀凶手安斗熙被司法部门拘禁。其实，安斗熙当年行刺金九后当场被捕，被判处终身监禁。然而不到一年时间，他便被释放，并重回陆军军部服役。这位暗杀反日爱国志士的凶犯像普通人一样正常生活，显然其背后有某种支持势力，使其受到特别庇护。此次韩国有关部门虽应民众呼声再次拘禁安斗熙，但并没有真正进行全面调查，不久安便再次获释，并受到有关方面的保护。

1961年，韩国发生"5·16"军事政变后，不仅政府关于真相的调查工作被搁置，就连民间人士发起的小规模调查活动也无法继续进行。其后历经朴正熙和全斗焕军事独裁政权时期，金九事件的调查甚至没有被政府部门提上日程，只是个人或团体组织的民间性调查活动在有限的范围内间断进行而已。

直到1992年，金九事件真相的调查才逐步走向正轨，开始在国会和司法部门的主导下，按照司法程序重新展开调查工作。该年11月，韩国成立了以李康勋[①]为委员长的"白凡金九先生遇害真相调查委员会"，向国会提交了要求查明金九遇害真相的请愿书，该请愿书随后被递交到法制司法委员

---

① 音译，以下部分人名亦同，不再一一注明。

会。1993年2月，法制司法委员会决议成立"请愿审查小委员会"，由国会议员姜信玉担任委员长，并于同年5月就重启金九事件调查举行会议，李康勋、姜信玉、史学者慎镛厦、金九之子金信将军及有关人士出席会议。自此，正式开始了对金九被刺事件真相的全面调查。

1994年1月，金九被刺事件的核心人物——安斗熙被传唤至国会接受调查。作为当年暗杀金九的直接凶手，安的供述和证言对查明事件真相无疑具有特殊的重要意义。虽然此时安斗熙已老迈多病，似乎无力供述更多的证言，但是他向调查人员提供了其平时口述录制的120盘录音带（即韩方所称"最后的证言"）。这些录音证言记述了他的经历和关于金九事件的许多内幕，为调查工作提供了很大帮助和极为重要的证据。调查委员会根据这些录音带中与金九事件相关的内容，择取其中有助于查明事件真相的部分进行整理和翻录，作为调查金九事件真相的第一手材料。

1995年12月，调查委员会经过多方走访和一系列调查取证工作，最后由姜信玉委员长和郑基镐、朴宪起等4名委员整理出初步调查结果，以《白凡金九先生暗杀真相调查报告书》[①]的形式提交至法制司法委员会并予以公布。

法制司法委员会的调查报告从内容上看，除综合了当时所掌握的有关金九事件的材料外，还调查获取了许多新的背景资料和相关人员证词，并据此对金九被刺事件的内幕进行了较为详尽深入的调查分析。但问题在于，在调查过程中，由于当年与事件有关的许多重要人物大多已作古，少数尚在世的相关人或知情者接受调查时虽提供了一些情况，但由于种种原因，很难判定其所讲述的是否完全属实，这给调查工作带来一定困难和障碍，调查报告书所作的分析和论断自然也不能作为金九事件内幕的最终结论。

尽管如此，韩国国会及司法部门组织的这次调查活动，仍具有必要性和重要性。长期以来，韩国某些人认为，金九被刺事件只是一次没有任何历史背景和政治目的的单纯的暗杀事件，安斗熙的暗杀行动不过是纯粹的个人单独行为，其背后不受任何政治势力操纵和指使，甚至称安刺杀金九是所谓"爱国"行为。显然，这种说法不符合历史事实，歪曲了历史真相。在这种

---

① 该调查报告书的内容见韩国"白凡金九先生纪念事业协会"网站，http：//www.kimkoo.or.kr/01kimkoo/sub.asp? pagecode=m01s04t09。

情况下，韩国有关部门依靠政府的支持和配合，组织开展这次事件真相的全面调查活动，其目的和意义便在于通过彻查事件真相，揭开历史谜团，澄清是非，恢复历史的本来面目。

二 凶犯安斗熙与《弑逆的苦闷》

截至调查委员会调查工作结束，韩国有关方面已掌握了大量有助于揭开金九事件真相的背景材料，包括许多事件相关人员或知情者的证言证词。其中备受关注的，莫过于当年刺杀金九的直接凶手安斗熙的供述材料。

陆军炮兵少尉安斗熙是韩国陆军士官学校第8期毕业生，作为韩国右翼团体"西北青年会"（简称"西青会"）成员，他曾加入金九等创建的韩国独立党（简称"韩独党"），同金九相识并有过多次接触。1949年6月26日，安斗熙在京桥庄行刺金九后，随即被押到宪兵司令部和特务队接受审问，后又受到陆军军事法庭审判。当时的审判记录目前已基本佚失殆尽，只有新闻媒体人吴苏白的《公判参观记》等存留至今，其中所记录的安斗熙供词，与后来安录制的"最后的证言"内容相比照有很多出入，说明安当时的供述并不完全真实。

在有关金九事件的背景材料中，韩国学艺社1955年10月出版的安斗熙的《弑逆的苦闷》，受到韩国调查人员和新闻媒体的重视，成为调查事件内幕的早期材料之一。调查人员最初正是从该书内容及出书背景入手，搜集众多事件相关人员提供的大量证词，逐步对金九事件真相展开调查和分析。

《弑逆的苦闷》是安斗熙行刺被捕后，以"狱中日记"的形式写成的。书中除记述他被捕后一个多月（1949.6.27～1949.8.2）的狱中生活和早年流亡中国等经历外，还记录了他在"西青会"的活动、加入"韩独党"以及同金九会面谈话等情况。安斗熙在书中称，他对金九的政治主张从认同到怀疑、反对，直至最后采取暗杀行动，在当时情况下难以避免[①]，云云。然而，对该书某些内容的真实性及出版目的，韩国舆论界从一开始就抱有怀疑态度，以致在当时引发出颇多争议。

关于出版该书的动机，安斗熙称是针对当时韩国国内流传的"总统和

---

① 〔韩〕安斗熙：《弑逆的苦闷》，韩国学艺社，1955。

军部是暗杀金九的主谋"①之说的回应,以此证明自己的暗杀行动是出于"忧国之念"而采取的单纯个人行为,不存在任何政治背景和幕后操纵势力。然而,联系当时韩国国内的政治背景,该书的出版还是耐人寻味的。该书出版之时,正值韩国第三届总统大选(1956年5月)前夕,为了在大选中争取主动,李承晚的执政党同原临时政府人士申翼熙、赵素昂等在野党之间明争暗斗,双方围绕选举的对立矛盾异常尖锐。正是在这种微妙的政治形势下,安斗熙《弑逆的苦闷》公开出版。人们普遍认为大选前出版该书是"临时赶写的应时之作",试图通过消除国民对金九事件真相挥之不去的疑惑,来提高民众对现政权的信任度和支持率,为李承晚一派在大选中再度获胜制造有利的舆论环境。

对外界的种种猜测和社会舆论,安斗熙最初极力否认,称其早在大选前几年就有意撰写此书,初衷只是为了表明其暗杀金九纯属个人行为,未受到任何人操纵和指使。直到数十年之后,他才在自己亲口录制的"最后的证言"录音中道出了当年的实情。在"最后的证言"中,安斗熙首次承认,当年撰写该书其实并非他的本意,而是在陆军特务队金昌龙、金一汉等人的劝诱下决定执笔的,初稿完成后经他人润色加工,付梓前特务队将其中敏感内容加以删改,使之成为在总统大选之前为李承晚政权造舆论的工具。

据此,韩国调查人员认为,可以基本认定《弑逆的苦闷》一书有内容失真之处,不可全信。尽管当年金昌龙等人通过删改该书重要内容,部分地掩盖了与金九遇刺事件有关的内幕,但从中仍可清楚地看出金九的政治主张与李承晚政权尖锐对立的情况,该书对调查金九事件真相仍具有重要的参考价值。

另外,从1955年汉城(首尔)警察局发行的《查察要览》中,也可以看出李承晚政权歪曲史实、企图掩盖金九事件真相的图谋,其中很多内容都是毫无根据地有意攻击、诬陷金九及其领导的韩国独立党的言论。②李承晚政权下的警察情报部门对金九和"韩独党"的敌视态度,由此可见一斑。

《弑逆的苦闷》的出笼和《查察要览》的失实内容,从一个侧面反映出李承晚政权同金九一派政治上尖锐对立的情况,不难看出李承晚政权掩盖事

---

① 〔韩〕姜信玉等:《白凡金九先生暗杀真相调查报告书》,韩国法制司法委员会,1995。
② 汉城警察局查察课:《查察要览:左翼·中间·第三势力·其他》,1955。

实真相、为金九事件寻找"正当"理由而煞费苦心,在客观上为人们了解金九被刺事件真相提供了一定帮助。

三 事件相关当事人的证言分析

1960年,李承晚政权在"4·19"人民斗争的打击下垮台,随着韩国有关方面对金九被刺事件展开调查,很多事件相关人或知情者通过不同途径,披露了当时鲜为人知的事件内幕。

1960年5月,韩国退役军人高贞勋最先对新闻界明确透露了金九事件中的主要幕后人物。据高贞勋称,他当年曾听炮兵司令官张银山说,金九被刺事件是国防长官申性模、外务长官林炳植等人密谋策划,由张银山、金志雄指使安斗熙实施的。① 高还进一步提供证言称,在金九事件中,总统李承晚也难脱干系,与事件的发生有着一定关联。② 高贞勋披露此内幕后数日,申性模就因受刺激而突发脑出血猝死,是日恰好是下台的李承晚流亡海外避难之日。

继高贞勋之后,1961年6月,"临政"人士朴东烨据其见闻和当事人证言材料也在报纸上连载发文,翔实地披露了当年暗杀金九的三次阴谋活动,特别是对安斗熙、洪钟万等人在实施暗杀计划中的作用进行了明确、具体的记述。③

此外,还有许多重要证人相继向调查人员提供了证言,其中包括时任宪兵司令官张兴、副司令官田凤德、"韩独党"前组织部长金学奎、炮兵司令部的李基连等人。他们作为金九事件的知情者或相关人,披露了不少有助于揭开事件真相的内幕,道出了一些幕后策划者。其中,宪兵司令张兴在其死后公开的自传中直言,"暗杀金九是申性模的指令"④。

进入20世纪70年代,韩国调查人员又掌握了不少有关金九事件真相的重要材料,其中包括暗杀行动的重要成员洪钟万于1974年5月以"手记"

---

① 〔韩〕吴孝镇:《安斗熙告白——暗杀组织的成员及其幕后》(续),《月刊朝鲜》1984年第8期。
② 〔韩〕《世界日报》1960年5月24日;《朝鲜日报》1960年5月26日。
③ 〔韩〕朴东烨:《白凡金九先生惨变目击记(1~3)》,《韩国日报》1961年6月24~26日。
④ 〔韩〕《月刊朝鲜》1984年第8期,第128页。

形式所作的证言。洪钟万被拘捕后，通过4篇手记比较全面地披露了金九被刺事件的内幕。据其在手记中交代，金志雄是事件的策划者，张银山下达指令，申性模等政界要人也介入事件，并曾先后三次密谋实施暗杀行动。① 对洪钟万所披露的内幕，朴东烨证实说"与事实相符"，而安斗熙却认为其言之无据，依然坚称自己暗杀金九是个人行为。1981年12月，安斗熙终于对新闻界承认，"金九被刺事件的真相要比传闻复杂得多"②，并坦言该事件确有幕后背景，但他并未言及暗杀事件的详情及内幕。

20世纪90年代，在调查人员和新闻媒体面前，安斗熙多次就金九事件提供较为具体的证言，其中仅1992年就先后供述6次。但他的多次证词前后不尽一致，令调查人员难以把握其真实度。1992年4月，安斗熙供称其经常从陆军特务队长金昌龙处得到刺杀金九的暗示。据安证实，在事发前两个月，金昌龙曾屡次表示要除掉金九，称"在白凡这棵大树下隐藏着众多赤色分子，必须将其伐倒"，并让他设法接近金九。③ 安还证实，行动之前，他曾与美军情报机构OSS（美国战略服务局）的一名中将有过接触，并得到刺杀金九的暗示。④ 另经韩国方面调查证实，OSS以及CIC（美军反情报队）、CIA（美国中央情报局）等美国情报机构负责韩国事务的美军将领，同韩国右翼团体"西北青年会"之间曾有过密切的情报关系。对此，韩国《东亚日报》及时作了特别报道，在国内舆论界掀起轩然大波。时隔不过两日，安斗熙在一次电视采访中又提供了新的证言，除金昌龙等外，又道出了原首尔市警察局局长金泰善、首都警察厅搜查科长卢德述等4名幕后人物。同时，他否定了美国人"暗示"等情节，称当时虽与美军中将会面两次，但同暗杀事件并无关联。

同李承晚政权一样反对金九政治路线的美国，当年是否也介入金九被刺事件，仅凭安斗熙前后不一致的证言显然难以断定，而且目前韩方尚无切实证据对此疑点加以判明。当时，《美国外交文书》曾公开了一份美国驻韩使馆于事发次日发往白宫的788号加急密电，其电文称："安斗熙行刺的主要

---

① 〔韩〕洪钟万：《白凡暗杀的真相——行动队员洪钟万告白手记（1~4）》，《东亚日报》1974年5月16~20日。
② 〔韩〕《中央日报》1981年12月18日。
③ 〔韩〕《朝鲜日报》1992年4月14日。
④ 〔韩〕《东亚日报》1992年4月13日。

动机是对金九反对大韩民国（单独政府）、主张同北韩合作等政治路线不满"。① 从这些已公开的美国官方文件及其他美军情报资料，可知美国当时已掌握了相当丰富的有关金九事件的情报，他们很可能事先了解这一暗杀计划。至于是否直接插手暗杀事件，或许只有在美国有关情报资料被更多解密后才可得知。

1992年6月26日，在金九遇害43周年纪念日这一天，安斗熙再次就金九事件提供证言，证实张银山和金昌龙曾一再表示要置金九于死地，且暗杀金九也是由张银山直接策划的。这一证言虽与该年4月的证言略有出入，但同1974年洪钟万的"手记"证言有共同之处，都强调了炮兵司令张银山等幕后策划人的作用。

通过对相关当事人的长期调查取证，并对所获取的大量证言进行全面深入的综合分析，韩国有关方面目前已大致掌握了金九被刺事件的基本脉络。他们得出的基本结论是，在金九事件中，主要由金志雄等负责与军警和政界高层人物进行联络，洪钟万等人具体策划行动计划，并在炮兵司令张银山的直接指示和安排下协同安斗熙具体实施暗杀行动。而国防长官申性模、宪兵副司令田凤德、市警局长金泰善、陆军总参谋长蔡秉德等军政要人，则为金九事件的主要幕后操纵人物。此外，元容德、金昌龙、金炳三、金圣柱等许多人，也都不同程度地与金九事件相关联。

金九事件发生后，韩国国内一直盛传"总统和军部是暗杀金九的主谋"。那么，李承晚总统是否作为幕后人卷入事件当中，便成为事件调查过程中的又一重大疑点，也是彻底查明事件真相的关键所在。在这个问题上，目前没有李承晚亲自指令暗杀的直接证据，却有不少知情者提供了许多与此间接相关的证言。除上述高贞勋指名道姓地直指李承晚与事件有关外，"韩独党"组织部长金学奎也对新闻界称"李（承晚）博士是幕后谋划者"②。更直接的则是金承学的证言，他证实说，同李承晚时常来往的崔荣镐曾告诉他说："李博士、申性模、元容德等人要谋害金九，实在令人寒心。"③ 独立运动家赵素昂则证实称，他在事发前数日拜会李承晚时，李以警告的口吻称

---

① 〔韩〕姜信玉等：《白凡金九先生暗杀真相调查报告书》，韩国法制司法委员会，1995年12月。
② 〔韩〕《朝鲜日报》1960年8月25日。
③ 〔韩〕《汉城每日新闻》1960年9月2日。

金九是"内通赤色分子",要金九今后"三思而行",足见其对金九联合左翼的做法深为不满。

关于李承晚是否直接介入金九事件,原"西北青年会"副会长金圣柱之死也可以作为旁证。金圣柱当年曾参与策划暗杀金九,他自己也对亲友公开言明,声称了解金九事件的幕后真相。后来他一度与李承晚关系不和,又反对李连选连任总统,更加深了双方的矛盾。1953年6月,金圣柱被金志雄诬告入狱,翌年4月,时任宪兵司令元容德等奉总统亲笔密令,将金圣柱秘密处死。对此,炮兵司令部李基连的证言称,李承晚所以要除掉金圣柱,是因为他了解金九被刺事件的内幕。另据前国会议员李相敦回忆,当年美国驻韩使馆的汉德森先生曾对他说,李承晚下野后流亡海外,也是为了逃避在金九事件中的责任。

此外,安斗熙也曾交代了一些与李承晚有关的问题。1961年4月,他提供证言说,当年他在被关押期间得知,李承晚总统十分关心他的情况,还嘱咐有关方面好好照顾其狱中生活。1992年9月,安斗熙又证实称,暗杀事发约一周前,他同申性模、蔡秉德等前往拜见李承晚,受到总统勉励,但不久他又否认了该证言。尽管安斗熙的证言总是反复无常,但对以上多方面的证言进行综合分析,将有助于了解金九事件真相和李承晚在其中的作用。

1992年以后,安斗熙利用数年时间,把他以往的全部供述材料和证言录制成120盘录音带,记录下许多有关金九被刺事件的背景和内幕,这就是他后来提交给事件调查委员会的"最后的证言"。虽然由于各种原因,该录音证言所述情况未必完全属实,有些内容前后也有明显出入,但较之早年的《弑逆的苦闷》一书,韩国调查人员认为安的"最后的证言"相对较为真实可靠,这些录音证言成为韩方调查金九事件真相的重要依据。

四 暗杀计划的策划与实施

在金九事件中,安斗熙及洪钟万、金志雄等主要当事人的活动,多是通过右翼青年团体"西北青年会"(简称"西青会")来进行的,该团体受到军警和政府部门的特别保护。这是因为当时警察机关和军部都需要一个能为自己效命的激进团体来对抗和打击反对势力,而"西青会"则迫切需要来自军警和政府方面的支持和资金援助。该组织成立以来,同军警情报部门保持着紧密联系,为其忠实效力。

　　1947年,安斗熙投奔时任"西青会"副会长的故交金圣柱等人,不久加入"西青会",任该团体首尔钟路支部事务局长。在同军警部门密切接触的过程中,"西青会"获得了必要的政治支持和经济援助,安斗熙也利用这种关系结识了不少政界和军警界头面人物,其中包括首尔市警局长金泰善、炮兵司令张银山、陆军特务队长金昌龙等。金昌龙当时虽然不过是大尉级的情报官员,却深得李承晚及蔡秉德、申性模等大人物的赏识和信任,成为情报界炙手可热的实权人物。

　　在"西青会"活动期间,安斗熙还结交了军事情报人员洪钟万和同乡金志雄。三人相识后,交往十分频繁,受金、洪影响,安斗熙开始逐渐以情报人员自居,同军警情报部门的关系也日益密切,最后不仅参与了策划暗杀金九的活动,而且充当了刺杀行动的直接实施者。

　　根据对大量证言材料的分析,韩国调查人员确定,暗杀金九的计划大约是从1948年末至1949年初开始正式策划的。暗杀计划的付诸实施则是在1949年6月下旬,并曾先后三次采取了具体行动。由于一些意外因素,前两次暗杀行动均告流产,最终在6月26日的第三次行动中,安斗熙在京桥庄行刺得手。

　　据"韩独党"原组织部长金学奎在《血泪的告白》中回忆,1948年12月中旬,他昔日在中国东北结识的韩国青年崔某向其透露说,"西北青年会"最近成立了一个秘密组织,正准备密谋策划暗杀金九,让其随时注意防范。但由于数月来京桥庄并未发生突发事件,金九先生也未曾遭不测,使得金学奎没把该消息放在心上。

　　后来,随着安斗熙等一部分"西青会"成员加入韩国独立党,暗杀金九的计划开始进入具体策划和实施阶段。当时,主张"西青会"部分成员加入"韩独党"的是白润镐和洪钟万。1949年1月,白几次找到金学奎,提出"西青会"成员加入"韩独党"的请求,后经金学奎帮助斡旋,洪钟万等10余名"西青会"成员加入"韩独党"。随后,金志雄和洪钟万劝说安斗熙也加入该党,并把他介绍给金学奎。这期间,洪钟万和安斗熙为取得金学奎的信任有意与之接近,经常邀他一起饮酒、叙谈,席间还信誓旦旦地表示愿为金九效命赴死云云。结果,金学奎被安斗熙等人的"肺腑之言"所蒙蔽,没有觉察到他们虚情假意背后的真正图谋,将安斗熙介绍给金九相识,使其日后有了接近金九的便利条件和机会。洪、安通过与金学奎的频繁接触,将掌握到的"韩独党"内部情报和金九的日常活动安排,提供给金志雄和张银山、金泰善等人,便于他们在幕后策划和操纵暗杀行动。市警局长金泰善则为金志雄提供活动经费,金志雄再将这些资金分发给洪钟万、安斗熙等人。

经过数月的精心策划和准备,洪钟万、安斗熙等人终于等来了实施暗杀计划的机会。1949年3月以来,韩国政坛因所谓"南劳党国会支部间谍事件"而一度出现混乱,国内政治气氛异常紧张。5~6月间,一大批国会议员因受该事件牵连,相继被拘捕,并接受调查。暗杀金九计划的第一次行动,正是借韩国有关部门对涉嫌国会议员展开第二轮搜捕的机会进行的。当时有媒体报道称,卷入事件的国会副议长金若水("韩独党"派)正隐藏在金九寓居的京桥庄内,洪钟万、安斗熙等遂以搜捕金若水为借口,于同年6月23日夜率领10余人直奔京桥庄,打算在混乱中趁机杀害金九先生。可是这一天金若水并没有藏匿在京桥庄,使得安斗熙等人无从下手,第一次暗杀金九的计划遂告流产。

据安斗熙"最后的证言"录音带证实,炮兵司令张银山当时正在首尔大学医院住院,名为治疗养病,实则是在幕后直接操纵指挥暗杀金九的行动。第一次暗杀行动失败后,张银山对前来的金志雄、洪钟万、安斗熙又布置了第二次行动方案。此次打算借6月25日在公州召开"建国实践员培养所"(金九创建)集会的时机,对届时前去参会的金九再下杀手。可是,由于当天早晨公州警察署临时告知不准此次集会,金九等人未能成行,使不知情的安斗熙等杀手们在预定地点空等一场,第二次暗杀行动再次落空。当晚,张银山将安斗熙找来,指示他下次单独执行暗杀计划,务必要成功。

6月26日近中午时分,安斗熙若无其事地独自来到京桥庄,要求拜见金九先生。由于安斗熙此前曾数次前来拜访,金九的秘书们消除了戒备心。然而没过多久,楼上便传来几声枪响,一生为反日独立运动奋斗的金九先生就这样倒在了自己同胞的枪口下。就在秘书们愤怒地痛殴安斗熙时,一群宪兵迅速赶到京桥庄将安斗熙押往宪兵司令部。翌日,根据陆军总参谋长蔡秉德的电话指示,安斗熙又被移送到陆军特务队。

事件发生后,宪兵们何以神速地出现在事发现场,难道他们事先就布置在京桥庄周围？据当时宪兵司令部的值班士官吴锡满等人证实，当天事发前一小时左右，宪兵巡察课长金炳三曾下达非常召集令，十五六名宪兵和数辆吉普车、摩托车在司令部主楼后面随时待命。①

另外，安斗熙在到达京桥庄之前，曾在对面的一个茶馆逗留片刻，当时有很多宪兵也来到该茶馆。事发后迅速赶到现场的是否就是这些宪兵？他们及时将安带走，是否有出于保护他的目的？这些都成为金九事件中有待进一步证实的诸多疑点。② 这些疑点如果属实，至少可以说明安斗熙行刺金九，绝非如他所说，是毫无任何背景和操纵势力的单纯的个人犯罪行为，而是有着深厚复杂的幕后背景的一场政治谋杀。

五 对行刺者的审查和判决

民族独立运动家、韩国"国父"金九的遇害，犹如一场强烈地震，在韩国国内造成巨大震荡和冲击。韩国社会各阶层人士和广大青年学生，纷纷从全国各地赶到京桥庄，怀着悲愤的心情，悼念这位为民族独立和国家统一而毕生抗争的斗士。他们将各种血书贴满京桥庄内外，誓言继承金九先生的遗愿，继续其未竟的事业，最终实现国家和民族的独立统一。1949年7月5日，韩国为金九举行了隆重的国葬，各界群众云集首尔，泪别这位令人敬仰的民族独立运动家。

在韩国举国痛悼金九的时刻，当局有关部门对暗杀事件的态度和调查结果难以令广大民众满意。事件发生的当天下午，宪兵副司令田凤德对外宣称：待凶犯恢复清醒意识后，将对事件真相进行严肃调查，不过就当前所知，安斗熙行刺金九似乎是单独的个人犯罪行为。6月27日，国防部报道科称：事件真相正在调查取证中，据目前已查明的情况，安斗熙作为"韩独党"党员时常接近金九，案发当天他拜访金九时，双方发生激烈争辩，以致安激愤下萌生杀意而枪杀金九。6月30日，总统李承晚发表公开声明，强调暗杀事件是由韩国独立党的党内纷争所导致，要求国民不要对此妄加猜

---

① 《京桥庄枪声43年》，〔韩〕《朝鲜日报》1992年4月17日。
② 〔韩〕吴孝镇：《安斗熙告白》（1），《月刊朝鲜》1984年第6期；〔韩〕李敬南：《谁杀害了金九？》，《新东亚》1983年第4期。

测和评论，如此也是为了维护金九的声誉。①

从以上国防部的报道，特别是李承晚耐人寻味的声明不难看出，韩国当局似乎在有意引导民众将此事件看作是因"韩独党"内部矛盾引起的偶发事件。而且军方和警界也联合发布告示，希望民众不要散布和轻信流言，要信任和协助军警进行调查。尽管如此，有关金九事件的各种传言依然在坊间流布，人们心中的疑云始终挥之不去。

另外，当李承晚得到田凤德有关金九事件报告后，认为准备负责事件调查的宪兵司令张兴原属"临政"系统，与金九关系密切，不适合调查此次事件，遂命令将张兴解职，由副司令田凤德代行宪兵司令官一职，负责调查工作。这更加深了国民对事件幕后背景的疑惑，急切希望政府能对事件真相做出全面认真的调查。

然而，韩国有关方面对事件的调查处理方式，却令国民的期待落空。最明显的是，陆军少尉安斗熙在行刺被捕后，不论是在宪兵司令部，还是在陆军特务队，不是先以暗杀凶犯的身份接受审讯，而是受到军部方面特殊的礼遇，并首先接受了医疗护理。这一切都是在国防长官申性模等的直接指示下，由特务队长金昌龙具体安排进行的。当金昌龙与拘禁中的安斗熙相见时，两人之间完全不像是审问和被审问的关系，而是边喝咖啡边交谈，气氛相当友好欢快。不仅如此，金昌龙还将临时关押安斗熙的特务队值班室改建成设施齐全的特殊监房，使其在押生活与常人相比有过之而无不及，甚至其眷属和军部的人可随时前来探访，金志雄还曾给他送来一大笔"慰问金"。这样，安斗熙在有关方面的特别关照下，过起了一段非同寻常的舒适的"监狱"生活。

作为一个暗杀爱国志士的凶犯，在押期间能享受如此非凡的特殊待遇，安斗熙本人或许没有想到，普通民众对此更是无法想象。但这种看似有悖常理的做法，对那些有意保护安斗熙的幕后人来说，或许是一件很正常的事情。正是在这种特别庇护下，对安斗熙最初审查成了出于某种政治需要的一种形式。当金昌龙同两名审查人员讯问安斗熙时，他们甚至客套地给这位"安少尉"递烟，明确告诉他"不想说的话不说亦可"。当安斗熙供述洪钟

---

① 〔韩〕姜信玉等：《白凡金九先生暗杀真相调查报告书》，韩国法制司法委员会，1995年12月。

万、金志雄、张银山等幕后人的事情时,审查官又暗示他不必过多牵扯"上级"的事,同时在审查记录中尽量隐去其口供中与"上线"关联之处,最后不经安斗熙本人复核,便让他在审查报告书上签字上报。

1949年7月20日,韩国军方公布了对金九被刺事件的调查结果。8月3~6日,陆军军事法庭对安斗熙进行了审判,其罪名主要有两条:第一,违反了《国防警备法》第43条"军人禁止加入任何政党或党派"之规定;第二,涉嫌枪杀金九。经过一番庭审和辩论,安斗熙最终以谋杀罪被判处终身监禁,关押在首尔梨泰院陆军监狱,后移送至大田监狱。

安斗熙虽然被判处终身监禁,但在申性模、金昌龙等主导下,仍能受到特殊关照,在条件优越的单人监房,继续过着非同一般囚犯的狱中生活。如此过了不到一年,1950年6月25日,朝鲜战争爆发。6月27日,根据韩国有关当局的指示,安斗熙被免刑释放,重新回到原陆军军部服役,不仅恢复了军职,还在短期内从少尉连续晋升至大尉军衔。

1960年4月,李承晚政权在"4·19"人民起义的浪潮中垮台,被迫下野的李承晚流亡夏威夷避难。当时,韩国民众强烈要求重新调查当年金九遇刺的真相,正是在这种日渐高涨的民众呼声中,安斗熙于1961年4月再次被韩国司法部门拘押审查。可是还没等此次调查进行,有关部门又以"无法律依据对其拘禁"为由,对安斗熙采取保护措施并再次释放。这样,此后数十年间,这位暗杀反日民主人士的凶手,又以"自由人"的身份逍遥世间。期间,安斗熙虽未再受到司法部门审查,却屡遭民间人士暗查和袭击,终日生活在惶恐不安之中。①

1992年11月,随着"金九事件真相调查委员会"成立,韩国对金九事件的调查在政府和司法部门主导下纳入正轨。迄今为止,金九被刺事件的大部分真相已基本查明。金九的遇刺,绝不是没有任何幕后背景的偶然发生的个人犯罪,而是有预谋、有组织、有准备、有分工的政治暗杀事件。行刺者安斗熙只是在其中充当一个杀手角色而已,而李承晚政权下的军警当局,应该说是这一复杂的暗杀事件的幕后靠山和真正元凶。

当然,对于一桩历史上的政治谋杀案,由于多数证言材料还难以真正触及其深层内幕,因而韩方此次调查结果也不能成为金九遇刺事件的最终结

---

① 1996年10月23日,安斗熙在仁川的私宅中被韩国义士朴琦绪袭杀身亡。

论。作为彻底查明事件真相的关键所在,李承晚和美国军政当局是否直接介入暗杀事件等重大悬疑问题,还有待于韩国有关部门和历史学者继续调查和探究,只有如此才能彻底揭开金九被刺事件的真相。

Report on the Truth Investigation of Kim Koo's Assassination Incident

Song Jian

Abstract　Since Mr. Kim Koo (Baek Bum), the leader of Anti-Japanese independence movement of South Korea, was assassinated in 1949, the truth investigation of the incident had been carried out several times interiorly, but it didn't carry through thoroughly as a matter of fact. Until 1992, under the domination of Korean government and congress, the investigation was not restarted formally according to the judicial process. However, limited to various kinds of factors, the truth of this incident are not yet revealed thoroughly up to now. Some deep-inside truth are still paid close attention by the people of South Korea and the world, and become an uncovered mystery that Korean modern history has left so far.

Key Words　Kim Koo; assassination; truth; investigation

近代中韩宗藩关系嬗变原因探析
——建构主义的视角

张 弛

【内容提要】从19世纪中叶以来,西方殖民主义对东亚地区渗透的不断加深和新兴日本帝国主义的崛起,极大地改变了东亚传统的权力政治格局,使以中国为中心的传统封贡体制面临严峻的挑战。在这一国际背景下,中韩宗藩关系在19世纪后期发生了某种由礼仪性向实质性的转变。这种变化的发生,不仅有权力结构变化的因素,也源于观念结构的转变。在这一时期,朝鲜、清朝和列强关于中韩宗藩关系认知上的矛盾,导致了中韩两国对宗藩制度逐渐由认同走向分歧,并最终使传统宗藩观念结构崩毁。中韩宗藩关系,也在旧观念趋于瓦解和新认同尚未形成的这一段转型时期,偏离了传统的轨道,走上了一条畸形的发展道路。

【关键词】朝鲜 清朝 列强 宗藩关系 建构主义

【作者简介】张弛,复旦大学国际关系与公共事务学院外交学系博士研究生,主要从事中韩关系研究。

近代中韩宗藩关系嬗变问题一直是学界关注的一个热点。学界普遍认为,坚持传统宗藩制度下不干涉属国内政原则的清政府,在日本和西方殖民势力不断渗透朝鲜的背景下,主动调整政策,积极参与甚至干涉朝鲜的内政外交,使中韩关系在19世纪80年代至90年代中期出现了宗主权明显强化的现象。① 这一时期，清朝对于朝鲜事务的干涉，甚至被一些外国学者批评为"清帝国主义"。② 对于近代中韩宗藩关系这种变化原因的解释，以往大多数研究都将其归结为日本和西方列强等外部势力对朝鲜的渗透威胁到了清朝的安全利益，为了应对这一外来的安全挑战，清朝不得不采取加强控制朝鲜的政策。③ 这种观点从当时东亚国际政治体系中权力分配变化的角度解释了近代中韩宗藩关系转型的缘由。然而，笔者认为，单以外在国际局势的变化来解释中韩关系的嬗变，其力度是不够的；尤其是在阐释为什么清朝要积极干涉朝鲜内政外交时，"外因说"显得更加单薄。因此，笔者拟从建构主义的视角，通过研究中韩两国对于宗藩关系认同的变化，辅之以探讨列强对于宗藩关系的理解，考察中韩关系中观念结构的变化，挖掘近代中韩关系嬗变的内在动因。

一 "外因说"面临的困境和建构主义解释的基本路径

"外因说"的解释路径是根据清朝在朝鲜问题上面临外来威胁的出现和东亚权力结构的变化，分析近代中韩关系嬗变的原因。虽然这一分析有其自身的合理性，但是却面临着难以解释清朝在朝势力兴衰和外部威胁消长不

---

① 所引观点涉及的代表性著作，参见陈伟芳著《朝鲜问题与甲午战争》（三联书店，1959）；〔韩〕李瑄根著，林秋山译校《韩国近代史》（台北：中华丛书编审委员会，1967）；林明德著《袁世凯与朝鲜》（台北中研院近代史研究所，1970）；Key-hiuk Kim, *The Last Phase of the East Asian Order: Korea, Japan and the Chinese Empire* (Berkeley: University of California Press, 1980)；徐万民著《中韩关系史》（近代卷）（社会科学文献出版社，1996）；王如绘著《近代中日关系与朝鲜问题》（人民出版社，1999）；〔韩〕具仙姬著《韩国近代对清政策史研究》（首尔：惠安图书出版社，1999）；宋慧娟著《清代中朝关系嬗变研究》（吉林大学出版社，2007）；Kirk W. Larsen, *Traditions, Treaties and Trade: Qing Imperialism and Chosŏn Korea, 1850–1910* (Cambridge and London: Harvard University Asia Center, 2008)；〔日〕冈本隆司著《属国与自主之间——近代中韩关系与东亚的命运》，黄荣光译（三联书店，2012）；张礼恒著《在传统与现代性之间——1626~1894年间的中朝关系》（社会科学文献出版社，2012）等。
② 关于"清帝国主义"的代表著作，参见 Kirk W. Larsen, *Traditions, Treaties and Trade: Qing Imperialism and Chosŏn Korea, 1850–1910*。
③ 学界关于清韩宗藩关系嬗变原因的探讨，Joshua Van Lieu 根据对一系列代表性著作的研究，得出了以上的结论。参见 Joshua Van Lieu, "The Politics of Condolence: Contested Representations of Tribute in Late Nineteenth-Century Chosŏn-Qing Relations," *Journal of Korean Studies*, 14, No. 1 (2009), pp. 84, 110。

对称的困境。建构主义的思路则跳脱了现实主义权力结构变化的束缚,考察宗藩关系观念结构的变化,从观念由共识走向分歧的角度思考近代中韩关系的这一变局。

现有大部分讨论近代中韩关系的学术作品,在考察近代中韩宗藩关系嬗变时,基本上都遵循着一种现实主义的逻辑方式:即由于日本帝国主义和西方殖民主义势力对朝鲜的渗透,引起了清朝的警觉,为了保证本国安全利益,清朝一改对朝鲜的消极放任政策,积极干涉朝鲜国内事务,促使了近代中韩宗藩关系由礼仪性向实质性的转变。中国当时防范的主要对象有"日本说",亦有"俄国说",但以"日本说"为主①。这一因果逻辑从19世纪后期东亚国际体系中权力结构变化的事实出发,分析了中韩宗藩关系变化的原因。但是当笔者重新检阅相关史料时,却发现这种逻辑下所应演成的中韩宗藩关系变化趋势和实际变化趋势有所出入。

如果我们将1876年《江华条约》的签订作为中韩宗藩关系转型的起点,考察1876~1894年中韩宗藩关系的变化趋势,会发现清政府对朝鲜事务的干涉呈现出一种日益频繁和强化的态势。19世纪90年代初,清朝在朝鲜的政治经济势力达到顶峰。如果再将这一时段细分的话,以1882年的壬午兵变为分界点,前段时期,清政府对朝鲜政府主要还是采取引导和劝诱的政策,尽量利用两国官员私下的联系沟通等间接方式来实施清朝在朝鲜的政治意图。而在后段时期,清政府开始直接干预朝鲜的内政外交,特别是1885年袁世凯任"驻扎朝鲜总理交涉通商事宜大臣"后,清朝对朝鲜国内事务的干涉更加激烈,袁世凯俨然成了朝鲜的"太上皇"。

但是,清朝对朝鲜事务干涉程度的强弱和清朝当时面临的外部威胁力量的大小基本上呈现一种反向发展的关系。如果说中韩宗藩关系转变的主要源

---

① 主张日本是清朝在朝鲜问题上的主要警惕对象的论著主要有陈伟芳著《朝鲜问题与甲午战争》,林明德著《袁世凯与朝鲜》,王如绘著《近代中日关系与朝鲜问题》,宋慧娟著《清代中朝关系嬗变研究》,Kirk W. Larsen, *Traditions, Treaties and Trade: Qing Imperialism and ChosŎn Korea, 1850-1910*,〔韩〕睦银均著《清末中韩宗藩关系之考验》(《中国文化研究》1994年夏之卷),戚骥著《试论清政府对朝鲜政策(1885~1894年)变化形成之原因》(《白城师范学院学报》,2006年第2期)等;主张俄国是清朝主要防范对象的论著主要涉及论及俄韩关系的著作,如潘晓伟著《俄国对朝政策研究(1860~1910)》(博士学位论文,吉林大学东北亚研究院,2009年)等。但应当注意的是,许多研究近代中韩关系史的作品,在论及此问题上,均将日俄两个因素纳入了清政府防范政策的考虑范围内,但这些作品在论及俄国因素时的着墨远少于日本因素,可见在此问题上学界的主流倾向。

头来自日本威胁的话,那么日本对朝鲜的渗透过程恰恰呈现一种相反的趋势:即 1876~1881 年间,日本基本上独占着朝鲜,并且几乎垄断了朝鲜的对外贸易。这一期间被称为"日本独占权的形成"① 阶段或日本的"单边帝国主义"② 时期,没有任何外国势力能与之匹敌。而在 1880 年代中期以后,日本在朝鲜的势力与清朝相比明显衰落。这一点可以从政治和经济两方面得到论证。

首先,在政治上,日本对朝政策日趋消极和保守,不仅力图避免与清朝在朝鲜事务上正面冲撞,而且鼓励清朝干预朝鲜国事。1885 年,井上馨向李鸿章提出的《朝鲜外务办法八条》,标志着当时日本政府在对朝问题上向清朝妥协政策的抬头。此后直至甲午战前,日本在朝鲜问题上几乎没有太大作为。特别是在 19 世纪 90 年代初日朝关于"防谷令"事件③的交涉中,日本被迫寻求中国调停,充分反映了日本在朝鲜的软弱无力状态。④ 尽管日本的消极态度有自己的考虑,但在此期间日本在朝鲜政治影响力的下降的确是不争的事实。

其次,在经济上,日本在朝经济实力的相对衰退,更加能够从一系列统计数据反映出来。例如,朝鲜海关统计数据显示,1885~1893 年的 9 年间,朝鲜对日进出口贸易的增幅分别只相当于对清进出口增幅的 8.17% 和 23.47%。⑤ 同时,日本在朝鲜开港以来所一直垄断的贸易优势受到中国的严重挑战,特别是在对朝输出贸易的竞争上,中日输出额对比从 1884 年的 15:85 迅速发展至 1893 年的 49.11:50.23 大体持平的状态⑥,华商还从日商手中夺取了对朝洋货输入贸易(这是朝鲜最大宗进口)的主导权,超过日

---

① 〔韩〕都在淑:《朝鲜 开港期 外势 渗透에 대한支配层의认识과对应에 관한研究》,博士学位论文,首尔:庆熙大学政治学科,2000。
② Kirk W. Larsen, *Traditions, Treaties and Trade: Qing Imperialism and Chosŏn Korea, 1850 - 1910*.
③ "防谷令"是朝鲜地方政府禁止谷物输出的禁令,即受灾害以致谷物歉收时,收成的谷物供辖区内居民之用。1889 年 10 月,咸镜道与黄海道歉收,监司赵秉式没有预告而公布"防谷令",接着 1890 年 3 月,黄海道监司吴俊永也没有预告而公布了"防谷令",禁止向日本输出大豆,引起了日朝之间矛盾的激化,继而清政府也介入日朝两国关于该事件的交涉。
④ 王如绘:《近代中日关系与朝鲜问题》。
⑤ 该比例源自根据对朝鲜历年进出口统计数据的计算,参见韩国学文献研究所编《朝鲜海关年报(1885~1893)——中国海关年报附录》,首尔:亚细亚文化社,1989。
⑥ 〔韩〕崔光植:《韩国贸易史》,首尔:海上张保皋纪念事业会,2004。

商成为朝鲜出口黄金的最大买家。从1888年起,"清国商人抬头论"开始蔓延,日本驻朝鲜各地的领事馆纷纷担心清朝商人在朝鲜市场抬头,[①]反映了日本对在朝经济实力相对衰退的恐慌心理。

从以上政治、经济两个方面的分析可以看出,从19世纪80年代中期以后,日本在朝鲜的总体势力下降而清朝却有很大的增长。那么,为什么当清朝的主要对手日本在朝鲜的势力上升时,清朝迟迟没有直接干预,在日本势力逐渐下降时,清朝却加强了对朝鲜的直接控制呢?当然,西方殖民势力在19世纪80年代后次第与朝鲜缔约、开始渗入朝鲜可能是清朝加强干预的一个因素。但是,朝鲜与西方的缔约,本身就是清政府推动的,是其"以夷制夷"的重要手段。而且西方列强在朝鲜的影响力较中日两国都相差甚远,亦没有任何一国政府在朝鲜问题上采取与中国直接对抗的政策。[②] 即使是清政府最为担心的俄国,在西伯利亚大铁路修建之前,对朝鲜主要采取的也是一种"谨慎的政策",只是消极地反对中国改变朝鲜状况的任何企图[③]。目前,清朝在朝鲜的政治经济势力在19世纪80年代中期后急剧膨胀的结论已被大多数学者所接受。那么,为什么清朝在本国在朝鲜势力增长而外来威胁下降时,反而加强了对朝鲜的控制?清朝对朝鲜的领土既没有野心,也没有改变其属国现状的愿望,[④] 强化对朝鲜的宗主权又是出于何种考虑?显然,传统的权力结构改变说,对于这一疑问的解释显得相对无力。所以,转换视角,以建构主义的视野来重新考察近代中韩宗藩关系的演变,似乎可以给我们一个更加令人满意的答案。

社会建构主义是20世纪80年代末逐渐发展起来的一种国际关系理论范式。与当时主流理论(主要是指新现实主义和新自由主义)强调物质作用

---

① 〔日〕古田和子:《上海网络与近代东亚——19世纪后半期东亚的贸易与交流》,王小嘉译,虞和平审校,中国社会科学出版社,2009。
② 19世纪80年代至90年代中期,西方列强对于清朝加强宗主国地位的活动态度不一,但并没有某一国政府在此问题上与清朝直接冲撞。关于西方列强对于近代中韩宗藩关系的态度,参见〔日〕冈本隆司著《属国与自主之间——近代中朝关系与东亚的命运》,黄荣光译,第319~437页。
③ 〔美〕安德鲁·马洛泽莫夫:《俄国的远东政策1881~1894年》,商务印书馆,1977。
④ 二次"俄韩密约"后,清朝内部曾有过关于如何加强朝鲜管理的争论,其观点主要分为三派:一是在朝鲜设置监国,二是将朝鲜收为郡县,三是使朝鲜中立;但是这三种观点均没有被清政府所采纳。相关历史文献的佐证参见吕萍著《清政府对朝鲜干涉政策研究(1885~1894)》东北师范大学历史文化学院硕士学位论文,2005,第19~22页。

不同的是，建构主义强调观念的作用，认为观念不仅可以指导行动，而且还能建构国家的身份，从而确定其利益。国际关系的变化主要不是取决于国际体系中物质（权力）结构的变化，而是更多地取决于观念结构的变化。国际关系中的规范、制度、认同和文化都是建构主义研究的重要概念。建构主义通过研究规范、制度及文化如何形成、发展和发挥作用，考察它们是如何取得合法性，得到国家行为体的认同，并影响国家利益和偏好。① 从建构主义的视角来考察清韩宗藩关系发展过程，要研究清韩宗藩体系的观念结构的建构和解构的历史：两国间的宗藩制度是如何建立、发展并取得清朝、朝鲜两国的认同，从而维持两国间稳定关系的发展；两国对于宗藩制度的认同又是如何走向分歧，使宗藩制度走向崩溃而导致两国间关系的异变的。

二　认同向分歧转变：近代中韩关系嬗变的内在原因

从观念结构变化的角度重新审视近代中韩宗藩关系的发展史，大体上是中韩两国对于宗藩制度由抵制走向认同再走向分歧的一个过程。对于制度的认同导致了中韩宗藩关系成为东亚封贡体系下的典型代表，对于制度理解的分歧则导致两国传统关系在19世纪晚期走向了畸形发展的道路。

1. 走向认同：开港前清韩宗藩关系稳定发展的观念基础

清韩宗藩关系正式建立的现实基础是1627年、1636年满人对朝鲜两次军事征服。清朝通过强迫朝鲜与之签订城下之盟，达到了使朝鲜从明朝藩属国转变为清朝藩属国的目的。然而，这种依靠军事压力建立起来的宗藩关系无法使朝鲜产生对清宗主地位的心理认同。清初，两国之间互相猜忌、矛盾重重。朝鲜君臣常常以"胡皇""鞑清"来指代清帝和清国，视清朝为狄夷政权，否认其是中华正统。朝鲜孝宗国王在位时，暗中联络反清势力，并且重用宋时烈等义理派人士，筹划"北伐"，谋图匡复明朝。肃宗在位时，又

---

① 建构主义本身亦是流派分立。但主要分为以温特、奥努弗等为代表的主流建构主义和以阿什利、德里安等为代表的批判建构主义和后现代建构主义（参见秦亚青主编《文化与国际社会》，世界知识出版社，2006，第5~7页）。本文所述的"建构主义"视角，是借用温特的主流建构主义理论，强调国际关系的"建构"而非批判派和后现代主义所重视的"解构"。关于温特的建构主义理论，参见〔美〕亚历山大·温特著《国际政治的社会理论》，秦亚青译，上海世纪出版集团，2008。

修筑大报坛,倡导尊周思明,鼓吹"胡无百年之运"。另一方面,清廷也从未放松对朝鲜的戒备心理,顺治年间"六使诘责"事件①的发生,康熙年间清朝敕使数次来韩"查问"和"勘罪"的活动,都显示出清廷对朝鲜所谓的忠诚并不信任。因此可以说,清初的中韩宗藩关系虽存其名,却没有互相认同之实。在朝鲜,反清势力一直暗流涌动。在清朝,朝廷也一直对朝鲜作为藩属的忠心存在一定的疑虑。

清入关以后,对朝政策逐渐由强硬转向怀柔,顺治、康熙、雍正诸帝先后通过释放朝鲜人质、削减贡物、救济灾民、礼遇朝鲜使臣等一系列活动,向朝鲜释放友好信号,并在一定程度上得到了朝鲜的回应。同时,朝鲜通过两国间官方使节互通和民间交往,逐渐对清廷有了新的认识。至乾隆时期,所谓的"华夷之辨"观念已经淡化,相互承认逐渐代替了疑忌。正祖国王的一番话:"……事大之节,固当尽以诚,而况今皇帝之于我国乎?"② 不仅表达了对乾隆帝的感恩,也标志着朝鲜全面接受了清王朝的宗主地位。③ 同样,乾隆帝也称赞朝鲜于藩服中"最为恭顺",可见此时清廷对朝鲜的警戒之心已消除殆尽。

从清军入关到乾隆时期的一百年左右的时间内,清廷和朝鲜通过长期频繁的交往互动,以及对于互动过程中一系列惯例的长期遵循,逐渐构建了两国之间的宗藩制度。宗藩制度又反过来约束和影响了两国各自的利益和偏好,促使两国重新建构起各自在双边关系中的身份:清朝视朝鲜为属国,行册封之礼而不问朝鲜之事;朝鲜也视清朝为宗主国,行贡献之事而不背清独立。清韩两国对于宗藩制度的一致认同,使得宗藩关系的稳定有了坚实的内部基础,促进了两国间友好关系的发展。

2. 观念基础动摇:开港后各方对宗藩关系认知的不同立场

19世纪中期以后,西方殖民势力在东亚的不断渗透和明治维新后日本

---

① "六使诘责"事件发生于1650年,朝鲜孝宗国王李淏向清廷上奏,请求以防御日本为由扩军备战。清朝警觉到朝、日、南明联手组成军事同盟的危险,于是派遣密使前往朝鲜核实情况。结果查明朝鲜与日本素和好,奏折不实,顺治皇帝下诏斥责朝鲜国王,罢其用事大臣。

② 韩国国史编纂委员会:《朝鲜王朝实录·正祖实录》卷43,"正祖十九年九月丁丑"条,http://www.history.go.kr/,检索日期:2012年10月20日。

③ 黄枝连:《朝鲜的儒化情境构造:朝鲜王朝与满清王朝的关系形态论》,中国人民大学出版社,1995。

的崛起,极大地动摇了东亚地区长期以来以中国为中心的封贡体系。1876年朝鲜开港,不仅促进了朝鲜国内自主意识和民族认同的发展,使得越来越多的朝鲜士民,重新审视朝鲜与清的宗藩关系,"脱华"倾向日益明显,而且使朝鲜摆脱了闭关锁国的"隐遁"状态,在与列强的交往互动中,不断发展出追求本国在国际上独立平等地位的愿望。清自身也在东亚形势大变,特别是原来的藩属国缅甸、琉球、越南等纷纷丧失后,重新思考如何改革和维护与朝鲜传统的宗藩关系。列强对清韩宗藩关系的困惑也增加了两国关系的复杂性。在这一过程中,中韩双方对于两国长期以来比较稳定的宗藩制度的认同开始出现偏差。正是两国共同观念的逐渐瓦解和各自对本国身份、利益的重新建构,导致了近代中韩宗藩关系出现了"异变"。

(1) 朝鲜国内"脱华独立"意识的萌芽与发展。

促使朝鲜重新思考宗藩体制下本国身份地位的首要因素是19世纪中叶以来朝鲜国内独立思想的形成和发展。从早期的朴珪寿,到后来的金玉均、尹致昊等人,无不发出"脱华开国"的呼声。① 朴珪寿是朝鲜近代独立思想的先驱,曾于1861年作为朝鲜问安副使去北京了解第二次鸦片战争的情况。这一次出访使朴珪寿深受震撼,极大地促进了他"脱华"思想的发展。朴珪寿十分鄙夷朝鲜引以自豪的东方礼仪之邦的名号,称:"辄称礼仪之邦,此说吾本陋之。天下万古,安有为国而无礼仪者哉。是不过中国人嘉其夷狄中乃有此而嘉赏之曰礼仪之邦。此本可羞可耻之语也。"② 他多次私下明确主张应摆脱中国中心主义的思想,并深深影响了金玉均等独立党人。金玉均是将独立思想付诸实践的第一人,具有强烈的反清独立意志,其外交思想的核心内容就是"打垮清朝势力,夺回被追随清朝势力的贵族们所掌握的权力之后,建立一个完全独立自主的国家"。③ 1884年底爆发了甲申政变,独立党人夺权后颁布十四条政纲,第一条就是"大院君不日陪还事。朝贡虚礼,议行废止"。④ 可见金玉均等独立党人要求割断清韩宗藩关系,追求朝

---

① 关于近代朝鲜开国后"脱华"思想的发展,参见李岩《试论朝鲜近代对华观的嬗变》,《朝鲜·韩国历史研究》2009年第10辑,第287~296页。
② 李昌植:《朝日近代思想的形成及其比较研究——以各主要社会思潮的代表人物为中心》,吉林教育出版社,2000。
③ 〔韩〕金道泰:《徐载弼博士自叙传》,首尔:首善社,1948。
④ 〔韩〕金玉均:《金玉均全集》,首尔:亚细亚文化社,1979。

鲜独立地位的迫切心情。虽然甲申政变很快失败，金玉均等独立党人或死或逃，但是"脱华独立"的思想却在朝鲜政府中继续缓慢生长，促成了统治集团逐渐转向寻求朝鲜独立和自主。同时，独立思想的形成和发展，催动了越来越多的朝鲜知识分子开始对清韩之间宗藩制度的合法性产生怀疑。这使得原来朝鲜国内"慕华事大"的思想开始衰落，而建立在这种"事大"思想基础上的宗藩制度也开始动摇。

动摇宗藩观念的另一个因素是朝鲜与西方列强次第签约后，外国顾问对于朝鲜独立的同情和鼓动。朝鲜在与西方列强建交后，在清廷的帮助下，聘请了一些外国顾问协助办理国家的海关、外交和练兵等事务。其中，穆麟德（Paul Georg von Möllendorff）、德尼（O. Denny）等人对于推动朝鲜寻求独立或中立，发挥了尤为重要的影响。穆麟德是朝鲜首任海关总税务司。他虽是清政府推荐给朝鲜的，但是他在抵达朝鲜之后实际上执行着一条与清廷初衷相反的、推动朝鲜独立的路线。他得到了高宗和闵妃的信任，积极策划朝鲜与俄国缔结秘密条约，建议"宜预托俄国，万一中日开战之时，务请其保护我国"。[1] 虽然穆麟德推动朝鲜投靠俄国寻求独立的计划最终因为清廷的干涉被迫中止，他本人也在清廷的压力下被高宗免职，但是穆麟德对朝鲜独立的同情和支持，促使高宗等人开始通过寻求第三国势力支持，以争取朝鲜独立。德尼则是在穆麟德去职后作为朝鲜政府的外务顾问来到朝鲜的，与穆麟德一样，他对朝鲜寻求独立自主给予很大的同情，而且对袁世凯在朝鲜的专断行为十分不满。他向李鸿章提出过所谓"德尼三策"，主张中、日、俄共保朝鲜，但遭到袁世凯的反对。后来由于德尼在朝鲜与袁世凯的矛盾激化到了无法解决的地步，德尼遂撰写《清韩论》一书，并在1888年正式出版。这本书虽然没有否认朝鲜是清朝的"属邦"，但主张朝鲜之地位按国际法可以视为"独立国家"（interdependent state-hood）[2]，"这意味着朝鲜可以有权推行本国的内政、外交和开发国内资源"。[3] 德尼的《清韩论》刊行后，受到李鸿章指责。他称德尼"小人不明大义，敢于背叛，妄诞着书刊播"，[4] 要求朝鲜政府即刻将

---

[1] 郭廷以、李育澍：《清季中日韩关系史料》，台北中研院近代史研究所，1972。
[2] 〔日〕冈本隆司：《属国与自主之间——近代中朝关系与东亚的命运》。
[3] Swartout, *An American Advisor in Late Yi Korea: The Letters of Owen Nickerson Denny*, Tuscaloosa: University of Alabama Press, 1984.
[4] 顾廷龙、戴逸：《李鸿章全集》卷34，安徽教育出版社，2008。

德尼解雇。虽然德尼后来被迫离开了朝鲜,但是在他的鼓励下,朝鲜统治集团重建朝鲜国际身份的愿望愈加强烈,这一愿望不可避免地与宗藩制度下两国各自地位的规定发生冲突,使得朝鲜对于宗藩制度的认同进一步削弱。

第三个削弱宗藩观念的因素是外国民间势力,特别是西方传教士在19世纪80年代后在朝鲜的活动,进一步推动了朝鲜民族主义的觉醒和独立意识的增强。朝鲜在开港之前,曾几次禁止西方天主教的传播,至1871年,政府对天主教徒的迫害使殉教者达到约8000名之多①。朝鲜与西方列强建交后,开始逐渐允许外国传教士进入朝鲜。然而,在朝鲜产生影响的教派并不是开港前的天主教而是从美国传来的新教。第一个来到朝鲜的新教传教士是美国人霍勒斯·艾伦(Horace N. Allen),由于他"幸运地"救治了甲申政变中受重伤的闵妃侄子闵英益,②赢得了韩廷的信赖,担任高宗的私人医生。在甲午战前,艾伦为推动朝鲜独立做了两件重要的工作:即顶住清政府的压力推动了朴定阳使团的赴美之行,并帮助使团完成了任务;指导朝鲜参加1893年芝加哥哥伦比亚世界博览会。③这些活动在一定程度上提高了朝鲜的国际地位,增强了高宗追求独立自主的信心。除了推动朝鲜统治者追求独立自主之外,新教传教士在朝鲜民间广泛开设医院和学校,促进了民族主义在朝鲜国内的传播。1885~1894年间,传教士们在朝鲜开设的医院包括艾伦在1885年开设的广惠院,斯克兰顿在1886年设立的施病院。学校则包括1885年阿彭泽勒开办的培材学堂,1886年斯克兰顿建立的梨花学堂和安德伍德建立的儆新学校,1892年内里教会开办的英花女子学校等。④ 西方传教士在推动朝鲜近代教育的过程中,促进了西学的传播和韩字的推广。他们的活动逐渐唤醒了朝鲜普通民众对于民族整体性的认同和独立意识,传统"慕华事大"的藩属意识在此过程中日趋消亡。

在以上一系列因素的影响下,朝鲜对于传统宗藩关系下属国身份的认同

---

① 王青:《基督教与近代朝鲜民族主义的形成》,《韩国研究论丛》第十四辑,世界知识出版社,2007。

② Sung-Deuk Oak, *The Indigenization of Christianity in Korea: North American Missionaries Attitudes towards Korean Religions, 1884 – 1910*, Ph. D. diss., Boston University, 2002.

③ Daniel M. Davis, "The Impact of Christianity upon Korea, 1884 – 1910: Six American and Korean Figures," *Journal of Church and State*, 36 (1994), pp. 795 – 820.

④ 〔韩〕林熙国:《论韩末期近代化过程中基督教会的作用》,《韩国研究论丛》(第九辑),中国社会科学出版社,2002。

日益削弱，要求重建清韩两国关系和地位的愿望越来越强烈。从19世纪80年代到90年代中期，朝鲜不断采取各种方式，向外界彰显其独立自主的地位和试图削弱宗藩规制在清韩交往中的痕迹。然而，朝鲜国内希望至少部分改变朝鲜属国身份和地位的愿望并未得到清廷的积极响应，反而加深了清朝对朝鲜的疑忌。

（2）清朝对属国地位的重新界定。

清朝对于宗藩关系的理解，随着朝鲜开港后形势的变化也发生了一定程度的改变，导致了近代清韩宗藩关系的变异。传统宗藩关系下，藩属国对中国有"事大"义务，即向中国朝贡、接受册封并尊奉正朔；中国对藩属国则有"字小"的责任，主要是指中国对于藩属国政权的承认和庇护。但这种庇护，并不是近代意义上的"保护"，即中国不承担藩属国的外交和军事义务，而只是在藩属国受到威胁时给予中国认为必要的援助。在朝鲜开港之前，清朝在处理牵涉朝法、朝美、朝日冲突问题时，就秉持着一种旧制度下的超然放任态度。1866年丙寅洋扰之时，法国给总理衙门的照会就称："据（总理衙门）言虽高丽于中国纳贡，一切国事，皆其自主……兹当本国与高丽交兵，自然中国亦不能过问。"① 1871年辛未洋扰之前，总理衙门亦向美国公使镂斐迪表示难以为朝美谈判调停，称"朝鲜虽系臣服中国，其本处一切政教禁令，概由该国自行专主，中国向不与闻"。②《江华条约》签订前夕，日本派森有礼为使询问清廷对韩日缔约的看法时，总理衙门依然告诉森有礼："朝鲜虽隶中国藩服，其本处一切政教禁令，向由该国自行专主，中国从不与闻。今日本国欲与朝鲜修好，亦当由朝鲜自行主持。"③ 总理衙门就中韩关系问题向法、美、日三国的解释，固然一方面是因为当时清朝本身国力不济，不愿涉足朝鲜与列强的纠纷；更重要的是因为清朝对中韩宗藩关系仍保持相对自信的态度，依旧遵循着宗藩制度下不干涉属国国事惯例。

但是，随着开港后朝鲜半岛局势的日益复杂，清政府发现宗藩体制下中韩两国事实上松散的从属关系和清帝与韩王在礼仪上明晰的君臣名分使

---

① 郭廷以、李育澍：《清季中日韩关系史料》。
② 郭廷以、李育澍：《清季中日韩关系史料》。
③ 郭廷以、李育澍：《清季中日韩关系史料》。

清朝很难在与列强的交涉中阐明清朝与朝鲜的特殊关系。传统中韩之间的宗藩关系在西方世界中很难找到可以比附的"成例"。李鸿章在斡旋朝鲜与西方列强缔结商约时，为了向西方国家阐明清韩宗藩关系，只好生搬硬套西方"属邦"的概念，将朝鲜的地位比作西洋属邦。李鸿章认为，"盖西洋属邦有所谓半主之国，通商税则可自订立。朝鲜自与英、德、美等商订税则、设埠等事，随时变通。按西例半主属邦，尚无不合"。① 据此，他建议清政府明令高宗"通商税则如有变通，伊可专主。或于通商之外、更有所议与上年照会之意相左，断不可许，致贻后悔"。② 这一观点，与森有礼于1875年询问清朝关于中韩关系时，清廷承认的完全不干涉朝鲜内政外交的原则已经不大一样，清朝开始剥夺朝鲜部分外交自主权，否认朝鲜享有独立缔结一切外交条约的权利。袁世凯任总理朝鲜交涉通商事宜大臣后，他的英文名片上的官衔采用的既不是公使（Minister），也不是总领事（Consul-General）或领事（Consul），而是"驻扎官"（Resident）这一单词。但"驻扎官"常常是用来称呼英国驻扎在英属印度各土邦的官员的称谓。袁世凯采用"驻扎官"的英文官衔，显然将朝鲜的国际地位比作英国殖民地式的保护国。这一官衔的采用，不仅使西方驻朝外交官对朝鲜的国际地位感到困惑，也篡改了宗藩体制下朝鲜的实际身份。1887年朴定阳出使美国，李鸿章特定"三端"，③ 要求朝鲜政府执行，以展示中国之于朝鲜的宗主地位。朴定阳抵达华盛顿之后，未按"三端"之要求先至中国使馆拜会，而是直接拜会了美国国务卿并当面向克利夫兰总统递交国书。清朝驻美公使张荫桓对此大为不满，指出朝鲜作为清朝属邦，应仿印度藩国林布迪（Limbdi）君主由英国驻美公使带领拜会美总统及国务院之先例，递交国书。④ 袁世凯后来亦奉李鸿章命诘难庇护朴定阳的朝鲜政府，称"查土耳其属国布加（保加利亚）遣使往英，向由驻英土使带引谒见英主，曾未闻英廷有不接其国书之公例。况朝鲜服事中国垂三百年，自有体制，天下共知，尤与他国情形

---

① 顾廷龙、戴逸：《李鸿章全集》卷33。
② 顾廷龙、戴逸：《李鸿章全集》卷33。
③ 所谓"三端"是指朝鲜驻外使节所应遵守的条件：1. 韩使初至各国，应先赴中国使馆具报，请由中国钦差挈同赴外部，以后不拘定。2. 遇有朝会公宴酬酢交际，韩使应随中国钦差之后。3. 交涉大事关系紧要者，韩使应先密商中国钦差核示。参见《寄译署》（光绪十三年九月二十三日），顾廷龙、戴逸主编《李鸿章全集》卷33，第264页。
④ 〔日〕冈本隆司：《属国与自主之间——近代中朝关系与东亚的命运》。

相殊",① 指责朴定阳以美国不接国书为借口不守"三端"没有根据。清政府在朝鲜对外遣使的问题上，亦照搬西例将朝鲜的国际地位比作英属印度、土属保加利亚。然而印度此时已是英国殖民地，保加利亚虽有自治权，但按1878年《柏林条约》之规定，仍由土耳其统治。英印关系和土保关系与传统的清韩宗藩关系有着实质上的不同。清政府为了向西方诸国展示宗主权并防止朝鲜独立倾向的发展，借用西方宗属关系的"成例"，不仅进一步混淆了中西在宗属概念上的区别，而且发展了中国的大国沙文主义倾向。

在19世纪80年代以后，清朝逐渐认为朝鲜作为属国的自主，必须是建立在依赖中国"保护"的基础上的，也就一定程度改变了宗藩体制下藩属国自行决定内政外交的原则，使"事清"变成了"附清"。同时，清朝在斡旋朝鲜与西方列强缔约和指导朝鲜与各国交往时，为了向列强阐明中韩之间的宗藩关系，将朝鲜的地位比作西方成例下的属国或是保护国。这一解释不仅没有达到效果，反而影响了清朝对朝鲜国家身份和地位的界定，使其对于传统宗藩制度下属国概念的理解出现了一定的偏差。

（3）列强对于宗藩关系的抵制。

传统清韩宗藩体系得以稳定维持的一个重要前提，就是这种体系是处在一个相对封闭的环境之中。清朝和朝鲜都是厉行闭关锁国的国家，朝鲜除了同日本和琉球等中国藩属有一定往来之外，几乎是一个与世隔绝的"隐士之国"（Hermit Nation）。但是随着西方殖民势力的东来，中国的大门在1840年鸦片战争后被强行打开，朝鲜也开始被外国殖民者所觊觎。宗藩体系所处的封闭环境被迫逐渐向外部开放，清韩宗藩关系也开始受到了外国势力的质疑和挑战。虽然清政府总是宣称朝鲜是中国属邦，其应行一切分内之事且与他国无涉；但是随着朝鲜与列强建交和朝鲜问题的日益国际化，列强如何理解清韩宗藩关系，是否对宗藩体制下中国和朝鲜各自的身份地位给予认同，不仅是摆在清朝政府面前的一道棘手难题，而且也成为传统宗藩体制是否能够存续的一个关键因素。

日本早在1876年《江华条约》缔结之前，就曾派遣森有礼来华探听清廷的口风。尽管总理衙门表示不干涉日韩缔约，但是森有礼还是向日本政府

---

① 高丽大学校附设亚细亚问题研究所：《旧韩国外交文书》第八卷（清案1），首尔：高丽大学校出版部，1971。

指出:"朝鲜虽有独立之实,但由于仍冒清国属管之名,类似塞尔维亚之于土耳其国之关系,不可将其与其他完全独立的各国等同视之。"① 正是由于意识到了清朝之间宗藩关系的模糊性,日本在《江华条约》的头一款约明"朝鲜国系自主之邦,保有同日本国平等之权",② 明确否定了清韩之间的宗藩关系。此后,日本对清韩宗藩关系一直持抵制的态度,不承认中韩之间存在着某种从属性。正是因为有了日韩缔约的前车之鉴,清廷后来在指导朝鲜与西方各国缔约时,都要提出所谓"属国条款"——声明清和朝鲜之间有着宗属关系,并希望各国给予承认。"属国条款"提出的动机,主要是为了在各国中构建清朝对朝鲜享有宗主权的一种集体认同,并以这一认同来约束各国的行为,明确清在朝鲜的地位和利益。但是,从后来朝鲜与美、英、德、俄等国签约的过程看,列强都拒绝将"属国条款"列入条约正文,清政府只好妥协,改由朝鲜国王单方面发表照会向各缔约国元首说明中朝之间存在宗藩关系。虽然西方各国都收到了照会,也认识到清与朝鲜之间存在某种特殊关系,但并没有明确认可这种特殊关系。

美国是第一个与朝鲜签约的西方国家,但美国政府对朝鲜的照会感到难以理解。参议院批准了朝美修好通商条约,但对于"属国照会",国务院是"把自己搞不懂的问题束之高阁,不去触及"。③ 英国也毫不犹豫地批准了朝英条约,但是英女王很难答复朝鲜国王的照会,"因为来信署名的人既纯粹隶属于中国皇帝,又是完全独立自主的元首,所以的确令人很伤脑筋"。④ 虽然在甲午战前,"英国人(虽然没有结成正式联盟)已是中国的盟友,不仅反对俄国和法国,也反对日本"⑤,但是英国对清"宗主"的实质表示怀疑,它甚至主张清朝直接吞并朝鲜,⑥ 而不是对外以朝鲜宗主自居。俄国同

---

① 日本外务省外交史料馆:《日本外交文书:卷9,"朝鲜问题等ニ关シ森公使清国政府卜交涉一件"》,http://www.mofa.go.jp/mofaj/annai/honsho/shiryo/archives/index.html,检索日期:2012年11月10日。
② 郭廷以、李育澍:《清季中日韩关系史料》。
③ 〔日〕冈本隆司:《属国与自主之间——近代中朝关系与东亚的命运》。
④ 〔英〕季南:《英国对华外交(1880~1885年)》,许步曾译,商务印书馆,1984。
⑤ Tyler Dennett, *Americans in Eastern Asia: A Critical Study of the Policy of the United States with the reference to China, Japan and Korea in the 19th Century*, New York: The Macmillan Company, 1922.
⑥ George M. McCune & John A. Harrison, *Korean-American Relations*, Vol. I, Berkley and Los Angels: University of California Press, 1951.

美国一样，也对"属国照会"采取规避的态度，其大体方针是，"关于朝鲜对清朝属国关系的问题，虽然朝鲜国王本人曾在俄朝条约签字之后向我方表明这种关系是存在的，但其内涵并不明确……即便清朝要求俄国将上述关系明确化，我方也要尽量避免对这类微妙的问题发表见解"。① 至于德、法两国，由于"德国同样也不愿采取任何使中国疏远对德好感的举措……法国于中国的目标与德国基本一致"，② 所以两国都未在"属国照会"上过多纠缠，但也未公开承认清朝的宗主权。

尽管朝鲜在与西方列强缔约之后都发出了"属国照会"，以申明清韩之间的宗藩关系，但这一举措远远不能达到将宗藩关系合法化的效果。综观各国关于"属国照会"的反应，各国并没有在关于清朝对朝鲜拥有宗主权的问题上达成明确共识。除了英国对清朝宗主权的要求有一定支持外（但并不公开承认），其余如日、美、俄等国，都认为清朝廷的宗主权要求和其承认朝鲜自主的做法相互矛盾。因此，列强基本上都不同程度地抵制中韩宗藩关系，他们或反对，或搁置，或规避，中韩宗藩关系无法在列强中取得一致认同。清政府期待的集体认同迟迟难以建构，在一定程度上也刺激清政府采取对朝干预的政策，以展示它之于朝鲜的特殊权力。

3. 从认同走向分歧：宗藩关系观念结构崩溃

从1637年清韩宗藩关系确立直至乾隆时期，清朝和朝鲜通过约一个世纪的交往互动，对宗藩制度逐渐由抵制走向认同，对这一制度下各自利益和身份的建构也逐渐形成。在宗藩制度下，朝鲜是清的"外藩"，清并不认为朝鲜在政治上隶属中国，它与境外藩国之间的关系主要是一种名义上的大国与小国的政治尊卑关系及贸易关系，而不是政治上的隶属关系。③ 正如全海宗教授所说，"只要朝鲜称臣纳贡，在王室的继承、婚姻和其他一些事情上接受（清朝）皇帝的授权，保持国内安定和对华和平，清政府就不干涉朝鲜的内政"。④ 这是宗藩制度的基本原则。清朝和朝鲜对这种原则的认同，

---

① 〔日〕冈本隆司：《属国与自主之间——近代中朝关系与东亚的命运》。
② Spencer J. Palmer, *Korean-American Relations*, Vol. Ⅱ, Berkley and Los Angels: University of California Press, 1963.
③ 张双智：《清朝外藩体制内的朝觐年班与朝贡制度》，《清史研究》2010年第3期。
④ 〔美〕费正清：《中国的世界秩序：传统中国的对外关系》，杜继东译，中国社会科学出版社，2010。

不仅坚定了两国对各自身份的信仰,也维持了两国关系的稳定发展。19 世纪中叶以后,外国势力的渗透使得朝鲜与越来越多的国家接触和交往。在这些互动中产生的新问题,使朝鲜和清朝都开始重新思考宗藩关系的内涵,并在观念认知上逐渐走向了分歧。这些观念上的分歧反过来又影响了两国各自的外交政策,使近代中韩关系走上了一条偏离传统的嬗变之路。

在朝鲜,由于国内"脱华"思想的萌生和外国顾问、传教士对朝鲜独立的同情与支持,朝鲜对于宗藩体制下属国的地位和身份产生了不满,试图跻身于独立国家之林的愿望刺激了朝鲜开始挑战宗藩体制,其对"属国"的认同开始削弱。朝鲜开始认为,宗藩体制下"属国"的身份与朝鲜独立自主的现实是矛盾的。宗藩制度,压制了朝鲜在国际上的地位,也给世界其他国家造成了一种朝鲜附属于中国的错觉。因此,从 19 世纪 80 年代起,朝鲜政府开始采取一系列活动,力图消除宗藩规制的限制,展现其独立自主的地位。

表 1　朝鲜试图削弱中韩宗藩规制主要事件一览

时间	事件
1881 年	将原来统理机务衙门下事大(对清)、交邻(对日)二司合并为同文司
1882 年	朝鲜请求遣使驻扎北京
1884 年	把废除对清朝进贡作为甲申政变后十四条政纲第一条
1887 年	朴定阳出使美国事件
1888 年	釜山电局开具收条,钤有大朝鲜总电局印章及大朝鲜开国若干年字样
1890 年	平壤开港问题以及与清朝争夺海关控制权 赵太妃丧礼请求清朝不再遣使祭吊
1891 年	朝鲜铸币上未铸光绪年号,仅铸大朝鲜开国若干年

资料来源:主要参照《清季中日韩关系史料》《旧韩国外交文书》《袁世凯与朝鲜》《近代中日关系与朝鲜问题》等书整理而成,其中或有疏漏,尚有待于进一步的史料挖掘和梳理。

由表 1 可以发现,朝鲜从最初争取向外国派遣常驻使团的权利,到后来试图废除宗藩关系中祭吊册封、奉正朔等基本义务,一再试图突破宗藩制度对于属国身份的限制。特别是朝鲜对于宗藩制度核心的"事大之礼"——受册命、奉正朔、行贡献的挑战,尤其反映出朝鲜试图改变传统宗藩制度下"属国"的观念。虽然在甲午战前,朝鲜政府从未公开否认清朝的宗主国地位（除了甲申政变中因独立党一度执政而宣布废除宗藩关系），但是朝鲜认为，它的这个"属国"，从国际法的角度讲，是与清朝并无不同的完全独立自主的国家。朝鲜对清朝的朝贡，只是一种礼仪、一种传统，这并不代表朝鲜在政治上听命于清朝。事实上，朝鲜与西方缔约后，一直试图执行一种平衡政策，使各方在朝鲜形成均势，避免任何一国势力在朝鲜独大。另一方面，朝鲜也认为，"事大"关系与属国义务只限于朝贡典礼，① 并不适用于朝鲜与其他国家的交往。与国际法和国际惯例相比，宗藩制度的权威性退到了次要的位置。朝鲜政府为朴定阳未守"三端"而直接谒见美国总统和国务院之事向清朝的辩护，鲜明地体现了国际惯例和宗藩规制在朝鲜君臣心中的轻重缓急。统而言之，开港以后，朝鲜的宗藩观念已经与先前产生了很大的不同：强调独立自主而回避"事大"朝贡，将"交邻"置于与"事大"同等甚至更为优先的位置。这种观念的转变不仅违背了传统宗藩制度的精神，更是清政府所难以容忍的。

同时，清朝在自身国力衰颓和列强对于中国及朝鲜不断渗透的背景下，也开始重新思考保全属国、维护宗藩制度的办法。基于《江华条约》的前车之鉴，清政府开始矫正以往对于"属国"任其自主的观念。但在这一过程中，清朝观念的转变似乎"矫枉过正"的倾向了。一方面，清政府开始对于中韩宗藩礼仪变得极其敏感，失去了乾隆帝时期对于朝鲜"失礼"的宽宏大量。另一方面，清朝在与西方的交涉中，简单照搬了西方观念下的宗属概念，并没有认真地考虑中韩宗藩关系的特殊性，使得传统东亚封贡体系下的宗属观向近代西方宗属观走向趋同。这一观念的转变也使清朝开始重新定义朝鲜"属国"地位和"自主"权限。清朝逐渐认为朝鲜作为清朝的"属国"，不仅要恪守宗藩制度下的传统礼仪规范，而且要服从清朝的战略大局，推行依附清朝的外交政策。正如袁世凯在《朝鲜大局论》中所讲的，朝鲜依中国有六利，背中国有四害，朝鲜"如求一至近、至大、至仁、至公之国，以庇荫之，舍中国其谁与归"？② 这种强迫朝鲜接受中国保护的观念，违背了传统宗藩制度下以德怀柔远人的精神，也使朝鲜难以接受。

---

① 〔日〕冈本隆司：《属国与自主之间——近代中朝关系与东亚的命运》。
② 韩国国史编纂委员会：《朝鲜王朝实录·高宗太皇帝实录》卷23，"高宗二十三年七月庚申"条，http://www.history.go.kr，检索日期：2012年11月14日。

除了朝鲜和清朝双方的认知分歧对宗藩观念结构造成压力之外,在朝鲜问题日益国际化的背景下,清朝积极在各国之间构建朝鲜"属国共识"未得到有效回应等一系列外部因素也在解构传统的宗藩体制。因为列强都不愿接受与朝鲜缔结的平行条约中有承认中国地位高出一等的条款,它们对清朝之于朝鲜的宗主权要求,或积极抵制,或消极应付。宗藩制度的合法性在国际上备受质疑,使得传统宗藩制度的观念结构在主权国家、国际法等一系列近代观念的冲击下,逐渐支离破碎。

对比开港后清朝、朝鲜和列强各自对于宗藩制度的认知,可以发现三方矛盾的核心在于对"事大"和"属国"的理解。首先,清朝所坚持的"事大",不仅要求朝鲜礼仪上恪守朝贡典礼的规范,而且要把"事大"放在朝鲜外交的首要位置,实行亲华、乃至于"附华"的政策,向世界各国承认中国之于朝鲜的上国地位。朝鲜则认为"事大"只是中韩两国交往的一系列传统礼仪规范,它不仅没有政治上的从属关系,而且只限于两国间的交往,不能向国际上推广。列强虽然无意干涉朝鲜对中国的"事大之礼",但它们并不认可朝鲜是中国的势力范围。赵太妃丧礼一事①上,清朝急于向外界展示中韩君臣大礼的努力、朝鲜试图废除宗藩制度的繁文缛节与列强既不愿朝鲜屈膝,又不愿开罪清朝的一系列矛盾行为之间的博弈,标志着三方关于"事大"不同观念的争论达到顶峰。其次,在对于"属国"观念的界定上,清朝认识到自己主张的"属国"是与保护不可分割的,明确地将朝鲜所追求的自主定性为否定"属国""背华自主",②并试图将中朝宗藩关系与西方的宗属关系混为一谈。但朝鲜坚持自己实际上的独立地位,认为"属国"的概念只适用于朝贡典礼,除此之外,朝鲜可以独立决定自己的一切内政外交,平等地参与各种国际活动,与独立国并无二致。列强对于"属国"的理解,则游走于"完全独立"与中国"属邦"之间,既与朝鲜平行建交,又不拒绝"属国照会"。列强对于朝鲜"属国"观念的模糊,使

---

① 光绪十六年(1890)四月,朝鲜赵太妃病逝,朝鲜立即向袁世凯及清廷北洋大臣禀告。按照礼节,藩属国的国王、王妃等去世,还需派遣"讣告使"到北京,向礼部告讣。然后清廷亦派使前往赐祭,并赐谥号。这次赵太妃病逝,朝鲜欲取消"大丧礼",遂迟迟没有派"讣告使"前往北京。袁世凯则不断催促朝鲜王室,最后朝鲜只好派使前往。清廷也随即任命户部左侍郎续昌、右侍郎崇礼为致祭朝鲜国母妃正副使,改由水路赴汉城,祭吊赵太妃,并向在韩外国人展示中韩之间的宗藩大礼。
② 〔日〕冈本隆司:《属国与自主之间——近代中朝关系与东亚的命运》。

得朝鲜地位问题更加复杂化,也加深了中韩两国关于"属国"定位的分歧。

综上所述,由于朝鲜、清朝和列强三方无法在传统宗藩制度的框架下达成关于中朝关系问题的一致认同,旧秩序下维持中韩关系稳定的观念结构开始崩溃,中韩宗藩关系亦开始发生了变化。清朝开始突破宗藩旧制,积极干涉朝鲜事务,试图保持对朝鲜的支配影响。从间接指导朝鲜与外国交往,到直接派遣中国大员驻扎朝鲜监督内政外交,中韩宗藩关系由礼仪性向实质性的转变,不仅使中国在朝鲜的政治经济影响力有了极大的飞跃,一定程度上也遏制了日本、俄国等对朝鲜的侵略步伐。然而,这种转变的负面影响也是惨重的。清朝对朝鲜事务的处处掣肘,严重损害了朝鲜的内政自主权,使中韩两国的传统友谊蒙受了很大的伤害。清朝极力重建的"属国"观念和清朝赴韩官员与商民的"天朝"光环,一定程度上也伤害了朝鲜的民族自尊心。这些都促使了朝鲜由原来的"亲华"转向"脱华""排华"。近些年来,韩国学界盛行"清帝国主义"概念,即将近代中国在朝鲜的活动与日本帝国主义和西方殖民主义等量齐观。虽然该概念的提出与盛行是基于特定的思考逻辑和研究视角,但也部分反映出中韩宗藩关系嬗变对朝鲜民族自尊和感情的伤害,以给当下两国关系发展带来的消极后果。

三 结论

19世纪后期中韩宗藩关系的嬗变,标志着以中国为中心的东亚封贡体系的最后一根支柱走向崩溃。究其原因,西方列强在东亚的进一步渗透和日本明治维新后的迅速崛起,极大地改变了远东的国际政治格局,给东亚地区的旧权力结构带来了前所未有的挑战。这一外来挑战,对清朝和朝鲜之间宗藩关系的畸变和解体,起到了催化的作用。本文无意否认这种外因解释路径的作用。不过,笔者认为长期以来被学界忽略的内因分析路径,即研究宗藩制度共同信仰的解体和宗藩观念结构的变化给近代中韩关系带来的内部冲击,应该作为另一种重要的方法,同样被纳入对宗藩关系嬗变的考察之中。本文从建构主义的思路出发,考察开港前中韩两国对于宗藩制度的认同在开港后是如何走向分歧的,清晰地展现了朝鲜、清朝和列强对于宗藩制度认知上的矛盾以及这种矛盾是如何导致中韩关系嬗变:朝鲜认为宗藩制度仅仅是典礼仪式,清朝认为其具有实质上的从属意义,列强则大致持一种或不表态,或消极抵制的模糊态度。在这三种认知无法凝结成为集体认同的条件下,三方都以自己的认知为依据,展开各自的外交政策,使朝鲜问题愈加国际化和复杂化。在朝鲜独立倾向日益发展、列强的暧昧态度进一步增强了朝鲜地位"未定"的背景下,清朝抛弃"修文德以来之"的柔远精神,转而采取了强硬的干涉手段,使中韩宗藩关系发生了某种趋向"属国实质化"的变化。

Internal Causes of the Transformation of Modern Sino-Korean Tributary Relations: A Constructivist Analysis

Zhang Chi

Abstract Since the mid-19th century, further penetration of western colonialism into East Asia and the rapid rise of Japanese imperialism greatly changed the traditional political power structure in the East Asia, presenting severe challenges to the China-centric tributary system. In this international context, the suzerain-vassal relationship between China and Korea, which was formerly ritual-based, was transformed to focus on substantive issues. This transformation resulted not only from changes in the power structure, but also changes in ideational structure. During this period, conflicts among Chosŏn Korea, Qing China, and imperialist powers regarding the concept of Sino-Korean suzerain-vassal relations resulted in the Sino-Korean ideological split, ultimately leading to the collapse of the ideational structure of traditional suzerain-vassal relations. During this transformation period in which old concepts were diminishing and new identities were not completely formed, Sino-Korean relations strayed from their former path and developed along an unbalanced path.

Key Words Chosŏn; The Qing Dynasty; foreign powers; tributary relations; constructivism

1883年《奉天与朝鲜边民交易章程》
——文本考证及其内容校勘[*]

权赫秀

【内容提要】 1883年4月的《奉天与朝鲜边民交易章程》是近代奉天当局与朝鲜之间签订的唯一的地方性通商章程,成为确立甲午战争前中朝关系基本框架的一个重要制度性文献。本文利用中、韩、英等多国多种语言文献,对该章程的正式文本、正确名称、清政府与朝鲜方面代表、签订地点与日期进行了考证,纠正了国内外相关文献的错误记载内容,并对该章程的全部内容进行了认真校勘,以期进一步推动国内外有关该章程的深入研究。

【关键词】 中朝关系　《奉天与朝鲜边民交易章程》　文本考证　校勘

【作者简介】 权赫秀,辽宁大学历史学院教授。

一　前言

1883年,由中朝两国地方官员签订的《奉天与朝鲜边民交易章程》,是1882年以来中朝两国之间签订的三大通商章程(分别为《中朝商民水陆贸易章程》《奉天与朝鲜边民交易章程》《吉林朝鲜商民随

---

[*] 本文为2011年度辽宁省社科规划基金项目《近代辽宁与朝鲜经贸关系研究》(K505600133)。

时贸易地方章程》）之一，成为确定嗣后直至1894年甲午战争爆发以前中朝关系基本框架的重要制度性文献，也是近代奉天地方当局与朝鲜签订的第一个而且是唯一的地方性通商章程，在东亚近代历史、中国近代对外关系史、中朝近代关系史等领域，具有不容忽视的重要历史意义。

然而，国内外有关《奉天与朝鲜边民交易章程》的研究，极其薄弱。据笔者目力所及，仅见日本秋月望的《朝中间の三贸易章程の缔结经纬》、[①] 中国费驰的《清代中朝边境贸易的演变探析（1634～1894年）》[②]及韩国宋圭振的《近代中国与朝鲜的贸易》[③] 等，基本上属于有关《奉天与朝鲜边民交易章程》等三大通商章程的概论性研究。不仅如此，不同国家不同语种文献中收录的《奉天与朝鲜边民交易章程》，在文句上多有歧义，甚至连章程题目、签订时间与地点以及签订代表等基本事项，也不一致，多有错误，突出地反映了有关研究在国内外仍处于"初级阶段"。

有鉴于此，拙稿首先就《奉天与朝鲜边民交易章程》各种国内外不同文本进行深入分析，考证该章程的权威文本及其正确名称以至签订时间、地点及双方代表等；根据中国文献学的校勘方法，对该章程的具体内容进行逐字逐句的仔细校勘，以期为国内外的相关研究提供一个值得信赖的正确文本。需要说明的是，这样一种基础性的考证与校勘工作，是笔者有关19世纪末中朝关系史，尤其是近代辽宁与朝鲜经济贸易关系史研究的一个组成部分，有待于进一步深化与提升。

二 《奉天与朝鲜边民交易章程》文本及其相关史实考证

根据笔者调查，目前在国内外至少存在《奉天与朝鲜边民交易章程》中、英两个语种的文本，具体情况见表1。

---

① 秋月望：《朝中间の三贸易章程の缔结经纬》，《朝鲜学报》第115辑，1985年。
② 费驰：《清代中朝边境贸易的演变探析（1634～1894年）》，《东北师范大学学报》2006年第3期。
③ 宋圭振：《近代中国与朝鲜的贸易》，载洪性鸠、宋圭振、姜京洛、朴正铉著《通过近代中国对外贸易来看东亚》，首尔：东北亚历史财团，2008，第40～98页。

表1 《奉天与朝鲜边民交易章程》两个语种文本简况

事项语种	收录名称	收录文献	备注
中文本	《奉天与朝鲜边民交易章程二十四条》	《清季中日韩关系史料》第三卷	
英文本	Twenty-Four Rules for The Traffic on The Frontier Between Liaotong and Corea Etc.	Treaties, Conventions, Etc., between China and Foreign States, vol. Ⅱ	韩国《旧韩末条约汇纂》下卷据此收录

注：本表系笔者根据相关资料编制。

收录上述两个语种文本的国内外主要文献，大体如下：

中文本：王彦威辑，王亮编《清季外交史料》光绪朝第34卷，北平：清季外交史料编纂处，民国二十年，第13~18页；台北中研院近代史研究所编《清季中日韩关系史料》第3卷，台北中研院近代史研究所，1972，第1188~1194页；中国第一历史档案馆编《清代中朝关系档案史料汇编》，国际文化出版公司，1996，第141~147页；王铁崖编《中外旧约章汇编》第一册，三联书店，1957，第418~422页；步平等编《东北国际约章汇释（1689~1919）》，黑龙江人民出版社，1987，第80~86页；权赫秀编《近代中韩关系史料选编》，世界知识出版社，2008，第8~20页；等等。

英文本：清政府海关总税务局司编《海关中外条约》第二卷（The Inspector of General of Customs, China, Treaties, Conventions, Etc., between China and Foreign States, Vol. Ⅱ, Shanghai: Order of Inspector General of Customs, 1917. 2nd Editions, pp. 854~863）；韩国国会图书馆立法调查局编《旧韩末条约汇纂》下卷，首尔：国会图书馆立法调查局，1964，第407~421页。

据 Treaties, Conventions, Etc. Between China and Foreign States（《海关中外条约》）Vol. Ⅱ, p. 854 的注释内容，《奉天与朝鲜边民交易章程》原本只有中文本，其英译本是由海关方面自行翻译。① 另据《旧韩末条约汇纂》

---

① "These Rules were drawn up in the Chinese language only." Treaties, Conventions, Etc. Between China and Foreign States（《海关中外条约》）Vol. Ⅱ, p. 854.

下卷第 407 页的编者说明内容，该书所收录的《奉天与朝鲜边民交易章程》英文本引自前述《海关中外条约》。① 由此可以确定，《奉天与朝鲜边民交易章程》原本没有英文本，目前上述文献中出现的英文本是由中国海关编者自行翻译的非正式文本。就是说，《奉天与朝鲜边民交易章程》的原始与正式文本（original and official text）只有一个中文本，关于该章程的研究应该完全基于唯一正式文本的中文本，目前传世的英文本仅仅具有参考价值，不能作为原始与正式文本使用。

关于《奉天与朝鲜边民交易章程》的名称，相关文献中有不少异称，如《清季中日韩关系史料》等称《奉天与朝鲜边民交易章程二十四条》，韩国相关文献则称《中江贸易章程》《中江通商章程条款》及《奉天与朝鲜边民交易章程24条》等。不难看出，《奉天与朝鲜边民交易章程二十四条》中的"二十四条"，只是明确列出了该章程的条款数目，显然不是章程的正式名称，从清政府方面相关文献来看，大体可以看作是在该章程正式签署之前的草案拟订与讨论及奏报过程中曾使用过的非正式名称。至于韩国方面文献中出现的《中江贸易章程》或《中江通商章程条款》，则可以看做是有意突出其签订地点，亦即中江互市地点之"中江"地名的一种非正式称呼。另外，该章程英文名称"Twenty-Four Rules for the Traffic on the Frontier Between Liaotong and Corea, Etc."中的"Twenty-Four Rules"，可以看做是对上述中文文献中"二十四条"的直接翻译，而将"奉天"翻译为"Liaotong（辽东）"显然不能说是正确的翻译。至于在该章程题目后面添加的英文缩写词"Etc."，则可以说是既不准确也无必要的画蛇添足之举。

关于《奉天与朝鲜边民交易章程》的签订地点，中国文献多无记载，韩国《旧韩末条约汇纂》下卷第 407 页称签订于朝鲜义州，亦误。根据该章程的朝鲜方面签订代表鱼允中的《从政年表》记载，该章程签订于中国中江。② 明清时期，通常称朝鲜赤岛以东的鸭绿江为鸭绿江或东江，赤岛以西的鸭绿江为中江，叆河为西江。至于签订《奉天与朝鲜边民交易章程》的中江，则应是指自明朝以来中朝两国之间中江互市贸易地点、朝鲜朝贡使

---

① 国会图书馆立法调查局编《旧韩末条约汇纂》下卷，第 407 页。
② 鱼允中：《从政年表》，首尔：探求堂，1958，第 153 页。

节"燕行"第一站的中江岛。① 朝鲜方面代表鱼允中在《从政年表》中一再提到"往中江""渡中江",② 也从另一个角度证实了该章程的签订地点不是在朝鲜"义州",而是在中国的中江岛。

关于签订《奉天与朝鲜边民交易章程》的中朝双方代表,中国文献亦无记载,韩国《旧韩末条约汇纂》下卷第421页记载该章程签订代表及时间分别为朴齐纯(韩方)、徐寿朋(中方)及光绪二十五年九月十一日,显然是将1899年《中韩通商条约》的签署代表及时间"张冠李戴"于此。据由清政府海关总税务司编纂的《海关中外条约》Vol. Ⅱ的注释内容,③ 该章程是由清政府方面的东边道台(Taotai)陈本植在通化知县(Prefect)张锡銮及安东知县(Prefect)耆龄协助下(assisted by),与朝鲜委员(Corea Commissioner)鱼允中签订。另据《高宗实录》高宗二十年十二月初三日条,④ 签署该章程的中朝双方代表分别为中国方面二品衔奉天全营翼长东边兵备道陈本植、朝鲜方面西北经略使鱼允中。《高宗实录》的上述内容,与《从政年表》中的相关记载相符合,应是可信的。至于当时协助陈本植的张锡銮及耆龄两人,⑤ 当然不能列为正式签署代表。

关于《奉天与朝鲜边民交易章程》的签订时间,清政府的史料笼统记载为"光绪九年二月间",即1883年3月间,并无具体日期。由清政府海关总税务司编纂的《海关中外条约》也是笼统地记载为"the 2nd moon of the 9th year of Kwang Shü",⑥ 亦即光绪九年二月。朝鲜王朝史料则多记载为是年"十二月初三日",均误。根据《从政年表》中的记载,⑦ 其签订日期是光绪九年(朝鲜高宗二十年)三月十四日,即1883年4月17日。

要言之,《奉天与朝鲜边民交易章程》是由清政府奉天东边兵备道陈本

---

① 张存武:《清韩宗藩贸易:1637~1894》,台北中研院近代史研究所专刊(39),1978,第168~169页;张士尊:《纽带——明清两代中朝交通考》,黑龙江人民出版社,2012,第132~147页。
② 鱼允中:《从政年表》,第153页。
③ *Treaties, Conventions, Etc. Between China and Foreign States*, Vol. Ⅱ, p. 854.
④ 《高宗实录》高宗二十年十二月初三日条,韩国国史编纂委员会影印本。
⑤ 另据鱼允中:《从政年表》第153页的记载,当时清政府方面参与该章程谈判与签署的人员,除陈本植、张锡銮、耆龄三人外,还有"委用通判"汪某(按:原字不详),字子宽,直隶人。
⑥ *Treaties, Conventions, Etc. Between China and Foreign States*, Vol. Ⅱ, p. 854.
⑦ 鱼允中:《从政年表》,第153页。

植与朝鲜西北经略使鱼允中,于1883年4月17日(光绪九年三月十四日,高宗二十年三月十四日),在中国中江订立,其中文文本是该章程的唯一正式文本。至于该章程的性质,大体可以认定为清政府奉天当局与朝鲜西北经略使鱼允中之间签订的一种地方性通商章程,无论从形式还是内容上看都不能称之为国际条约(international treaty)。尽管如此,《奉天与朝鲜边民交易章程》与随后签订的《吉林朝鲜商民随时贸易地方章程》是根据1882年《中朝商民水陆贸易章程》①之相关原则而签订的两大地方性通商章程,成为此后十余年(直至1894年甲午战争爆发)规定中朝两国经济贸易关系框架的基本制度性文献,实际上是维持19世纪末"一个外交两种体制"模式下中朝关系"政经分离"格局的三大基本制度性文献之一。②

三 《奉天与朝鲜边民交易章程》内容校勘

根据上述考订结果,兹以《清季中日韩关系史料》《清代中朝关系档案史料汇编》及 Treaties, Conventions, Etc. Between China and Foreign States (《海关中外条约》) Vol. II 所收录的《奉天与朝鲜边民交易章程》史料文献为底本,并以国内外通行其他文本为对校本,对该章程的具体内容进行逐字逐句的校勘,以期为国内外的相关研究提供一个可以信赖的正确文本。需要说明的是,在2008年出版的拙编《近代中韩关系史料选编》中,笔者曾提供《奉天与朝鲜边民交易章程》的最初校勘文本,③ 此次对上述校勘文本略有订正与补充。

---

① 有关该章程的研究,详见权赫秀:《朝贡关系体制下的近代通商关系——〈中国朝鲜商民水陆贸易章程〉研究》,韩国《东北亚历史论丛》总28号,2010。
② 关于晚清对外关系史上的"一个外交两种体制"现象,参见 Quan He-xiu, The Two Systemso of Diplomacyof Late QingChina, *Journal of Northeast Asian History* Vol. 5 - 1, 2008;权赫秀:《晚清对外关系史中的"一个外交两种体制"现象刍议》,《中国边疆史地研究》2009年第4期。关于19世纪末中朝关系史的研究,参见林明德《袁世凯与朝鲜》,台北中研院近代史研究所专刊(26),1984;权赫秀:《19世纪末韩中关系史研究——以李鸿章的朝鲜认识与政策为中心》,首尔:白山资料院,2000;冈本隆司:《属国と自主のあいだ:近代清韩关系と东アジアの命运》,名古屋:名古屋大学出版会,2004;Kirk W. Larsen, *Tradition, Treaties, and Trade: Qing Imperialism and Chosŏn Korea, 1850 - 1910*, Cambridge (Massachusetts) and London: Harvard University Press, 2008。
③ 权赫秀:《近代中韩关系史料选编》,第8~20页。

第一条　边界陆路交易，原系天朝优待属国，专为便民而设，与各海口岸通商情事不同。所准随时往来，仅指奉省之与朝鲜边界商民而言，其他各国不在此例。

第二条　奉省商民，除在义州贸易外，非由地方官印发执照为凭，不准潜往朝鲜各处游历。朝鲜商民更应恪遵此次章程，不得潜往奉省各处游历，尤不准挈带外人入边。若有挈带外人，冒充本国商民，擅入边界者，一经查出，将起意挈带之人，照私越边界例从重治罪。

第三条　鸭绿江以内，与朝鲜平安道邻近各处河口，系天朝采办祭品官鱼之地，严禁民间私捕。朝鲜人民更不准往来捕鱼，犯者惩办。

第四条　中江距义州一水之隔，商民贸易，朝至夕返，非如各海口岸通商，货物运自远来，必须卸装寄顿。兹既勘定中江附近九连城之前，及义州西城之外，设立关卡，修建市廛，往来甚便。所有奉省边界，不准朝鲜人民建房、设栈，中国人民在朝鲜界内交易，亦照此办理。

第五条　征收税课，填发验单，需员经理。向来栅门原设监督，专司税务。现在改立新章，另建关卡，所有管理税务之员，由盛京将军、奉天府府尹①咨商北洋大臣会议酌派，请旨定夺，钦遵施行。

第六条　商民货物②运到关卡，所有稽查③匪类、征收税课等事，统由督理税务之员，督饬所属文武员弁认真经理。其钱财、罪犯等案，应归地方官审断者，各按定律办理。此外如奉省人民在朝鲜滋事，或私逃在朝鲜境内者，由义州府尹拿交安东县治罪。朝鲜人民在奉省滋事，或私逃在奉省境内者，由安东县拿交义州府尹治罪。

倘遇边界重大事件，非安东知县④、义州府尹所能擅专者，或先由安东县禀报，或径由⑤义州府尹呈报东边道衙门，转详盛京将军、奉天

---

① 《中外旧约章汇编》第一册第419页"奉天府府尹"后有"、"符号，应为误标，兹删去。《中朝约章合编》作"奉天督抚宪"，亦误。
② 《中外旧约章汇编》第一册419页作"商民贸易"，系"商民货物"之误。
③ 或作"稽察"，下同。
④ Treaties, Conventions, Etc. Between China and Foreign States, Vol. Ⅱ, p.856；《中外旧约章汇编》第一册419页作"安东县知县"，其中"安东"后"县"字疑衍。
⑤ 《清季中日韩关系史料》第3卷第1190页作"经由"，系"径由"之误。

府尹①批示，仍由道札行安东县，并照会义州府尹，遵批办理。

第七条 边界互市，在于开市之处，设立关卡，稽查匪类，征收税课，均关紧要。凡商民出入，责成关卡盘查，验明执照，立即放行，不得勒掯刁难，稍有需索。至货物往来，责成征税官员点验货、单相符，按照定章，征收税课，不得额外增添。

第八条 当年朝鲜入京朝贡，典礼攸关，一切恪遵定例，贡物例不征税。其使臣及差官、从人携带行李、零星对象，自应遵照部议，宽予限制。使臣不携带②货物③，所带衣服、行李、书籍、药物，每员以三百斤为度。差官、从人携带货物，冀图沾润，准带红参，每差官一员定额二十斤，从人一名定额十斤。又衣服、行李、零星货物，每差官一员④定额一百六十斤，从人一名定额八十斤。差官、从人，均照报部员名实数，以为定限。

另有包裹，确系屏帐、粗重、途中食物，再行量予免税，藉昭体恤⑤。此外装箱成捆，查系货物，仍报明纳税。至于别项公务差官往来，即奉有执照，携带货物，亦应照章征税，不准援免。

第九条 中江贸易，征收税课。红参一项，应纳税则，按价值百抽十五为定。至牛只、马匹，除乘骑外，凡入市售卖，概以值百抽五为定。其余蔬菜、瓜果、鸡、鸭、鹅、鱼等类⑥，皆民间日用所需⑦，亦甚零星，概行免征。

第十条 中江互市，原为边民随时交易，与各海口岸准令各国通商毫不相涉，不得仿照海关章程，另分正税、子税，致滋流弊。凡奉省商民贩运货物，至义州开市之处，无论何处货物⑧，均照章交纳正税一次。朝鲜商民贩运货物，至中江开市之处，无论何处货物，亦照章交纳

---

① 或作"奉天府府尹"。
② 《中外旧约章汇编》第一册第419页作"不得携带"，疑"不携带"之误。
③ 《中朝约章合编》作"物货"，疑误。
④ 《清季中日韩关系史料》第3卷第1190页缺"一员"两字。
⑤ 《中朝约章合编》及 Treaties, Conventions, Etc. Between China and Foreign States, Vol. II, p.856，《中外旧约章汇编》第一册第419页及《高宗实录》则作"藉照体恤"。
⑥ 《中朝约章合编》则作"其余蔬、果、瓜、鸭、鸡、鹅、鱼等"。
⑦ 除《中朝约章合编》及《清代中朝关系档案史料汇编》第143页，其余文献多缺"皆"字。
⑧ 《清季中日韩关系史料》第3卷第1191页，缺"至义州开市之处，无论何处货物"句。

正税一次，均不重征。如商民不愿将外国货物，贩至开市处所者，悉听其便，官不强为抑制①。

第十一条　栅门按季互市，既改移中江随时交易，向来春秋定期按季互市，自应一律停止。其由中江至栅门旧有贡道，除贡差往来不禁外，其余商民未请执照，不准任便贩运出入，自当严申禁防，杜绝偷漏。

第十二条　中江与义州相距甚近，无劳跋涉，出入往来，既有限制，其中江与义州上下各处，均有小径歧途，应即概行禁止。冬春之时，冰坚水浅，处处可通，更应查拿重办，有犯必惩，以昭严密。

第十三条　中江与义州边民交易，与彼此已开口岸各设有商务委员不同。朝鲜商民至奉省陆路采办土货，②即由督理税务之员填给执照，并照会义州府尹备案。奉省商民至朝鲜陆路采办土货，即由义州府尹填给执照，并呈报督理税务之员备案。

执照内均先应声明何项货物。如未能预定何货，俟采办齐全，回到关卡地方，即将实在货物报明，缴还原领执照，以凭查货征税，换给税单。至欲赴何地采办，必须于执照内填明。若不应往之处，即不填发执照。

第十四条　奉省商民赴朝鲜交易，只准在义州，朝鲜商民赴奉省交易，只准在中江设卡处所。凡奉天所辖，均系陪都重地，应遵原奏，即采办土货，亦只准由凤凰边门出入，仍由贡道折回，不得肆意游行。至朝鲜为天朝属国，视同内服，奉省商民亦不得违禁侵越，犯者惩办。

第十五条　海口货物，准由海道贩运。奉省商民不准将朝鲜已开口岸贩卖之货，由陆路运回中江，或在朝鲜义州及别境售卖。朝鲜商民亦不准将奉省已开口岸贩运之货，由陆路运回义州，或即在奉省中江及别境售卖③。违者查货入官④，加等拟罪。

---

① Treaties, Conventions, Etc. Between China and Foreign States, Vol. Ⅱ, p.858,《中外旧约章汇编》第一册第420页则作"官不得强为抑制"。
② 《清季中日韩关系史料》第3卷第1191页作"至省陆路"，系"至奉省陆路"之误。
③ Treaties, Conventions, Etc. Between China and Foreign States, Vol. Ⅱ, p.860,《中外旧约章汇编》第一册第421页均作"奉省中以及别境"，系"奉省中江及别境"之误。《中朝约章合编》则作"凤城中江及别境"，其中"凤城"亦系"奉省"之误。
④ 《清季中日韩关系史料》第3卷第1192页作"违此"，系"违者"之误。

倘系官员因公奉有文书,轻身行走,并无货物,不与商民并论,应即查验放行,以示区别①。

第十六条 商民贩运货物,均须开单,呈官查验,盖用戳记。如有挟带私货,未经报明,即属偷漏,查出概行入官。至洋药、土药与制成军器及一切违禁之物②,除照天津原议,不准贩运售卖外,并不准携带过境。即行使铜钱,亦不许转运出境。

违者分别治罪。

第十七条 商民交易使用金银,应与随身衣服、行李、笔墨、书籍,均准免税。但砂金、矿银,入市销售,原同货物,与叶金、条金、金饰、宝银、锭银③、碎银等项,为市间行用例得免税者不同,应按值百抽五,照章征税,不得豁免,并不准影射偷漏。

第十八条 交易货物,凡属海味、皮革、布匹、纸张、铜器、磁器等类,均按值百抽五纳税。如有税则未载者,由商人估计价值,随时报明,亦按值百抽五纳税,不得额外需索。

第十九条 朝鲜使臣赴京,向例于进边时,由凤凰城城守尉先期驰报盛京将军各衙门,知照礼部,一面由城守尉亲赴边门监视,并派员沿途照料护送,以及差官、通官迎送等事,均系朝贡典礼所关,仍应遵照定制,以符天津原议。自当严束兵役,不得藉端需索,违者查究。

第二十条 中江互市,所用丈尺、秤码,与朝鲜不免高下、轻重之殊④,自应以中江及义州两处丈尺、秤码平日所行使者互相比较。如有不齐,即由边界地方官会同秉公较准,归于划一,务在因地制宜,不得以他处丈尺、秤码称量,用昭公允⑤。

第二十一条 旧时栅门,每于夜间交易,难免偷漏、隐匿等弊。现既改移中江,不得仍沿旧习⑥,自应从严禁绝,不准黑夜入市,犯者惩办。

第二十二条 朝鲜商民贸易,向凭官设经纪估计,难免高下滋弊,

---

① 《清季中日韩关系史料》第3卷第1192页作"以示逼别",系"以示区别"之误。
② *Treaties, Conventions, Etc. Between China and Foreign States*, Vol. Ⅱ, p. 860,《中外旧约章汇编》第一册第421页均作"洋药、土药、制成军器",系"洋药、土药与制成军器"之误。
③ 《清季中日韩关系史料》第3卷第1193页作"宝银锭",系"宝银、锭银"之误。
④ 《清季中日韩关系史料》第3卷第1193页作"商下",系"高下"之误。
⑤ 《清季中日韩关系史料》第3卷第1193页作"用照",系"用昭"之误。
⑥ 《清季中日韩关系史料》第3卷第1193页作"旧有",系"旧习"之误。

或有把持行市、赊欠货物、上季购买货价，期以下季归偿，下季经纪每因负债未来，无从索讨，大为商民之害。现在改设中江随时交易①，愿买愿卖，悉听商民自为评价，不准经纪从中包揽，以除积弊。

第二十三条　中江新设关市及地方官，遇有交涉事件，来往文书，应遵体制。朝鲜必须尊称②"天朝"，或称"上国"字样，即属寻常文移，亦当遵循成宪，不得率书"中"、"东"等字，有违定制。至奉省边界官员，则称"朝鲜国"，或称"贵国"字样，以示优待。

第二十四条　凡边界稽查偷越、严立防闲诸事，如此次章程内有未及备载者，应由彼此地方官随时设法办理，仍互相知照，并详明立案，总期密益加密，不以边民随时交易，致妨大局。

光绪九年三月十四日
中国　二品衔奉天全营翼长东边兵备道　陈本植
朝鲜　西北经略使　鱼允中③

Textual Research and Contents Collating for *Twenty-Four Rules for Traffic and Trade Between Liaotong and Corea*

Quan Hexiu

Abstract　*Twenty-Four Rules for the Traffic and Trade Between Liaotong and Corea* signed in April 1883 was the only local trade regulations between Mukden (Fengtian) authorities and the Korea during modern period, it was an important regulation file to determine the basic framework of the China-Korea relations before the Sino-Japanese war. Based on the files in Chinese, Korean, English etc, this paper researched on the official text, proper name, representatives of the

---

① 《中外旧约章汇编》第一册第421页作"现改设"，系"现在改设"之误。
② 《中外旧约章汇编》第一册第422页作"遵称"，系"尊称"之误。
③ 两国代表签署部分引自《高宗实录》高宗二十年十二月初三日条，议定日期则据鱼允中《从政年表》记载而改定。

Qing government and Korea, date and location of signing of the regulations, corrected the wrong records in content of the regulations in domestic and abroad, and collated the entire contents of the regulations carefully, and it will no doubt promote in-depth study on the regulations.

Key Words　China-Korean Relations; *Twenty-Four Rules for the Traffic and Trade between Liaotong and Corea*; textual research; collating

中韩建交以来明末清初中朝关系史研究述论

王 臻

【内容提要】 明朝末期，随着后金（清）的兴起，传统的中朝封贡政治体系被打破，出现明朝、后金（清）、朝鲜"三足鼎立"的局面。1992年中韩建交以来，史学界围绕明末清初的中朝关系史进行深入研究，取得了丰硕成果。本文就中国（包括台湾、香港）、韩国学术界对明末清初中朝关系史研究的相关著作及论文所涉及的一些问题予以梳理，并就进一步加强该段历史研究的思路、方法以及资料的运用等问题，提出自己的看法。

【关键词】 中韩学术界 明末清初 中朝关系史

【作者简介】 王臻，天津师范大学历史文化学院教授，历史学博士。

一 前言

中国东北与朝鲜半岛山水相连，古代中国王朝与朝鲜半岛的历代政权一直存在着程度不同的政治、经济、文化关系。有明一代，中朝保持了传统封贡政治秩序的基本格局。明朝末期，随着国势的衰落，对朝鲜控制力大为削弱；此时，地处东北边疆的女真人兴起并建立后金（清）政权。作为明朝附属国的朝鲜，对明、后金（清）政权的态度发生转变，经历了"两端外交"、与后金结为"兄弟之国"乃至脱明臣属于清的变化，传统的中朝封贡政治秩序被破坏，东北亚地区出现明朝、后金（清）、朝鲜"三足鼎立"的局面。仔细考察该时期晚明、后金（清）、朝鲜的三者关系，对于深入探究明末清初中国与朝鲜传统封贡关系的变化，揭示由明入清时期，重建以清朝为宗主国的东亚国际秩序之实质，具有重要的学术价值。

1992年中韩建交以来，中韩学界非常重视中朝（韩）关系史的研究，出版了很多著作和论文，对相关问题进行深入阐述和研讨。① 本文拟介绍与明末清初中朝关系史相关的中（包括台湾、香港）韩学界著作，并重点结合相关论文所涉及的一些问题分别进行说明，提出自己对该段历史进行进一步研究的看法。

二 明末清初中朝关系史的相关中韩著作

欲研究明末清初的中朝关系史，必首先从宏观上了解该段历史在明清中朝关系史、古代中朝关系史乃至东亚关系史中的地位。从东亚史角度看待明清交替时期中朝关系的著作主要有杨军与张乃和编著的《东亚史》（长春出版社，2006），该著作以封贡体系的视角剖析明清之际的中朝关系发展史，提出了颇有新意的见解；汪高鑫与程仁桃所著的《东亚三国古代关系史》（北京工业大学出版社，2006），其中第四章专门阐述明与朝鲜的壬辰卫国战争以及清初中朝宗藩关系变化的情况。

在中朝关系通史中反映明末清初中朝关系发展史的著作有近10部。其中，杨昭全与韩俊光合著的《中朝关系简史》（辽宁民族出版社，1992）、吉林社会科学院编写组编的《中朝关系通史》（吉林人民出版社，1996）、蒋非非与王小甫等著的《中韩关系史》（古代卷，社会科学文献出版社，1998）以及杨昭全与何彤梅著的《中国—朝鲜·韩国关系史》（天津人民出版社，2001）阐述了自古代至现代中朝（韩）国家交往史，其中对于晚明、后金（清）政权与邻国朝鲜之间政治、军事、经济等方面的交往有一些叙述。魏志江著《中韩关系史研究》（中山大学出版社，2006）以及杨军与王

---

① 对于之前40年中国学界对清鲜关系史的研究，参见陈尚胜《近16年中国学术界关于清朝与朝鲜关系史研究述评》，复旦大学韩国研究中心主编《韩国研究论丛》第22辑，世界知识出版社，2010。

秋彬共著《中国与朝鲜半岛关系史论》（社会科学文献出版社，2006），在对明清更替期中朝关系史进行阐述的基础上，就中朝宗藩关系嬗变等一些关键问题予以针对性叙述。

关于明清断代史方面的著作有 10 余部，按出版时间前后作以下介绍。香港学者黄枝连著《朝鲜的儒化情景构造：朝鲜王朝与满清王朝的关系形态论》（中国人民大学出版社，1995），重在研讨满清王朝与朝鲜的关系形态；姜龙范与刘子敏著《明代中朝关系史》（黑龙江朝鲜民族出版社，1999），对明末与朝鲜及后金与朝鲜的关系有所阐释；刁书仁著《明清中朝日关系史研究》（吉林文史出版社，2001），以论文集形式研究明、清与李朝的关系；白新良主编《中朝关系史——明清时期》（世界知识出版社，2002），对明清交替时期中朝关系的转折发展多有说明；王臻著《朝鲜前期与明建州女真关系研究》（中国文史出版社，2005），其中有十六世纪末十七世纪初后金（清）与朝鲜关系的内容；刘子敏等著《明代抗倭援朝》（香港亚洲出版社，2006），重点考察壬辰战争时期明朝、朝鲜与建州女真部的关系情况；姜龙范等著《清代中朝日关系史》（吉林文史出版社，2006），第一章内容阐述后金崛起时期与朝鲜的关系；赵兴元著《清代中朝关系研究》（吉林文史出版社，2006），包含有清入关前与朝鲜之关系；李花子著《清朝与朝鲜关系史研究》（延边大学出版社，2006），以越境交涉为中心探讨包括清入关前的对朝关系；孙卫国著《大明旗号与小中华意识——朝鲜尊周思明问题研究（1637~1800）》（商务印书馆，2007），对朝鲜与明、清朝贡关系的转变过程阐述较深刻；宋慧娟著《清代中朝宗藩关系嬗变研究》（吉林大学出版社，2007），具体介绍了朝鲜与清朝宗藩关系嬗变的历史过程。

韩国学界的相关研究性著作有 20 余部，代表性通史成果有李基白著《韩国史新论》（国际文化出版公司，1994），该书第十章专门阐述朝鲜王朝同日本的斗争"壬辰倭乱"，以及与女真人的两次战争"丁卯胡乱""丙子胡乱"。李成茂著《朝鲜通史》（韩国东方出版部，1998），比较系统地介绍了朝鲜的历史，其中包括明末清初时期"壬辰战争"中明朝援救朝鲜，以及后金（清）对朝鲜发动两次侵略战争的内容。高丽大学韩国史研究室著、孙科志译《新编韩国史》（山东大学出版社，2010），对朝鲜与晚明、后金（清）关系的开展进行了探讨，有一定的新见解。朴永奎的修订版著作《一卷读透朝鲜王朝实录》（韩国雄震知识出版社，2012），以介绍朝鲜国王的发展为线索，梳理宣祖、光海君、仁祖在位时期对明朝、后金（清）外交政策的实施。

在断代史专著方面，明清时代中朝关系史研究专家崔韶子著有《明清时代中韩关系史研究》（韩国梨花女子大学出版社，1997）。该书结合明清交替时期后金（清）对朝鲜战争，分析朝鲜对明清事大交邻政策的变迁，指出"丁卯之役"和"丙子之役"后朝鲜对明朝的事大发生了变化。韩明基著《壬辰倭乱与韩中关系》（韩国历史批评社，1999），则以壬辰倭乱为切入点，探讨朝鲜光海君的对明政策，还延伸到仁祖反正以后朝鲜与明朝及后金的关系。韩明基随后所著的《光海君》（韩国历史批评社，2000），更加详细地考察了十六世纪末至十七世纪初光海君在位时期对明朝以及女真部的政策。韩国战史编纂委员会编撰的《丙子胡乱史》（韩国战史编纂委员会内部编辑物，2002），对"丁卯之役"与"丙子之役"的发生背景、战争过程及战后影响进行了比较。

综观上述中韩学界的著作成果，不管是通史性著述还是断代性专著，皆对明末清初的中朝关系史予以关注，将其作为整个中朝古代关系史的重要组成部分加以论述，并且就一些重点问题及重大事件展开阐述，提出看法，如宗藩关系演变问题、后金（清）对朝鲜的两次侵略战争等。这些研究成果，有助于丰富明清时代中朝关系史乃至古代中朝关系史的研究。

三 明末清初中朝关系史论文探讨的主要问题

在对明末清初中朝关系史研究的相关论文中，中韩学者们对其中的一些重点问题更加关注，涌现出了大量研究成果。兹分五个专题叙述如下。

（一）壬辰战争期间明朝抗倭援朝问题

1592～1598年，日本发动了对朝鲜的军事侵略战争，作为朝鲜上国的明王朝，及时出兵救援，中朝联合作战取得最终胜利。对此，中韩学者有多篇论文予以研讨。中国学者孙文良著《明代"援朝逐倭"探微》（《社会科学辑刊》1994年第3期），从新资料《思庵实纪》谈起，认为丰臣秀吉发动壬辰战争的意图是吞并朝鲜，所谓的进一步入侵明朝，只不过是他的

"虚张声势";朱亚非著《明代抗倭援朝战争与和议问题研究》(《中国史研究》,1995年第6期),对明朝参与战争及代表朝鲜议和问题进行了探讨;万明著《万历援朝之战与明后期政治态势》(《中国史研究》,2001年第2期),重在剖析壬辰战争对明后期政局的影响;杨通方著《明朝与朝鲜的壬辰卫国战争》(《当代韩国》,2001年第3期),对丰臣秀吉发动对朝战争因素进行新的探究;樊树志著《万历年间的朝鲜战争》(《复旦学报》,2003年第6期),从宏观角度对发生在明朝万历年间的这场战争给明朝、朝鲜造成的影响予以考察;陈尚胜著《字小与国家利益:对于明朝就朝鲜壬辰倭乱所作反应的透视》(《社会科学辑刊》,2008年第1期),以朝贡制度为视角,详细考察明朝对朝鲜壬辰倭乱的反应;金洪培与黄文日著《万历朝鲜役及其对东北亚政治格局的影响》(《东疆学刊》,2007年第4期),分析认为这场发生在朝鲜半岛的国际战争,对当时东亚政治格局产生了深远影响;关庆凡著《论明末援朝抗倭之得失》(《黑龙江史志》,2008年第1期),肯定明朝援朝抗倭的正当性,同时指出明朝的政治局势因壬辰援朝战争受到极大冲击和削弱。台湾学者张存武著《万历援朝抗倭之役的影响》(《历史月刊》59期,1992),对发生在明万历年间的援朝抗倭战役予以关注,着重分析这场战役对明朝、朝鲜社会所造成的后果。

韩国学者崔韶子著《壬辰丁酉倭祸和明的对朝关系》,结合日本对朝鲜的两次入侵战争考察明朝对朝鲜的态度,其另一篇论文《壬辰乱时朝鲜统治者的对明意识》(见《明清时代中韩关系史研究》)则主要剖析朝鲜国王的对明政策。韩明基对壬辰战争有独到的研究,发表有系列论文:《壬辰倭乱时期明军参战的社会文化影响》(韩国国防军史研究所:《军史》35期,1997)、《壬辰倭乱时期"再造之恩"的形成和意义》(韩国檀国大学校东洋学研究所:《东洋学》29辑,1999)、《丁酉再乱时期明水军的参战和朝明联合作战》(韩国国防军史研究所:《军史》38期,1999)、《壬辰倭乱时期明的内政干涉和直辖统治论》(韩国知识产业社:《东亚西亚历史的漂流》,2000)、《壬辰倭乱和明朝军队》(韩国历史问题研究所:《历史批评》54辑,2001)、《壬辰倭乱明日和议问题研究》(韩国《国史馆论丛》98期,2002),这些文章主要研讨明朝援救朝鲜的动机目的以及明军参战的作用等。金骏锡著《两乱期的国家再造问题》(韩国《韩国史研究》115期,1998),辨析明朝对朝鲜的"再造之恩";洪性德著《丁酉倭乱以后明日停战协商与朝明关系》（韩国《全北史学》18 辑，1995）、李完范著《朝鲜的壬辰倭乱与明朝和日本的和谈》（见陈尚胜主编《儒家文明与中韩传统关系》，山东大学出版社，2008），皆探讨壬辰战争中明朝代表朝鲜与日本的和谈问题；金景泰著《壬辰倭乱后明驻军问题和朝鲜的对策》（韩国《东方学志》，2009 年刊），则是解析壬辰战后朝鲜针对明朝驻军所采取的相应对策。

对于壬辰抗倭援朝战争，中韩学者的研究视角不尽相同。中国学者主要探究的问题有三点：一是壬辰战争发生的原因，认为明朝政府认识到日本出兵朝鲜意在明朝，于是派出军队支持朝鲜；二是明朝援军在战争中的作用，认为明朝援军与朝鲜军队联合作战，贡献巨大，确保了朝鲜在战争中取得胜利；三是援朝战争对明朝政局所产生的影响，认为明朝倾全国之力援助朝鲜抗倭，蒙受了巨大损失，政治、经济、军事实力都大为削弱，在一定程度上导致了明朝国力衰落。韩国学者主要有三种观点：一是认为明朝政府在朝鲜与日本的和议问题上干涉朝鲜的内政；二是过分强调朝鲜水军及义兵的斗争，对明朝军队的援助作用未加分析；三是剖析了朝鲜对明朝"再造之恩"的认识。

（二）后金政权建立前后与后金朝鲜关系问题

后金政权的建立者建州女真部，由于地处明朝东北边疆，与朝鲜国土毗邻，与朝鲜有过诸多接触，这对后金与朝鲜关系产生了直接影响，国内学者们对后金建立前建州女真部与朝鲜的关系非常关注，进行了专题探讨。中国学者刁书仁著《朝鲜使臣所见的建州社会》（《满族研究》，2001 年第 2 期），详细陈列朝鲜使臣出使建州的观感记述，以此体现当时朝鲜与努尔哈赤建州女真部的关系；刁书仁著《论后金建立前与朝鲜的关系》（《社会科学战线》，2004 年 1 期），以朝鲜文献为主，论述后金建立前努尔哈赤与朝鲜的关系；王臻著《试析后金建立前东北亚地区的政治秩序》（《社会科学战线》，2009 年第 10 期），对以明朝、朝鲜、后金为主要代表的东北亚地区政治秩序予以宏观分析；宋慧娟著《宣祖时期朝鲜与建州女真关系的调试》（《东北史地》，2011 年第 4 期），则考察了建州女真部与同时代的朝鲜宣祖朝之间的博弈。

韩国学者对后金建立前建州女真部与朝鲜关系的论文并不是很多，崔豪钧著《16世纪末期采参事件和对女真政策》（韩国成均馆大学校：《大东文化研究》32辑，1997），以"采参事件"为突破点，考察努尔哈赤建州女真部与朝鲜的边境冲突以及朝鲜王廷的对女真政策。韩国学者更多关注后金政权建立初期朝鲜与后金及明朝的关系研究，韩明基著《光海君代的对中国关系——围绕后金问题的对明关系》（韩国《震檀学报》79辑，1995），以光海君在位时期（1608～1623年）的外交政策为基点，解析朝鲜、后金、晚明的三边关系；申明浩著《光海君的对后金外交政策分析》（韩国《军事史研究丛书》2辑，2002），从理论上宏观分析朝鲜光海君国王的对后金外交策略；金成珉著《明末围绕辽东地区的明后金朝鲜三角关系》（韩国《中国史研究》55辑，2008），则是以辽东为基点，来探讨明朝、后金以及朝鲜三边关系的论文。

（三）"萨尔浒战役"中朝鲜出兵问题

发生在1619年的萨尔浒战役是明朝与后金之间的一次决定性战役，由于有了朝鲜的参与，这场战争的性质变得复杂起来，围绕朝鲜出兵以及明朝、后金对朝鲜的态度，中韩学者发表了不少论文，研讨萨尔浒之战前后后金、明朝、朝鲜政治外交关系。中国学者白新良著《论萨尔浒之战与朝鲜出兵》（《清史研究》，1997年第3期），对朝鲜参与萨尔浒战役的原因进行了分析。刁书仁著《论萨尔浒之战前后后金与朝鲜的关系》（《清史研究》，2001年第4期），探讨朝鲜援兵、朝鲜双边外交及明朝对后金与朝鲜关系的干预问题。类似文章还有魏志江著《论萨尔浒之役后朝鲜与后金的关系》（浙江大学《韩国研究》第六辑，学苑出版社，2002）、王臻著《萨尔浒战役前后之后金明朝朝鲜的三角关系》（《辽宁大学学报》2006年第5期）、文钟哲著《萨尔浒之战与朝鲜光海君的双边外交政策》（《满族研究》2008年第4期）等论文。

韩国学者大多是通过分析朝鲜国王光海君在位时期的外交政策，来分析萨尔浒战役前后朝鲜对明金战争的反应。韩明基著《光海君代的对中国关系》（韩国《震檀学报》79期，1995），重点围绕光海君国王在萨尔浒战役派军队抗击后金问题上的对明政策进行专题研究，认为有原则地出兵助明是一种保护朝鲜自身的做法。李正日著《光海君研究（3）》（韩国《蔚山史学》9期，2000），文中有内容探讨萨尔浒战役前后光海君的对明、对后金策略，指出光海君外交政策的灵活性。申丰松著《光海君的二重外交》（韩国《韩文汉字文化》，2011 年刊），同样是剖析光海君在萨尔浒战役前后不背明、不亲后金的两面政策，他称之为"二重外交"。

围绕萨尔浒战役中朝鲜援明抗金问题，中韩学者研究的侧重点有所不同。中国学者注重探讨朝鲜政策的向背对明金战争局势的影响、朝鲜援军在其中的作用；韩国学者则以光海君国王对明、后金的两端政策为主线，分析朝鲜军队参战的动机，重在剖析朝鲜国王的外交方针。

（四）后金（清）与朝鲜的战争问题

后金（清）汗皇太极对朝鲜先后发动的两次战争（"丁卯之役""丙子之役"），一直是学者们重点研究的课题，这方面的论文有：中国学者徐凯著《论"丁卯房乱"与"丙子胡乱"》（北京大学韩国学研究中心编《韩国学论文集》第三辑，东方出版社，1994），对皇太极两次用兵朝鲜的策略及"和约"签订的影响进行评述；李治亭著《后金与李氏朝鲜战争述略》（《中朝关系史论文集》，吉林文史出版社，1996），分别阐述"兄弟之盟""君臣之盟"的缔约过程；李善洪著《后金朝鲜"丁卯之役"原因浅析》（《中朝关系史论文集》，吉林文史出版社，1996），对"丁卯之役"发生原因的分析较有创见；刁书仁著《论皇太极两次对朝的战争》（《明清中朝日关系史研究》，吉林文史出版社，2001），探讨作为后金汗及清太宗的皇太极，对朝鲜发动战争的主观动机；魏志江著《"丁卯之役"、"丙子之役"考略》（浙江大学《韩国研究》第七辑，学苑出版社，2002），对战争的发生原因及和约性质提出自己的见解；宋慧娟、侯亚文著《论后金与朝鲜之间"兄弟盟约"的性质》（《长春师范学院学报》，2003 年第 3 期），认为后金与朝鲜两者之间的"兄弟关系"属于"半附属性质"。另外，魏志江、潘清著《关于"丁卯胡乱"与清鲜初期交涉的几个问题》（《学习与探索》，2007 年第 1 期），王臻著《"丁卯之役"的交涉及战后金鲜的矛盾冲突探析》与《"丙子之役"及战后清鲜交涉的几个问题》（分别见复旦大学《韩国研究论丛》第 18 辑、23 辑，世界知识出版社，2008、2011），都对"丁卯之役"及"丙子之役"前后后金（清）与朝鲜的矛盾冲突及相互交涉等问题进行了辨析。

围绕"丁卯之役"与"丙子之役"，韩国方面的论文也较多。首先，关于"丁卯之役"的论文,全海宗著《中韩关系史论集》(汉译本,中国社会科学出版社,1997),内有《有关丁卯胡乱的和平交涉与朝清朝贡关系的开始》论文,对后金与朝鲜"丁卯之役"中的议和问题进行研究,指出是后金首先提出议和。李正哲著《丁卯胡乱后仁祖代贡物变通的争论》(韩国《高丽大学历史学研究会论丛》,2003 年刊),分析了仁祖时期在贡物问题上朝鲜与后金的不和,是导致后金再次征讨朝鲜的原因之一。金永弘著《丁卯胡乱与主和斥和论》(韩国《韩国思想史学》26 辑,2006),论述了围绕对待战争的态度,朝鲜大臣出现主战与主和两种不同意见。其次,研究"丙子胡乱"的文章,金钟圆著《丙子胡乱之前的朝鲜对应策》(《第三届韩国传统文化国际学术讨论会论文集》,山东大学出版社,1999),考察朝鲜廷臣对于战争的"献策"及军事防御之策;另著《朝清初期交涉考》(《韩国传统文化历史卷》,学苑出版社,2000),则对丙子胡乱发生的原因予以分析。李迎春著《丙子胡乱后朝鲜、明、清关系》(韩国《朝鲜时代史学报》38 期,2006),以《朝京日录》为依据,探讨战后三方的关系。许泰玖著《丙子胡乱讲和协议的提议和朝鲜的对应》(韩国《朝鲜时代史学报》52 期,2010),围绕朝鲜与清的和议问题展开论述。卢永九著《仁祖朝丙子胡乱期朝鲜的策略》(韩国《韩国史学报》41 期,2011),阐述朝鲜仁祖国王在战争期间的对清政策。最后,把"丁卯之役"与"丙子之役"放在一起考察,有崔韶子著《从中国方面考察丁卯、丙子之役》,从中国对外关系史角度研讨丁卯、丙子两场战争的发生原因;其所著《胡乱和朝鲜对明清关系的变迁》一文,着重指出,随着丁卯之役和丙子之役的发生,朝鲜对明清的关系发生了改变(二文均见其所著《明清时代中韩关系史研究》)。韩明基著《17~18 世纪的韩中关系和仁祖反正》(韩国《韩国史学报》13 期,2002),分析认为:仁祖反正以后,对外政策发生变化——"尊明排金",由此引发后金的对朝战争。金刚宁著《丁卯丙子胡乱的战况和教训》(韩国《军事论坛》,2008 年刊),总结朝鲜遭受后金(清)军事入侵的教训。许泰玖所著的《仁祖代对后金(清)防御策的推进》(韩国《朝鲜时代史学报》61 辑,2012),是剖析朝鲜仁祖国王在位期间如何应对后金(清)两次侵略战争的论文。

关于如何看待后金(清)对朝鲜的战争,中国学者主要围绕以下几个问题展开:一是战争发生的原因,分别从政治、经济、军事等方面深入探究；二是战争征服下后金（清）与朝鲜关系的性质，有平等性与半附属性等观点；三是关注这两场战争对明、后金（清）、朝鲜关系走向的影响。韩国学者的研究，除了同中国学者一样探讨战争发生的原因，另外还关注两个问题：一是朝鲜与后金议和的问题，对朝鲜的主和与斥和论予以辨析；二是注重对朝鲜受到的两次战争侵略进行反思，尤其是对仁祖国王的应对之策加以剖析。

（五）中朝宗藩关系演变与"事大"问题

明末清初的中朝关系演变过程中，朝鲜经历了对明朝的完全依附，到对明、后金的"两端外交"，再到脱离明朝成为清的臣属国。朝鲜"事大"对象的转变，反映出明清政权的衰落与兴盛，这是中朝宗藩关系嬗变的重要内容，对此，学界多有研究成果。中国方面，刘玉明著《论李朝儒学与事大主义》（《东岳论丛》，1994年第1期），结合儒学深层思想内涵探讨事大主义，类似论文有孙卫国著《论朝鲜王朝之慕华思想》（《社会科学辑刊》，2008年第1期）、晁中辰著《满清入关前与李氏朝鲜的关系》（北京大学韩国学研究中心编《韩国学论文集》第四辑，社会科学文献出版社，1995），结合朝鲜与女真部、后金、满清三个阶段关系的发展，具体解析朝鲜臣属清朝的过程；类似的文章还有刁书仁著《论清朝与朝鲜宗藩关系的形成与确立》（《扬州大学学报》，2003年第1期），宋慧娟著《1627～1636年间后金（清）与朝鲜关系演变新探》（《东疆学刊》2003年第2期）。李善洪著的《从十七世纪朝鲜内外局势看光海君的"两端外交"》（《松辽学刊》1996年第1期），阐述清朝与朝鲜宗藩关系建立过程中朝鲜光海君国王的左右摇摆政策；孙卫国著的《论事大主义与朝鲜对明朝关系》（《南开学报》2002年第4期），结合"事大主义"的内涵与渊源，分析明代中朝宗藩关系的实质；孙卫国另著《试论入关前清与朝鲜关系的演变历程》（《中国边疆史地研究》2006年第2期），结合朝鲜所持的春秋义理观，探讨朝鲜与清朝关系演变的历程及特点；魏志江著《关于清朝与朝鲜宗藩关系研究的几个问题》（《东北史地》2007年第1期），对清朝与朝鲜宗藩朝贡体制的类型、运作，以及朝贡体制下的"厚往薄来"问题进行了辨析。其他有关论文还有：陈潮著《明清之季中韩宗藩关系探索》（《学术论坛》1997年第1期），林龙飞著《清代宗藩体制的形成及特点探析》（《长沙电力学院学报》2001年第

2期），王传奇著《试析李氏朝鲜事大政策之本质变化》（《前沿》2010年第16期）等。

台湾也有这方面的代表性论文。陈捷先著《清太祖时期满洲与朝鲜关系考》《略论天聪年间后金与朝鲜关系》（《中朝关系史研究论文集》，吉林文史出版社，1996），运用充足的史料，对朝鲜与清太祖、清太宗统治时期的后金（清）宗藩关系的演变展开详尽的分析。叶泉宏著《沈馆幽囚记（1637～1645）：清鲜宗藩关系建立时的人质问题》（台湾《韩国学报》第6期，1993），考察丙子之役后朝鲜质子入质沈阳的情况，这属于宗藩关系的具体研究。

韩国学者的研究成果，李泰镇著《朝鲜后期对明义理论的变迁》（韩国翰林大学校《亚细亚文化》10辑，1994），探讨朝鲜王朝对明朝春秋礼仪的变迁；崔韶子著《清和朝鲜——明清交替期东亚细亚的国际秩序》（韩国《梨花女子大学史学研究》22期，1995），考察明清交替与朝鲜宗藩对象的改变，兼及分析彼时东亚地区的国际政治秩序；任敏赫著《朝鲜时代的庙号和事大意识》（韩国《朝鲜时代史学报》19辑，2001），专门研讨朝鲜的事大意识形态。任尚范著《中华主义和事大主义的交替》（韩国《历史学报》194辑，2007），从理论角度论述事大主义的发展。

综观中韩学者在这一问题上的研究，有较多中国学者的论文对中朝宗藩关系演变的过程进行了评述，对朝鲜的"事大"，注重从"事大"的思想基础、表现及影响来深入剖析；韩国学者有关中朝宗藩关系演变过程的论文并不多见，他们更多的是对"事大"意识提出自己的看法。

四 对以往研究成果的看法与深入研究的建议

关于明末清初时期的中朝关系史，国内外学者有诸多著作及论文进行了相关研究，取得了丰硕的成果，但笔者认为仍有一些不足之处，存有值得深化研究的空间。

首先，就中国学者而言，著作类研究成果的共同特点，是以中国王朝对外关系的角度来介绍中朝（韩）关系的，大多是叙述史实性的通史或断代史著作，对于明清鼎革时期的中朝关系史，缺乏以史论结合的方式从理论高度进行专题探讨。众多探讨明末清初时期中韩关系的研究论文，的确是一些有功力的文章,其中不乏一些有见解的观点,可以称得上是有真知灼见的研究成果;但是,这些成果大多局限于后金(清)与朝鲜之间两方关系的研究,并没有着力探讨中原王朝——明朝在其中的作用问题,对明朝与后金(清)、明朝与朝鲜或者后金(清)与朝鲜的三者关系进行系统研究的文章并不多见,也没有宏观考察这三者关系对彼时东亚地区国际政治秩序的影响,这不能不说是一个缺憾。

其次,相对于中国学者,韩国学者们对明末清初时期中韩关系的探讨更为具体一些,更注重从微观角度研究问题,他们往往或者结合事件来谈中韩关系,或者选取某国王在位的某一段时间来论述对中国的政策,界定的时间段比较具体,不像中国学者那样或者通史、或者断代史,选取的时间段跨度较大,反而影响了对问题的深入分析。应指出的是,由于受民族文化的影响,世界观的不同,韩国学者对彼时的韩中关系有自己的观点和见解,其中不乏一些对中国学者而言难以接受的看法。例如,韩国学者出于本国民族利益方面的考虑,把壬辰战争时期明朝的援朝御倭看成是对朝鲜内政的干涉,片面夸大朝鲜军队的抗战作用,否定明朝支持的历史作用,具有明显的历史局限性;至于后金(清)时期皇太极先后两次对朝鲜发动的战争,韩国方面对此是耿耿于怀,称之为"丁卯虏乱""丙子胡乱",加以贬斥。对此笔者认为,对历史问题应有客观的评价,不应掺杂过多的个人因素和民族因素,只有这样,才能对历史有理性的认识。比如明朝的援朝御倭战争,其最大的成果是维护朝鲜国家的独立,对此是不应该轻易否定的。

对于明末清初时期中韩关系史的进一步研究,笔者就研究问题、研究方法以及资料利用方面,提出以下几点看法。

其一,对该段时期历史的研究,应重点考虑以下问题。(1)充分剖析明朝封贡体制对中朝传统政治秩序的作用。中国东北边疆民族建州女真人与邻国朝鲜的交往,是明朝境内的割据政权与外国的交往,此时的明朝尽管已经衰落,但仍是统治中国的正统王朝;后金(清)尽管强大,但只是占据东北一隅的地方政权;朝鲜与后金(清)交往,必然要遵守封贡体制的规则,顾及明朝的态度,明王廷在其中的地位和作用不容忽视。(2)深入分析朝鲜对明清封贡对象转变的原因。在女真崛起建立后金政权与明朝争夺王权的斗争过程中,朝鲜作为第三者地位,既囿于与明朝长期的封贡关系,又面临后金强硬的威逼,处于两难的境地,在现实形势面前,朝鲜不得不及时改变其对外政策，由一贯的"奉明"转变为不情愿的"事清"，因而朝鲜与后金（清）的矛盾一直不断，直到明朝灭亡，清人入关取代了明朝的统治，朝鲜才正式转入清朝的封贡体制之内。（3）要认识到后金天聪政权、清政权之所以先后对邻国朝鲜发动"丁卯之役""丙子之役"，表面上的原因是出于朝鲜尊奉明朝、轻视后金的态度，实际上是后金（清）欲代明君临天下实行的战略步骤之一。（4）在清朝取代明朝成为上国重建东亚地区政治秩序的过程中，东亚地区包括北方民族蒙古以及邻国日本的局势变化情况，对包括中朝在内的东亚地区国际秩序所产生的重要影响，也是应予以探讨的内容。

其二，在研究方法上，要运用微观研究与宏观研究相结合、具体研究与理论研究相结合、比较研究、多学科相结合等研究手段，进行深层次的论证考述。第一，从微观研究入手，注重宏观问题的把握，拓展研究视野，既要研究明清更替时期中朝之间关系的嬗变，还要考察这一时期东北亚地区政治秩序发展变化的基本走势，本着辩证的、历史的态度，进行理论探索，将实证研究和理论研究相联系，对一些看似表面的问题进行深层次的挖掘论证，提出新的见解。第二，既要注重研究中朝交往中的具体事件，如壬辰抗倭援朝战争、后金（清）对朝鲜的侵略战争，同时要对这些事件发生的背景、性质、影响等从理论的高度予以探讨，揭示其本质。第三，运用比较研究方法，在研究过程中既要充分借鉴、参考前人的研究成果，还要注重对韩国相关研究成果进行分析、对比，考察中韩学者在历史观、方法论方面的异同，澄清对相关问题的一些模糊认识，给出客观评价，提出对该段历史的创新性看法，开拓更为广泛的研究思路。第四，该段历史还需要跨学科综合研究，因为涉及中朝的封贡关系、边境民族与王朝的关系、多边外交往来等问题，这就需要具备一定的国际政治关系理论，从宏观角度把握东北亚国家之间的相互关系，需要从历史学、政治学、民族学、外交学等角度进行交叉研究，如此才能正确地反映出彼时东亚地区政治秩序的全貌，揭示出它们之间的内在依赖性及斗争性，从而对当前的东亚地区国际关系处理以启示。

其三，在文献资料的运用方面，以往学者们大多使用的是《明实录》《明史》《清实录》以及《朝鲜王朝实录》，今后应该充分利用韩国文献资料进行对比研究，比如《备边司誊录》《承政院日记》中保存有大量的相关资料，值得深入挖掘。尤其需要指出的是，韩国近些年整理出版了《燕行录》《韩国文集丛刊》等文人使臣的私人著述。由于这些作者当时直接接触明清社会,对明清时期中朝关系的理解有自己独到的深刻认识,有效地运用好这些文献资料,对于研究明末清初时期的中朝关系尤为重要。

The Overview of the Research on the Sino-Korea Relationship During the Late Ming and Early Qing Period Since the Establishment of Diplomatic Relations between China and Korea

Wang Zhen

Abstract　During the late Ming Dynasty, along with the rising of the HouJin (Qing), the traditional Chinese tribute political system was broken, and the situation of tripartite confrontation among the Ming Dynasty, the HouJin (Qing) and the Korea appeared. Since the establishment of diplomatic relations between China and Korea in 1992, the historiography on the Sino-Korean relationship during the late Ming and early Qing Period has achieved fruitful results. This article combed the questions from the related books and papers in Chinese (including Taiwan, Hongkong) and the Korean academic circles, and proposed the view on ideas, methods and data application of further strengthening historical research.

Key Words　The Chinese and the Korean Academia; The Sino-Korean Relationship During the Late Ming and Early Qing Period; Research Situation

百济前期历史与地理述考*

苗 威

【内容提要】 百济的建立与马韩之伯济密切相关。建立百济的民族是朝鲜半岛南部的土著民族,而非夫余族。百济政权存续期间,与乐浪、带方等东北边郡,高句丽、新罗以及马韩等民族政权联系密切,百济疆域的由小而大,即是在与周边势力的推拉之中进行的。

【关键词】 百济　疆域　马韩　朝鲜半岛

【作者简介】 苗威,东北师范大学历史文化学院东亚文明中心教授、博士生导师、历史学博士。

百济是朝鲜半岛西南部存国7个世纪的古代政权,它的历史不仅是朝鲜古代历史的重要内容,同时也是中朝古代关系史的重要组成部分。百济的建国不仅同我国东北古代少数民族夫余、初期的高句丽有直接关系,①而且在

---

* 本文为国家社会科学基金项目(10BZS014)。
① 以往学界多根据《三国史记・百济本纪》始祖温祚王条认为,百济建国者温祚是高句丽王朱蒙之子,而朱蒙系夫余王子,故而百济民族甚至国家起源与夫余、高句丽关系密切。刘子敏先生对此曾有异议,认为百济民族或国家起源于高句丽或夫余,系百济人的伪托。百济是马韩北部土生土长的民族,其建国(部落形成)与夫余人或高句丽人并无瓜葛。百济王族的姓氏"馀"或"扶馀",是百济王族为了抬高自己身份,以便同高句丽平起平坐而有意为之。参见刘子敏《百济起源与夫余、高句丽无关》,《朝鲜・韩国历史研究》第12辑,延边大学出版社,2012。

发展过程中也与古代中原王朝、① 东北边郡②关系密切，在古代民族关系方面，百济与汉、靺鞨、后期高句丽族等亦往来频繁。因史料缺乏，或相关记载语焉不详，百济的早期历史与疆域情况有澄清的必要。本文拟以高句丽迁都于朝鲜半岛为大体时限，探讨百济政权前期的历史与疆域问题。

一　百济的建国

"百济"之名在文献之中最初记为"伯济"，《后汉书》和《三国志》的《韩传》中对伯济皆有记载，前者谓三韩"凡七十八国，伯济是其一国焉"。后者在列述马韩诸小国时，有"伯济国"之名。最早为百济国立传的是《宋书》，但其关于百济疆域状况有一段错误的记载，其曰："百济国，本与高骊俱在辽东之东千余里，其后高骊略有辽东，百济略有辽西。百济所治，谓之晋平郡晋平县。"③ 这一错误记载亦为《梁书》《南史》等所沿袭，"其国本与句骊在辽东之东，晋世句骊既略有辽东，百济亦据有辽西、晋平二郡地矣"。④《宋书·百济传》主要记载的是百济与中原的关系。从《晋书·简文帝本纪》的记载来看，百济首次出现在朝贡行列中是在晋简文帝咸安二年（公元372年）春正月，晋在这年六月首次对百济进行册封，并"遣使拜百济王余句为镇东将军，领乐浪太守"。

百济的建国情况，中国史书《周书》《隋书》及《北史》皆有所载。《隋书·百济传》载："百济之先，出自高丽国。其国王有一侍婢，忽怀孕，王欲杀之。婢云：'有物状如鸡子，来感于我，故有娠也。'王舍之。后遂

---

① 在中国正史《宋史》《魏书》《周书》《隋书》《南史》《北史》《旧唐书》《新唐书》等之《百济传》中皆载有百济与中原互通使臣，以及百济向晋、宋、梁、齐、隋、唐等诸朝"遣使称藩""遣使来朝""遣使朝贡"等记载；同时，亦有晋唐等中原王朝册封百济王之事。在朝鲜正史《三国史记》之《百济本纪》中也频有相关记载，如百济"遣使入晋朝贡（近肖古王二十七年春正月）""遣使入陈朝贡"（威德王十四年秋九月条）"遣使入周朝贡（威德王二十四年十一月条）""遣使入隋朝贡（威德王二十八年条）""遣使入唐朝贡"（义慈王三年春正月条）以及东晋"册命"百济王为"使持节都督百济诸军事镇东将军百济王"（腆支王十二年条）、唐高祖"遣使册方郡王百济王"（武王二十五年条）等。
② 《三国史记·百济传》多有百济"遣使乐浪修好"（始祖温祚王四年秋八月条）、"乐浪来侵"（始祖温祚王十七年春条）、"王娶带方女宝菓为夫人"（责稽王元年条）、"潜师袭取乐浪西县"（汾西王七年冬十月条）等相关记载。
③ 《宋书》卷97，《百济传》。
④ 《梁书》卷54，《百济传》。

生一男，弃之厕溷，久而不死，以为神，命养之，名曰东明。及长，高丽王忌之，东明惧，逃至淹水，夫余人共奉之。东明之后，有仇台者，笃于仁信，始立其国于带方故地。汉辽东太守公孙度以女妻之，渐以昌盛，为东夷强国。初以百家济海，因号百济。历十余代，代臣中国，前史载之详矣。开皇初，其王余昌遣使贡方物，拜昌为上开府、带方郡公、百济王。"在高丽人金富轼所撰之《三国史记·百济本纪》中有更为明确的记述：

  百济始祖温祚王，其父邹牟，或云朱蒙，自北扶余逃难，至卒本扶余。扶余王无子，只有三女子。见朱蒙，知非常人，以第二女妻之。未几，扶余王薨，朱蒙嗣位。生二子，长曰沸流，次曰温祚。或云朱蒙到卒本，娶越郡女，生二子。及朱蒙在北扶余所生子来，为太子，沸流、温祚恐为太子所不容，遂与乌干、马黎等十臣南行，百姓从之者多。遂至汉山，登负儿岳，望可居之地。沸流欲居于海滨，十臣谏曰："惟此河南之地，北带汉水，东据高岳，南望沃泽，西阻大海，其天险地利，难得之势，作都于斯，不亦宜乎？"沸流不听。分其民，归弥邹忽以居之。温祚都河南慰礼城，以十臣为辅翼，国号十济，是前汉成帝鸿嘉三年也。沸流以弥邹土湿水咸，不得安居，归。见慰礼都邑鼎定，人民安泰，遂惭悔而死，其臣民皆归于慰礼。后以来时百姓乐从，改号百济。其世系与高句丽同出扶余，故以扶余为氏。

《三国史记·百济本纪》对上则史料自注云：

  始祖沸流王，其父优台，北扶余王解扶娄庶孙。母召西奴，卒本人延陁勃之女，始归于优台，生子二人，长曰沸流，次曰温祚，优台死，寡居于卒本。后朱蒙不容于扶余，以前汉建昭二年春二月，南奔至卒本立都，号高句丽，娶召西奴为妃。其于开基创业，颇有内助，故朱蒙宠接之特厚，待沸流如己子。及朱蒙在扶余所生礼氏子孺留来，立之为太子，以至嗣位焉，于是沸流……遂与弟率党类渡浿、带二水，至弥邹忽以居之。《北史》与《隋书》皆云："东明之后有仇台，笃于仁信，初立国于带方故地，汉辽东太守公孙度以女妻之，遂为东夷强国。"未知孰是。

对于百济的族源，中国史书或记为索离，①或云出自夫余②并为夫余之"别种"，③或云出自高句丽。④《三国史记》的思路大体与中国史书相类，概因《三国史记》的主要史料来源于中原史书所致。诸史皆以传说的形式对百济建国加以记述，不足以作为信史，相关记载可能是百济人自己伪托。事实上，百济人系出自马韩的伯济部落，⑤是朝鲜半岛的土著民族，百济是从马韩之土著部落伯济逐渐发展壮大起来的。按照王明珂的推断，在"英雄祖先历史心性"的历史文本构筑中，《三国史记》关于高句丽、百济的始祖记载作为"边缘文本"，将"东夫馀始祖传说的'金蛙'、北夫馀始祖传说的'天帝解慕漱'，皆勉强纳入高句丽之英雄祖先'朱蒙'的故事之中。……金富轼将各种起源神话或本土'历史'聚为一祖源叙事，可说是为此民族与国家建立一共同起源记忆"。⑥当然，这样的"历史"虽然并非所有高句丽人或百济人的共同起源，而只是统治者的"起源"，但从某种程度上也反映了一定的历史文本解读。百济人构筑了建国始祖为朱蒙之后的文本，从某种程度上讲，亦是"英雄祖先历史心性"。当然，文献中将高句丽与百济建国集团同列为夫余人后裔的文本，亦是半岛人所固有的，或是由来已久的"华夏边缘"意识。百济建国者为外来移民说颇可质疑，百济源自伯济是有一定道理的。

关于百济建国之地，学界主要有二说，或云带方故地，⑦或云马韩故地。⑧上引《三国史记》及其自注有二说，一是弥邹忽（今韩国京畿道西海岸之仁川）；一为河南慰礼城。笔者认为，百济建都于慰礼城，慰礼城应在马韩之地，而非带方故地，至于百济曾将其领土扩张至带方故地，则是后来的史事。

《三国遗事》卷1《王历篇》认为，慰礼城"一云蛇川，今稷山"。《东

---

① 《北史》卷94，《百济传》。
② 《魏书》卷100，《百济传》。
③ 《北齐书》卷49，《百济传》；《旧唐书》卷199，《百济传》；《新唐书》卷220，《百济传》。
④ 《隋书》卷81，《百济传》。
⑤ 刘子敏：《百济起源与夫余、高句丽无关》。
⑥ 王明珂：《英雄祖先与兄弟民族》，中华书局，2009年，第104~105页。
⑦ 《隋书》卷81，《百济传》；《北史》卷94，《百济传》。
⑧ 《北齐书》卷49，《百济传》。

国舆地胜览》卷16 稷山县建置沿革条亦云："本慰礼城，百济温祚王自卒本扶余南奔，开国建都于此，后高句丽取之为蛇山县。"然而，"慰礼城"位置的稷山说不为学界所取。此外又有"河北""河南"二说，所谓"河"，即指汉江。持河北说者主张温祚王开国时首都慰礼城是在河北，十四年迁都于河南。此说最早提出者是丁若镛，① 支持此说者较众，并进而几乎成为通说；持河南说者，以《三国史记》为最早，在朝鲜半岛近现代学者之中，如申采浩、② 李丙焘、③ 姜仁求④等皆主此说，日本学者田中俊明对河北说亦持否定态度。⑤ 笔者以为，河南说值得肯定，前文已述，河北之地彼时是乐浪等边郡的势力范围，而非马韩之地，故而百济建都不可能在汉江以北。最初的河南慰礼城究竟在何处呢？考古界在汉江南岸发现的"梦村土城"⑥，应是"第一慰礼城"。位于该城之北的凤纳土城⑦，应是"第二慰礼城，亦即《三国史记》所载温祚王十四年（公元前5年）所迁之都"汉城"。由"坚瓶山栅""瓽城破栅"⑧ "就汉山下立栅"⑨ 等记载"顾名思义"，百济建国之初，所筑之城既非土城，亦非石城，而应是用树木立栅的方式围建起来的简易城池。真正的土城，当是后来建筑的。《三国史记》所载之温祚王十七年（公元前2年），乐浪所焚之慰礼城，即是第二慰礼城。至于百济将首都迁至汉江之北，亦即"河北慰礼城"，则是后来的事。

百济初期的疆域，可依据《三国史记》的记载进行判断。温祚率众"至汉山，登负儿岳，望可居之地"。所谓"汉山"，当是区域名，因山而得

---

① 〔朝鲜王朝〕丁若镛：《疆域考》，《与犹堂全书》第6集《地理志》第3卷。
② 〔朝〕申采浩：《朝鲜上古史》第2章，平壤，1983。
③ 〔韩〕李丙焘：《译注〈三国史记〉》下，乙酉文化社，1991。
④ 〔韩〕姜仁求：《百济初期都城问题新考》，《韩国史研究》81期，1993年5月。
⑤ 〔日〕田中俊明：《韩国的古代遗迹（2）·百济伽耶篇》，中央公论社，1989，第45～47页。
⑥ 〔韩〕成周铎：《汉江流域百济初期城址研究》，《百济研究》14，1983；金元龙：《梦村土城西南地区发掘调查报告书》，汉阳大学博物馆1989年12月版；梦村土城发掘调查团：《梦村土城发掘调查报告书》，1984；〔日〕龟田修一：《考古学から见た百済前期都城》，《朝鲜史研究会论文集》24，1987。
⑦ 〔韩〕方东仁：《风纳里土城的历史地理研究》，《白山学报》16，1974；〔韩〕金元龙：《风纳里包含层调查报告》，《汉城大学校考古人类学丛刊》3，1965；《风纳土城发掘调查现场说明资料》，文化财研所，1999年9月8日。
⑧ 《三国史记》卷23，《百济本纪》始祖温祚王八年（公元前11年）秋七月条。
⑨ 《三国史记》卷23，《百济本纪》始祖温祚王十三年（公元前6年）秋七月条。

名，其山即今北汉山，具体而言，即是今汉城以北地区。负儿岳，即今韩国三角山。据朝鲜《东国舆地胜览》京畿道杨州牧山川条载："三角山在州南三十九里。"同书汉城府山川条云："三角山在杨州之境，一名华山，新罗称负儿岳。自平康县之分水岭，连峰叠嶂，起伏逶迤而西，至杨州西南为道峰山，又为三角山。实京城之镇山也。高句丽东明王之子沸流、温祚南行至汉山，登负儿岳，相可居之地，即此山也。"十臣建议温祚在"天险地利"的"河南之地"立国。所谓"河南"亦当是区域名词，"河南"之"河"即为"汉水"，"河南"之地即是汉水南岸地区。由"河南"地区"北带汉水"可知，河南的北限是汉水；东部所据之"高岳"，应指《东国舆地胜览》卷六广州牧山川条中的黔丹山，此山"在州东七里，镇山"；南部的"沃泽"指今平泽平原；西部所濒之"大海"指今之黄海。可知，百济的初居之地，是在马韩东北约百里之地，实质上也即中国史书所云之"伯济"小国所在之地。温祚听从十臣的建议，从负儿岳下来之后，向南渡过汉江，设都于江南的慰礼城，并因袭了"伯济"之"国"名，谐音为"百济"。彼时马韩的政治中心"目支国"，约在今韩国全罗北道的稷山。《东国舆地胜览》全罗道益山郡条云："本马韩国……至百济始祖温祚王并之，自后号金马渚。"益山"本马韩国"还是可信的，然而该地为百济所并有，却是温祚王以后的事情。

二 百济早期北部疆域之盈缩——同乐浪、带方的领土之争

百济在始祖温祚王（公元前18年至公元28年在位）建国初，就有拓展领土之志，其后诸王亦不断地向周边扩张领土。在公元前2世纪初至4世纪初的600余年间，百济的北邻是乐浪、带方等中原边郡，或边郡所属之东部、南部二都尉辖地，故而百济北向扩张，实际上是与中原王朝置于朝鲜半岛的边郡争夺领土。

百济与乐浪郡的矛盾始于百济在边境坚固城池，修筑城栅。始祖八年（公元前11年，西汉成帝元延二年），百济"筑马首城，坚瓶山栅"。[①] 马首

---

① 《三国史记》卷23，《百济本纪》始祖温祚王八年夏七月条。

城，即后来高句丽之马忽郡，在今韩国京畿道东北抱川郡；瓶山栅，位置不详，推测当在今京畿道抱川郡内某地。乐浪郡南界彼时至今海州湾，包括全部黄海道在内，① 双方毗邻。对百济此举，乐浪太守遣使告曰："城者，聘问结好，意同一家，今逼我疆，造立城栅，或者其有蚕食之谋乎？……"百济以"设险守国，古今常道"回应，修城不止。② 双方自此"失和"。

百济始祖十一年（公元前8年，西汉成帝绥和元年），"乐浪使靺鞨袭破瓶山栅。杀掠一百余人。秋七月，设秃山、狗川两栅，以塞乐浪之路"。③ 秃山栅、狗川栅的具体位置，因资料所限无从详考，有学者将秃山比定为今京畿道南部之竹山，将狗川的位置比定为忠清北道南部之沃川，大方向偏差殊多。依史料记载，此二栅应当在乐浪与百济间的通道上，在百济北而不在其南。笔者认为，秃山、狗川二栅的位置当在汉水之北。

百济始祖王十三年（公元前6年，西汉哀帝建平元年）五月，"王谓臣下曰：'国家东有乐浪，北有靺鞨，侵轶疆境，少有宁日。……'"④ 此处的记载当存在口误或者笔误，调整其表述应当为"国家东有靺鞨，北有乐浪"，而所谓"靺鞨"，即指乐浪郡于单单大岭（今朝鲜境内北大峰山脉、阿虎飞岭山脉、广州山脉）东部所置之乐浪东部都尉所管辖的东沃沮、东秽等民族。严格来讲，彼时百济之北、之东皆为乐浪郡地。⑤ 同年七月，百济"就汉山下立栅，移慰礼城民户"。汉山下所立之栅，即广州古邑黔丹山二圣山城。八月，遣使于马韩，通告迁都事宜，初步明确了自己的势力范围："北至浿河，南限熊川，西穷大海，东极走壤。"⑥ 所谓"浿河"，学界

---

① 谭其骧：《中国历史地图集释文编·东北卷》，中央民族学院出版社，1988，第34页。
② 《三国史记》卷23，《百济本纪》始祖温祚王八年夏七月条。
③ 《三国史记》卷23，《百济本纪》始祖温祚王十一年夏四月、秋七月条。
④ 《三国史记》卷23，《百济本纪》始祖温祚王十三年夏王月、秋七月、八月条。
⑤ 汉昭帝始元五年（公元前82年），西汉王朝合并朝鲜半岛之乐浪、真番、临屯、玄菟等四郡为一郡——乐浪郡。为便于治理，自西汉宣帝甘露年间（公元前53～公元前50年），至东汉光武帝建武十三年（公元27年），在南部原真番郡地设置乐浪南部都尉；东部原临屯郡地设置乐浪东部都尉。后来因"韩秽"势力强盛，乐浪郡及其东部、南部2都尉不能控制局面，2都尉百姓苦于政局的混乱动荡，大批流亡到韩地，导致该地人烟稀少，南方7县也就名存实亡了。之后，乐浪南部之地一度荒疏，直至公孙氏于桓灵末年在原真番故地再置带方郡。可见，在百济始祖时期，其北邻为乐浪辖区是无误的。
⑥ 《三国史记》卷23，《百济本纪》始祖温祚王十三年夏王月、秋七月、八月条。

基本上认为是今天的礼成江，① 然而，彼时百济的领域不可能到达礼成江流域，因为这一地区当时是在乐浪郡内，是乐浪南部都尉所辖之地；走壤位于今江原南道春川一带。可知，百济始祖王在位时，即大约在西汉晚期，百济曾将势力扩张至上述范围。同时，乐浪郡势力以及治内的靺鞨、秽等民族不断南下，据《三国史记》载，温祚王八年，靺鞨发三千兵，"来围慰礼城，王闭城门不出"，② 十七年，"乐浪来侵，焚慰礼城"。③ 足见百济与乐浪双方在汉江沿岸的势力均不稳定，一度以汉江为轴心进行拉锯式的争夺。

考察百济建国之初的疆域，《魏略》中的一段记载值得关注。其云：

> 右渠未破时，朝鲜相历溪卿以谏右渠不用，东之辰国，时民随出居者二千余户，亦与朝鲜贡蕃不相往来。至王莽地皇时，廉斯鑡为辰韩右渠帅，闻乐浪土地美，人民饶乐，亡欲来降。出其邑落，见田中驱雀男子一人，其语非韩人。问之，男子曰："我等汉人，名户来，我等辈千五百人伐材木，为韩所击得，皆断发为奴，积三年矣。"鑡曰："我当降汉乐浪，汝欲去不？"户来曰："可。"辰鑡因将户来来出诣含资县，县言郡，郡即以鑡为译，从芩中乘大船入辰韩，逆取户来。

明确引文中"含资县""辰韩"的地理位置，有助于准确判断百济的北界。学界对含资县的位置分歧较大。④ 笔者赞同李丙焘等人所主张的带水为

---

① "浿水"之名，在不同的历史时期有所变迁，西汉指今清川江，东汉则指大同江。礼成江称作浿江的时间较晚，金富轼在此则史料中所称之"浿"，当是东汉以后的称谓。《东国舆地胜览》卷41 黄海道平山都护府山川条："猪滩在府东二十五里，源出遂安郡彦真山；过新溪县，至府北为岐滩，府东为箭滩，至此滩其流始大；下流于江阴县，为助邑浦，《高丽史》云：'猪浅一云浿江。'"另见《高丽史》卷58 平州条。
② 《三国史记》卷23，《百济本纪》始祖温祚王八年春二月条。
③ 《三国史记》卷23，《百济本纪》始祖温祚王八年春二月条；十七年春条。
④ 日本人津田左右吉等将含资定为忠州，将辰韩视为以今庆尚道庆州为中心的三韩中的辰韩，以竹岭和鸟岭作为乐浪郡与辰韩的交界（津田左右吉：《朝鲜史略》）；孙进己则主张"含资应在北汉江，故乘船不能达辰韩，芩中当在南汉江，正通辰韩"，同时认为：《中国历史地图集释文汇编·东北卷》以今瑞兴江当带水，置含资于瑞兴附近不足取，"然含资若在此，则户来等从辰国来，不可能首诣含资县。"（孙进己、王绵厚主编《东北历史地理》第一卷，黑龙江人民出版社，1989，第333页）；《中国历史地图集释文汇编·东北卷》一方面力主含资为今瑞兴，一方面又认为所谓"辰韩"非庆州之辰韩，而应是三韩中的马韩，也即朝鲜王箕准在马韩灭亡后"马韩人复立为辰王"的"辰韩"。（谭其骧主编《中国历史地图集释文汇编·东北卷》，第37页）

今瑞兴江,含资位于今朝鲜黄海道凤山郡东南之瑞兴郡一带的说法,但将"辰韩"理解为马韩并不正确。马韩不可能又叫辰韩,不能简单依据马韩王可以称为辰王进而判断马韩部落也可称辰韩。《魏略》所云之"辰韩",实际上是"三韩"之一的"辰韩",并非马韩。参照《史记·朝鲜列传》《汉书·东夷传》等相关记载,"古之辰国"是朝鲜半岛南部的原始地名,"三韩"则是在古辰国地区发展起来的部落联盟。"三韩"的部落首领皆称"辰王",但因为马韩最大,所以三韩共立马韩人为"辰王",作为三韩联盟之盟主,"都目支国,尽王三韩之地",而"其诸国王(指其他二韩的部落酋长)先皆是马韩种(指辰、弁二韩的酋长都由马韩人担任)",因此有"辰王(指辰、弁二韩的酋长)常用马韩人作之"一说。① 同时,《魏略》中的"辰国"并非指文献所云之"古之辰国"这一"(大)辰国",而是"三韩"(弁韩、马韩、辰韩)之一"辰韩"这一"(小)辰国"。因为,至迟在王莽朝时期,马韩的领域已经退缩到今韩国忠清南地道区,韩国京畿道则为百济所占居。而且,马韩在乐浪之南而非东,只有辰韩在其东。津田左右吉等视带水为汉江、含资县为今之中州,自然是不可取的,但他们关于乐浪同辰韩的交往道路的认识值得借鉴。笔者认为,户来等人在南汉江上游伐木,利用汉江向下游放木排,因为接近辰韩,故而为辰韩掳为奴隶。廉斯鑡在辰韩见到户来,二人出辰韩而顺汉江西下,至汉江口再沿礼成江北上,至含资县。从辰韩右渠帅廉斯鑡带领"户来诣含资县",以及乐浪郡"从芩中乘大船入辰韩"迎取"为韩击得"的千余汉人的这一"来"一"往"二条路线来看,汉江以北已经不是由百济来控制的。芩中应是汉江下游的一个地名,具体位置不可考,推测其方位大体在汉江下游北岸地区,彼时的汉江水道已经被乐浪郡控制。如此,将含资县置于瑞兴还是完全能讲得通的,相反,如果将其置于北汉江就不合情理了。可以设想一下,如果含资在北汉江,自今庆州一带,前往乐浪郡的首府朝鲜县应该没有必要拐个大弯至北汉江某地而后退回,之后沿汉江而下,再抵达目的地。

由于西汉晚期以及王莽朝对边疆地区的控制比较松弛,导致东北边郡对邻近民族及地区的控制力相对变弱,百济同乐浪争夺领土的冲突依然在述川城(今京畿道东部骊川)、瓶山栅一带进行。这种情况到汉光武帝建武六年

---

① 刘子敏:《关于古"辰国"与"三韩"的探讨》,《社会科学战线》2003年第3期。

（公元30年，百济多娄王三年）收复王调统治下的乐浪①方告一段落。由于东汉加强对边郡的控制，尤其是公孙氏雄张海东，并辟带方郡，东北边郡在朝鲜半岛的统辖得以巩固。《三国志·东夷传》云：

> 桓、灵之末，韩濊强盛，郡县不能制，民多流入韩国。建安中，公孙康分屯有县以南荒地为带方郡，遣公孙模、张敞等收集遗民，兴兵伐韩濊，旧民稍出，是后倭韩遂属带方。②

公孙康任辽东太守的时间大约是在汉献帝建安九年（公元204年，百济肖古王三十九年）至曹魏黄初二年（公元221年，百济仇首王八年）间，在屯有县以南所重置的带方郡的辖境与真番郡的辖区基本相同，在今朝鲜黄海道的中部和西部。③带方郡与百济的边界即是真番郡的南界——南汉江以北的京畿道一带。④

百济向北对中原边郡发起的规模较大的衅边是在正始七年（公元246年，百济仇首王十三年，曹魏正始七年），史载：

> ……秋八月，魏幽州刺史毋丘俭与乐浪太守刘茂、朔方太守王遵伐高句丽，王乘虚遣左将真忠，袭取乐浪边民，茂闻之怒。王恐见侵讨，还其民口。

此则史料较为芜杂："朔方太守"之"朔方"当为"带方"之误；而彼时的带方太守亦不是"王遵"而是"弓遵"，因为参证《后汉书·光武帝本纪》载："初，乐浪人王调据郡不服。秋，遣乐浪太守王遵击之，郡吏杀调降。"⑤同事在《后汉书·王景传》中亦有载，王调之"据郡不服"发动叛乱，约发生于西汉擅替之时，彼时的乐浪太守是"王遵"，而王调之乱距

---

① 《后汉书》卷76，《循吏列传·王景传》。
② 《三国志》卷30，《魏书·东夷传·韩传》。
③ 谭其骧等：《中国历史地图集释文汇编·东北卷》，第46页。
④ 〔韩〕李丙焘著《真番郡考》，周一良译，《禹贡》第2卷第10期；谭其骧等：《中国历史地图集释文汇编·东北卷》，第51页。
⑤ 《后汉书》卷1，《光武帝本纪下》建武六年六月条。

离此时已相距 200 余年。另据《三国志·濊传》载："正始六年，乐浪太守刘茂、带方太守弓遵以领东濊属句丽，兴师伐之，不耐等举邑降。"① 恰与古尔王十三年之事为同一事，故而"朔方太守王遵"当是金富轼参引史料讹误所致；"乐浪边民"，当是"带方边民"，对此李丙焘已经做了订正。② 因而，面对百济袭取"带方边民"之事，闻之而怒的自然是带方太守，即弓遵，因而"茂闻之怒"亦当为"遵闻之怒"，因为彼时百济不可能越过带方而到乐浪去掠取边民。

从《三国史记》的记载来看，在公元 1 世纪初至 3 世纪中叶的 200 多年中，百济与乐浪郡以及后来的带方郡没有发生过战争。

百济建国之初的疆域比较狭窄，故而其边界线很有限，并不像《三国史记》所载周邻众多，其与靺鞨（东秽）等民族进行领土推拉是不可能的，因为壤地并不相接。然而，随着乐浪对南部都尉的管理逐渐松弛，百济不失时机地越过汉江北上，并于盖娄王五年（公元 132 年，东汉顺帝永建七年）筑北汉山城，③ 该城为京畿道高阳郡新都邑北汉里，即今汉城北汉山国立公园内之北汉山城址。④ 不过，百济当时并未迁都，首都依然还在河南之第二慰礼城。

由于公孙氏于建安年间在原乐浪南部都尉之地设置带方郡，百济北进严重受阻，其势力大体再度局限在汉江以南。

百济责稽王于即位之年（公元 286 年，西晋太康七年），"发丁夫，葺慰礼城"，并"修阿且城、蛇城"。⑤ 此慰礼城应是第二慰礼城，即今风纳土城。阿且城，又作阿旦城，学界多认为此城即高句丽之阿珍押县，即新罗之安峡县，位于今朝鲜江原北道西南角一带，即今汉江西岸广壮里峨嵯山城。蛇城指梦村土城，即第一慰礼城。可见，百济在建国 3 个世纪之后，国力逐渐增强，其重要表现是加固都城，并增强了都城的防御体系，同时向汉江北岸延展势力。事实上，百济此时的北进是合于时势的。据《晋书·宣帝纪》载，魏明帝景初二年（公元 238 年，百济古尔王五年），司马懿诛除公孙

---

① 《三国志》卷 30，《东夷传·濊传》。
② 〔韩〕李丙焘：《译注〈三国史记〉》下，乙酉文化社，1991。
③ 《三国史记》卷 23，《百济本纪》盖娄王五年春二月条。
④ 《大东地志》杨州古城条。
⑤ 《三国史记》卷 24，《百济本纪》责稽王元年条。

氏，"辽东、带方、乐浪、玄菟四郡皆平"。然而此后，魏因忙于逐鹿中原，兼与高句丽争夺辽东，忽略了对带方等地的管理。晋时，原乐浪南部都尉地再度荒置，乐浪郡仅辖6县，在客观上为百济北进提供了契机。

比流王二十四年（公元327年，东晋咸和二年），百济内工卢佐平优福据北汉城叛，① 说明北汉城仍是百济城池。

三 百济早期向南部的扩张

百济建国之初，疆域的南界大体在"熊川栅"，即今京畿道安城郡一带。在金富轼所谓"海东三国"② 之中，继高句丽之后，百济作为先于新罗发展起来的政权，由于地缘关系，百济接触中原王朝的郡县文明以及同中原王朝的联系皆较早，表现也较为密切。在乐浪、带方二郡内徙于辽西之后，百济趁高句丽忙于辽东战事无暇经营二郡故地之机，不断向北蚕食，逐渐将势力扩张至带方故地，并将首都从汉江之南迁移于汉江之北。

百济的扩张主要是同马韩和新罗争夺领土，并于始祖二十七年（公元9年）灭掉马韩。③ 但是，就中原王朝的史籍来看，马韩存在时间较长。《后汉书》与《三国志》《东夷传》中都有关于三韩的记载，说明在汉魏时期马韩依然存在。至《晋书·东夷传》中仍有关于马韩的记载：晋武帝太康元年（公元200年）、二年，马韩主"频遣使入贡方物，七年、八年，又频至。太熙元年（公元290年），诣东夷校尉何龛上献。咸宁三年（公元277年）复来，明年又请内附"。④ 此处"咸宁"疑是"太宁"（东晋明帝司马绍年号）或"咸和"（东晋成帝司马衍年号）之误，太宁三年为公元325年，咸和三年为公元328年。由此看来，马韩的存在至少延续到东晋初期。

朝鲜半岛同日本列岛的联系开始较早。《三国史记》中有关于倭人瓠公"以瓠系腰"⑤ 泅渡而来的记载，说明日本列岛至朝鲜半岛水路之便捷。另外，在《三国史记》中亦载有很多倭人侵扰新罗的事。有迹象表明，远在

---

① 《三国史记》卷24，《百济本纪》比流王二十四年九月条。
② ［高丽］金富轼：《进三国史表》，《东文粹》卷一；《东文选》卷44。
③ 《三国史记》卷27，《百济本纪》始祖温祚二十七年夏四月条。
④ 《晋书》卷97，《四夷列传·马韩》。
⑤ 《三国史记》卷1，《新罗本纪》始祖三十八年春三月条。

我国商周时期，中国环渤海地区及内地居民常常经由朝鲜半岛南部地区前往日本列岛，直到汉魏时期，狗邪韩国（即位于金海地区的驾洛国）就是前往日本列岛的必经之路。新罗与百济建国之后，同日本列岛皆有密切联系，尤其是日本的大和政权建立之后，常常将势力向朝鲜半岛的南方扩张，从而发生了多次武装冲突。据《日本书记》载，自公元367年（日本神功四十七年，百济近肖古王二十二年），倭人同百济建立了外交关系之后，倭人就对朝鲜半岛南部的土地心存觊觎，而百济则欲利用倭人势力对付高句丽、新罗。公元369年，倭国出兵新罗及加耶等地，平定了比自火本（今庆尚南道昌宁）、南加罗（今金海）、㖨国（今庆山）、安罗（今咸安）、多罗（今陕川）、卓淳（今对马岛）、加罗（今高灵）等7国或曰部落，彼时百济亦出兵会战，降服了马韩的比利（今全州）、辟中（今任实）、布弥去（今淳昌）、半古（今求礼）等"四邑"。公元370年、371年（日本神功五十年、五十一年）大和平定了"海西诸韩"，并将其"赐"于百济。所谓"海西"，即指朝鲜半岛南部地区，其中主要是马韩南部各地。在近肖古王执政时，百济已经占领了马韩的全部疆域，其北，已达带方故地。至于六加耶地区，则为倭国势力所占。

日本学者末松保和曾以神功皇后四十九年记事为据，认为从这一年起，大和在加耶地区有过"任那日本府"。① 此说已被中韩学者所否定，但是，彼时该地曾有过倭人移民所形成的部落，并存在过倭国的势力，通过我国史书所载倭王自封或请求中国皇帝所封的"督倭、新罗、任那、伽罗、秦韩六国诸军事"，② 以及《好太王碑》中的相关记载，可以得出这样的结论。

四 百济在北部、东北部同高句丽的领土之争

高句丽早在第六代王太祖王时期就征服了位于今朝鲜咸镜南道的东沃沮，将势力扩展到朝鲜半岛东北部。东汉末期征服了位于今江原道的东秽，将势力扩展到百济东北部、新罗北部。由于在一个相当长的时间内辽东、玄菟、乐浪、带方四郡的存在，高句丽向朝鲜半岛扩张也仅限于利用靺鞨

---

① 〔日〕末松保和：《任那兴亡史》，昭和二十四年，第37~63页。
② 《宋史·倭传》、《南齐书·倭传》、《梁书·倭传》。

（沃沮、东秽）对新罗与百济进行骚扰。自西晋后期，高句丽趁中原"八王之乱"和"永嘉之乱"之机，对辽东、玄菟、乐浪、带方四郡加强军事进攻，势力不断向朝鲜半岛西北扩展。

《三国史记·百济本纪》载：责稽王元年（公元286年，西晋太康七年，高句丽西川王十七年），"王征发丁夫葺慰礼城。高句丽伐带方，带方请救于我。先是，王娶带方王女宝果为夫人，故曰：'带方，我舅甥之国，不可不副其请。'① 遂出师救之，高句丽怨。王虑其侵寇，修阿旦城（京畿道广壮里峨嵯山城）、蛇城（凤纳里土城）备之。"关于这一记载，刘永智曾提出异议，认为金富轼所记百济王有误，经考证，责稽王应在比流王之后，责稽王元年应为公元326年，即百济援助带方郡之后。② 笔者认为这种认识是有道理的。依《三国史记·高句丽本纪》所载，美川王十四年（公元313年），高句丽侵乐浪郡，翌年又侵带方郡，但是至少带方郡彼时并未完全迁回辽西。由于百济援救带方而致高句丽与之结怨，不久，带方郡内徙于辽西。

在探讨高句丽与百济的关系时，不得不注意一种现象，即在乐浪、带方二郡撤出朝鲜半岛之后，在几乎半个世纪中，百济与高句丽的接触史书无记载。笔者认为，在这四十余年中，虽然乐浪、带方二郡已不存在于朝鲜半岛，但是，由于高句丽忙于辽东之事，并无精力经营二郡故地，该地实际上是由留居下来的汉人与新迁来的汉人或汉化了的鲜卑人共同经营的。关于这一点，可由考古界发掘的佟寿墓、幽州刺史墓以及乐浪、带方故地的其他砖室墓中的相关资料得到证实。③

百济与高句丽争夺乐浪、带方故地的战争，最早发生于公元369年（高句丽故国原王三十九年，百济近肖古王二十四年）。在《三国史记》之《高句丽本纪》《百济本纪》中皆有记载，这年秋九月，高句丽王斯由亲帅步骑二三万在雉壤地区（今黄海南道东南白川一带）与百济作战，百济取胜，"获五千余级"。公元371年冬十月，百济王率3万大军进攻平壤城，

---

① 《三国史记》卷24，《百济本纪》责稽王元年条。
② 洪晴玉：《关于冬寿墓的发现和研究》，《考古》1959年第1期；刘永智：《高句丽壁画墓与中国文化的关系》，《学术研究丛刊》1982年第4期；刘永智：《幽州刺史墓小考》，《朝鲜史通讯》1982年第4期。
③ 刘永智：《"百济略有辽西"辨》，《学术研究丛刊》1983年第4期。

高句丽故国原王出师拒之，为流矢所中而死。此后，高句丽、百济双方争夺二郡故地的战争屡屡发生。公元375年秋，高句丽进攻百济北鄙水谷城（今黄海北道平山郡南山城里太白山城，又名城隍山城，在礼成江西岸）；公元377年冬十月，百济近仇首王率3万大军攻打平壤城；公元390年秋九月，百济辰斯王命达率真嘉谟攻破高句丽的都押城，总的看来，这一阶段高句丽与百济之间的战争，高句丽处于劣势。

近肖古王二十四年（公元369年），百济在雉壤城大败高句丽军。① 雉壤城即是白川山城，此城利用高耸于白川邑西北侧雉岳山的天然地势构筑，亦名"雉岳城"，位于延白平原之北。② 仅隔两年，即近肖古王二十六年（公元371年），百济在浿河击败高句丽军，并于同年冬，攻打高句丽平壤城，丽王斯由力战，中流矢死，百济"移都汉山"。③ 关于此处的"浿河"为今之何水，学界认识不一。李丙焘力主浿河为今礼成江，④ 全荣来则认为应为大同江。⑤ 关于这里的"平壤城"，学界基本主张在今朝鲜平壤。⑥ 笔者认为，浿河为今天之礼成江的说法符合历史事实。也就是说，近肖古王时期，高句丽、百济争夺地盘的战争主要发生在今礼成江流域，而非大同江流域。其事件发生的逻辑顺序是：近肖古王二十四年九月，高句丽王亲帅2万兵南下屯于近邻百济的雉壤，为百济所击败；十一月，百济在汉水南岸大规模阅兵；三年后，高句丽再"举兵来"，百济"伏兵于浿河上"，以静制动，再次击溃高句丽军。二次战斗对于百济而言，皆是因高句丽军先"来"，方有迎战，故而，若浿河是今大同江，对高句丽军而言则不是"来"；而百济

---

① 《三国史记》卷24，《百济本纪》近肖古王二十四年秋九月条。
② 〔朝〕朴晋煜著《朝鲜考古学全书（中世篇·高句丽）》，李云铎译，《历史与考古信息·东北亚》2001年第2期。
③ 《三国史记》卷24，《百济本纪》近肖古王二十六年条。
④ 《韩国史》古代篇，1959年汉城版，第352页。
⑤ 《百济的兴起和带方故地》，日本《古代文化》第11卷10期，1999年。
⑥ 近年，亦有学者提出此平壤城为今吉林省良夷古城。论文主见于张福有《高句丽第一个平壤城在良民即国之东北大镇新城》，《东北史地》2004年第4期；张福有：《高句丽平壤东黄城考》，《东北史地》2004年第5期；张福有：《高句丽的平壤、新城与黄城》，《高句丽历史问题研究论文集》，延边大学出版社，2005；张福有：《好太王碑中的壤城考实》，《社会科学战线》2007年第4期；张福有、孙仁杰、迟勇：《集安古道新发现两通石碑》，《东北史地》2008年第1期；张福有、孙仁杰、迟勇：《五年间高句丽遗迹调查与文献研究中的新收获》，《东北史地》2009年第2期。有关评论，参见苗威《高句丽平壤城考》，《中国历史地理论丛》2011年第2期。

军也谈不到"伏"。浿河之战以后，百济兵乘胜北进，"侵高句丽，攻平壤城"，① 取得了平壤城胜利，百济王回军，为巩固胜利成果而将都城移至汉山城，即"河北慰礼城"。《东国舆地胜览》卷三汉城府建置沿革条云："本高句丽北汉山郡，百济温祚王取之，筑城。近肖古王自南汉山徙都焉。"高句丽设置北汉山郡是后来的事，百济温祚王取北汉山，也不是事实。然而，近肖古王自南汉山（凤纳土城）而徙都于北汉山城是真实的。

百济迁都于北汉山城之后，乘势继续向北拓展，其北界达到水谷城（黄海北道平山郡南山城里礼成江西岸的城隍山城，又名太白山城）②，至雉壤（今黄海南道白川郡雉壤城）③ 一线，领域已经过了浿河（今礼成江），到达带方故地。又据考古资料得知，在黄海北道黄州的土城里出土过28件百济陶器，是4世纪中叶之物，④ 初步判断百济的领域曾一度到达此地。

然而，百济的优势并未持续多久。至好太王执政时（公元392～413年），高句丽军威大振，曾数次大败百济军。好太王第一次征百济是公元392年（百济辰斯王八年，高句丽好太王元年）七月，好太王亲率4万大军攻打百济北鄙，陷石岘（今开城西之开丰）等十城，汉水以北土地多为高句丽所占有，冬十月攻拔了关弥城（今乔桐岛）。

高句丽强势将百济势力逐回汉江之南，在北汉山城建"南平壤"。《三国史记·地理志四》百济条谓"近肖古王，取高句丽南平壤，都汉城"，这里的"南平壤"即是存在于4至5世纪的"长寿山城"之南的平地城，⑤ 长寿山城位于今朝鲜黄海南道新院郡之载宁江上游左岸长寿山东侧的山顶上，附近的平地城则位于长寿山城南约1.7公里载宁江西岸的峨洋里城岘洞平原上，土筑，为南北向的长方形，城内中部有高台，周围地上有建筑址，从高台上发现的多根柱石来看，高台上曾以修建过东西并排的两栋南向的建筑物。

---

① 《三国史记》卷24，《百济本纪》近肖古王二十六年冬条。
② 《三国史记》卷18，《高句丽本纪》小兽林王五年秋七月条。城隍山城在《东北舆地胜览》黄海道平山都护府古迹条中有载："城隍山城，在府东五里。石筑，周七千五百二十五尺，高二十尺。内有一井，今废。"从现代考古学提供的资料看，该城周长2425米，簸箕型，石筑，有雉，开四门，有水门。城内有将台、井、水池和仓库之类的建筑址，并发现红色高句丽瓦片，说明后来为高句丽所占有。
③ 《三国史记》卷24，《百济本纪》近肖古王二十四秋九月条。
④ 〔韩〕崔钟泽：《黄州出土百济陶器例》，《韩国上古史学报》4期，1990年11月。
⑤ 〔朝〕朴晋煜著《朝鲜考古学全书（中世篇·高句丽）》，李云铎译，《历史与考古信息·东北亚》2001年第2期。

城内有水池址和水井址，并发现了以瓦、砖、陶器印章为主的无数遗物。瓦是青灰瓦、红瓦和灰瓦，而砖都是灰砖，其中有"永嘉七年"（313 年）的纪年铭。① 该平地城可能是原乐浪郡的汉人所筑，高句丽占领乐浪郡后，直至公元 427 年迁都于平壤，在 1 个世纪左右的时间中并未严格经营此地，致使乐浪地区一度成为相对而言的汉人自治社会，给百济北进提供契机，将势力扩张到汉江之北，设都城于汉城，即今汉江北岸的"北汉山城"。高句丽入主原乐浪郡之后，沿用平地城，并名之曰"南平壤"，后来又筑长寿山城，便是高句丽别都"汉城"之所在。因此，《三国史记·地理志》所载还是没有错的，只是南平壤是南平壤，汉城是汉城，二者并非一地罢了。至于高句丽的"汉城"（长寿山城）与百济的汉城（北汉山城），二者不是一回事。②

以韩国学者金荣来代表的学者主张百济建国于带方故地，认为黄海道曾是马韩之地，及乐浪、带方二郡迁移到辽西后，"带方故地"的土著部族便同高句丽直接对立，近肖古王时，高句丽与百济作战的主战场"浿河"不是礼成江，而是大同江，百济自公元 313～371 年间的首都是载宁郡（今新院郡）的长寿山城一带，而近肖古王"移都汉山"是指由长寿山城一带南移至汉江南岸的风纳土城，与此同时将"汉"字带了过来，"阿里水"变成"汉江"，慰礼城改名为汉城。③ 此说对于公元 313 年以前的百济并未说清楚。实际上，带方故地并非马韩，而应是真番，马韩是在带方故地之南。至于长寿山城，则是高句丽所建，并非是高句丽的"南平壤"。如前所述，"南平壤"初在"北汉山城"。日本学者田中俊明认为，《三国史记》地理志 4 所载之北汉山的别名是"平壤"（平襄），而《三国史记》新罗本纪宪德王十七年（公元 825）条所云"庄义寺"址即在今汉城市的北汉山南麓，故而，北汉山就是平壤，即高句丽时代的杨州，现在汉城市的北部。④ 田中对（南）平壤的认识是正确的。然而，"南平壤"以及"汉城"之名，在后来同时迁到了长寿山城一带，时间应在我国北周之时，或更早一些。这可

---

① 〔朝〕安炳灿著《关于长寿山一带的遗址和遗物》，郑仙华译，《历史与考古信息·东北亚》1992 年第 2 期。
② 苗威：《高句丽平壤城考》，《中国历史地理论丛》2011 年第 2 期。
③ 〔韩〕金荣来著《百济的兴起和带方故地》，姚义田译，《历史与考古信息·东北亚》2005 年第 1 期。
④ 〔日〕田中俊明：《百济汉城时代王者的变迁》。

由《周书·高丽传》关于"汉城"为高句丽"别都"的记载而推知。

百济在高句丽的攻击之下,将首都回迁到南汉山城(今风纳土城),即原第二慰礼城。该城是南北长的方形土城。风纳土城是在平地夯土而筑。城墙基址宽40米以上,周长达3.5千米,①南墙残存长200米,江岸的西墙大都为洪水冲毁。从原地面算起,城墙高15.5~21米。②

百济都城迁回南汉山城的时间,当在阿莘王四年(公元395年)前后,主要有二则史料可证:

> 史料一:阿莘王四年,"秋八月,丽王谈德……阵于浿水之上拒战。我军大败,死者八千人。冬十一月,王欲报浿水之役,亲帅兵七千人过汉水,次于青木岭下,会大雪,士卒多冻死,回军至汉山城"。③
>
> 史料二:永乐六年(公元396年),"(好太)王躬率水军,讨伐残国。军至窠南,攻取……逼其国城。残不服义,敢出百战。王威赫怒,渡阿利水,遣刺迫城。残兵归穴,就便围城。而残主困逼,献出男女生口一千人、细布千匹,跪王自誓,从今以后,永为奴客。太王恩赦始迷之愆,录其后顺之诚。于是得五十八城,村七百。将残主弟并大臣十人,旋师还都"。④

"史料一"主要有三方面的信息:一是,八月,百济在浿水大败于高句丽,十一月,百济阿莘王欲报浿水之仇,再次向高句丽宣战;二是百济与高句丽此役的路线是先"过汉水",说明百济需渡过"汉水",方可及于高句丽兵锋;三是,在因故不能顺利为战的情况下,百济被迫撤军至"汉山城",亦说明彼时百济的首都已不在北汉山城。由"史料二"可知,永乐六年的高句丽对百济(残)之役,高句丽由百济南境登陆,攻城略地,并北渡阿利水(汉江),其先头部队逼近北汉山城,百济王降服。两则史料所记之事仅有一年之差,表明百济的首都已不在汉江之北,北汉山

---

① 〔韩〕全五荣:《百济最初的王城——风纳土城之调查》,《东南文化》2011年第2期。
② 〔韩〕金元龙:《风纳里文化层调查报告》,《汉城大学校古人类学丛刊》三册,1967,汉城。
③ 《三国史记》卷25,《百济本纪》阿莘王四年冬十一月条。
④ 参见王建群《好太王碑研究》,吉林人民出版社,1984,第210页。

城为高句丽所占,好太王将该城改称为"南平壤",后来高句丽在此设北汉山郡是情理可通的。

百济盖卤王在位(公元455~475年)时,曾一度收复北汉山城,并在青木岭设大栅,① 但估计在不久之后,百济势力又退回汉江以南。盖卤王在位时的都城在今凤纳土城址,主要有三则史料可证:

史料一:尽发国人,蒸土筑城,即于其内作宫室楼阁台榭无不壮丽,又取大石于郁里河,作椁以葬父骨。缘河树堰,自蛇城之东,至崇山之北。②

史料二:(高句丽)帅兵来攻北城,七日而拔之。移攻南城,城中危恐,(盖卤)王出逃。③

史料三:百济记云,盖卤王乙卯年(公元475年)冬,狛(即高句丽)大军来,攻大城,七日七夜,王城陷落,遂失慰礼,国王及太后、王子,皆没敌手。④

由"史料一"可知,盖卤王二十一年(公元475年)增筑蛇城等土城。学界对于蛇城和慰礼城的关系存在分歧,笔者认为,第一慰礼城被废都之后,便改名为蛇城(梦村土城),蛇城和第二慰礼城(凤纳土城)是两座不同的城。考古界认为,凤纳土城最初建于3世纪,即责稽王在位时或稍前,续建则是4世纪的后半期,至盖卤王在位的5世纪中叶又进行过修葺加筑,"崇山"依前文述即是"高岳"(今广州之东的黔丹山),蛇城恰当为梦村土城。"史料二"、"史料三"所记为同一史事。很明确,"大城"与"北城"应是同一座城,即王城慰礼城,而"南城"即蛇城,今梦村土城。梦村土城与凤纳土城相距不足一公里,梦村土城是建筑在高不到40米的丘陵上的不规则版筑土城,沿丘陵顶端设有几段回廊道,在第二个回廊道确认有柱穴,建有木栅,周长2285米,分内外两部分。梦村土城发现有建筑址:地上建筑址一处,版筑大土台址一处,竖穴建筑址一处,望台址四处。特别

---

① 《三国史记》卷25,《百济本纪》盖卤王十五年冬十月条。
② 《三国史记》卷25,《百济本纪》盖卤王二十一年秋九月条。
③ 《三国史记》卷25,《百济本纪》盖卤王二十一年条。
④ 《日本书记》卷14,雄略二十年(公元476年)条。

值得注意的是城内西南高台上的地上建筑址，地上有 1 米高的土堆，其上残留有侧面 2 间、正面 4 间以上的加固石础的石块，柱间距离，侧面间为 3 米，正面间为 5.5 米，最有可能是王宫。东约 25 米有版筑土台，旁边有水池，土台可能是苑中的台榭。① 各种迹象表明，在盖卤王时代，凤纳土城与梦村土城皆为百济的首都，前者称汉城或慰礼城，后者称蛇城，二者为伯仲式。

值得关注的是，《宋书》《梁书》《南史》《南齐书》等文献中误记有"百济略有辽西"，学界有人以为信史，无限夸大百济领域，甚至达于中国腹地。② 对此中国学界亦有学者予文驳论。③ 刘永智认为，百济曾略有"浿西"还是有道理的，此"浿西"之"浿"有时指大同江，有时指礼成江或临津江。从前述情况可知，百济确实曾占领过临津江，甚至礼成江以西之地。但是否曾经占领过大同江之西，似乎不为学界所关注。从百济多次进攻平壤一事来看，百济曾一度占领过平壤还是很有可能的。《宋书》等史书中所云"晋平郡晋平县"应理解为"晋平壤郡、晋平壤县"，壤字为漏字，也就是说，百济曾在平壤建郡，治平壤县（即高句丽之平壤）。因彼时百济内属于晋朝，故而在"平壤"之前加"晋"字，又此郡为百济自置，故又云"百济郡"。④ 但是，百济的优势并未持续多久。至好太王执政时，高句丽军威大振，曾几次大败百济军。随着好太王等高句丽君主的南下，百济领域再度南缩。

Investigation and Research on Early History and Geography of Baiji

Miao Wei

Abstract　The establishment of Baiji regime was closely related to Boji in

---

① 〔韩〕金元龙等：《梦村土城西南地区发掘调查报告书》，汉城大学博物馆，1989 年 12 月版。
② 〔韩〕文定昌：《百济史》，《古朝鲜研究》；金宪淑：《"百济略有辽西"记事初探》，《延边大学学报》（社会科学版）2000 年第 3 期。
③ 刘永智：《"百济略有辽西"辨》，《学术研究丛刊》1983 年第 4 期；刘子敏：《驳〈"百济略有辽西"记事初探〉》，《延边大学学报》（社会科学版）2001 年第 1 期。
④ 刘子敏：《驳〈"百济略有辽西"记事初探〉》，《延边大学学报》（社会科学版）2001 年第 1 期。

Mahan. The people who established Baiji was indigenous people in the south of Korean peninsula instead of Fuyu people. During the period of its existence, Baiji has a close relationship with the northeast counties, such as Lelang, Daifang, and the national regime, such as Gaogouli, Xinluo and Mahan. The increasing of Baji's territory was expended by the push and pull of the surrounding forces.

Key Words Baiji; Mahan; Korean Peninsula

康熙年间穆克登立的碑是
定界碑还是查边碑

李花子

【内容提要】 朝鲜派出的二位使臣既没有和穆克登一起上山查水源,也没有在碑端刻名,这使得穆克登定界的程序不够完备,引发了学界有关穆克登立碑的性质是两国的定界,还是清朝单方面查边的争论。本文分析了朝鲜使臣的使命和所起的作用,朝鲜"得地"的范围,以及定界的意义和影响等,认为这是一次由清朝主导的定界,其程序不够完备,在很大程度上由两国宗藩关系的性质决定。然而定界的结果并没有让朝鲜受损失,朝鲜既得到了天池以南的大片空地,还得到了天池以东的图们江上游地区。此次定界有利于朝鲜开发边疆地区,有助于朝鲜消除对清朝的戒心和敌意,使其融入以清朝为中心的天下秩序。本文还探讨了光绪年间勘界时中方代表否认此碑为定界碑的原因,一是因为中方缺失康熙年间的档案资料,不了解穆克登定界的实情;二是为了牵制朝方使其放弃以天池附近的碑、土石堆,以及沿天池东麓划界的主张,因为这有碍于清朝的"长白山发祥重地"。

【关键词】 穆克登 定界碑 查边碑

【作者简介】 李花子,中国社会科学院历史研究所副研究员,文学博士。

一 中韩两国学者的不同观点

1. 中国学者的观点

康熙五十一年（1712年）清朝派乌喇总管穆克登到长白山调查鸭绿江、图们江水源，并在天池东南十余里的地方立碑，碑文记载："大清乌喇总管穆克登奉旨查边，至此审视，西为鸭绿，东为土门，故于分水岭上勒石为记"。在碑端刻名的有清朝笔帖式、通官及朝鲜军官、差使员、译官等。对于穆克登奉康熙帝之旨查界，有人认为这是中朝两国的定界，称穆克登立的碑为"定界碑"，也有人认为这是清朝单方面的查边，称此碑为"查边碑""审视碑"或者"穆克登碑"。

最早关注穆克登立碑的性质问题的学者是台湾学者张存武。他在1971年撰写的论文《清代中韩边务问题探源》中指出，穆克登查边是一次定界，其结果是清朝丧失了长白山以南、以东的大片土地，而朝鲜发扬自新罗以来的北拓传统，获得了这些土地。该文认为穆克登查边是定界的主要依据如下。（1）分析康熙五十年五月癸巳上谕，指出"中韩官员会同阅视，查明'边界'，实即会勘边界"。（2）康熙五十年礼部官员和朝鲜贡使对话时曾指出"会同查勘，分立边界"。（3）康熙五十一年四月穆克登在鸭绿江畔初遇朝鲜译官金庆门时问道："尔知两国边界耶？"（4）穆克登指定初派水为图们江正源后指出"尔国多得地十余里"。（5）穆克登要求朝鲜人在石碑上列名，对此作者评价道："如只查边，无此必要"。（6）朝鲜上了"谢定界表"，等等。①

大陆学者杨昭全、孙玉梅于1993年写了《中朝边界史》一书，这是尝试研究中朝边界史这一敏感主题的第一部力作。该书涉及的中朝边界史的时间范围很广，包括从上古时期到近现代中朝边界的沿革历史。作者谈到了穆克登立碑的性质问题，指出由于中朝两国之间鸭绿江、图们江之间的陆地边界不清楚，所以康熙帝派穆克登去查边，这理应由双方共同派代表"会勘定界"，但是康熙帝却没有这样做，其原因"恐系康熙以宗主国皇帝派出之钦差大臣决定一切，而令附属国唯上国意志是从之想法有关"。作者还指

---

① 张存武：《清代中韩边务问题探源》，《近代史研究所集刊》第二期，第484~485页。

出，清朝没有对长白山以南地区划界事先做出充分准备，也没有派出得力的官员，"而是派一个勇猛有余、才智不足的地方官员，担负勘界、划界、定界的重任"，其结果是穆克登为朝鲜人所诱引，糊里糊涂地将本属于清朝的领土"白白送给朝鲜，而且将本属于本国的长白山以南割给朝鲜，使长白山的一半也成为朝鲜国土"。以上观点和前文张存武的观点类似，都认为清朝失地了，即把本属于清朝的长白山以南地区割给了朝鲜。另外，对于此碑的性质，作者指出"穆克登视查本国边界所立之审视碑，实际是界碑，定界碑。尽管其碑上书'大清'两字，并在碑文中明确指出穆克登系奉旨查边字样，也是如此。因为划定本国国界的边界石碑，亦是划定中朝两国边界的界碑"。总之，该书认为由宗主国清朝主导的穆克登查边，虽然形式上是清朝单方面的行动，但是其结果是立碑于长白山以南，划分两国边界，即定界，因此，此碑既是"审视碑"，又是"定界碑"，即穆克登查边是一次定界。①

徐德源于1997年发表题为《穆克登碑的性质及其凿立地点与位移述考——近世中朝边界争议的焦点》的论文，专门讨论了穆克登立碑的性质及碑址被挪移的问题。该文从6个方面论证这是清朝单方面的查边，而不是两国的定界。（1）分析康熙五十年上谕，指出"穆克登奉旨到中朝边界，只是去查看，并不是去划界、定界"。（2）分析康熙五十一年礼部咨文，指出"康熙皇帝派遣穆克登完全是'查我边境，与彼国无涉'的国内事务，并未向李氏朝鲜政府提出会勘边界"。（3）朝鲜派出的"是没有会勘边界全权的接待、陪伴、观察的官员"，而且穆克登没有带朝鲜官员共同察看。（在这里，需要注意的是，作者搞错了朝鲜咸镜道"观察使"的含义，观察使不是为了观察而派出的官员，而是咸镜道的最高长官，相当于省长一职。）（4）"历史文献中并未留下双方官员进行过划界谈判的记录"。（5）穆克登立的碑与现代的界碑有差异，并没有与"大清"并列的"朝鲜"二字，只是在记录随行官员名单时写进"朝鲜"。（6）碑铭中只有"查边""审视"等，而没有"勘界""划界""定界"字样。总之，作者从康熙上谕、礼部咨文、朝鲜随行官员的地位及碑铭的内容等方面着手，分析得出穆克登立碑不符合定界、划界的规范，因而是清朝单方面的查边，而不是双方共同派代

---

① 杨昭全、孙玉梅：《中朝边界史》，吉林文史出版社，1993，第194~196页。

表进行的定界或者划界。另外，作者还指出碑址被朝鲜人移动过，即从小白山顶被移至天池附近，碑以东的土石堆也是朝鲜擅自筑设的"伪边界线"。即先有非法筑设的土石堆，之后朝鲜人将碑挪移至此。① 这个"移碑说"和光绪勘界时中方代表及后来延吉边务帮办吴禄贞的观点相同。总之，该文一方面强调穆克登立的碑是"审视碑"，另一方面又指出朝鲜为多占地方挪动了碑址，制造了所谓的"伪边界线"，这在逻辑上似乎有点问题，因为只有当这个碑是界碑时，才有价值挪动它，并制造土石堆等"伪边界线"。

刁书仁于2003年写了《康熙年间穆克登查边定界考辨》，论述了穆克登立碑的性质问题。该文指出"如果我们仔细研究与穆克登查边有关的中朝两国文献，就不难看出穆克登查边是确定中朝两国边界"。作者在分析康熙五十年礼部招问朝鲜使臣时曾传达"会同查勘，分立边界"，以及康熙帝有关查界的谕旨以后，指出"清廷乘审李万枝案之便，查边定界的意图是十分明确的"。而此事之所以密谕，"是因为朝鲜对清廷派人调查长白山、中朝边界地区暗中阻挠，拒绝指路、供应的缘故"。作者还列举以下事实来证明穆克登立的碑是"界碑"，如穆克登和朝鲜译官金庆门、金指南之间有关中朝边界的对话；穆克登登上白山巅欲在分水岭上立碑时，向同行人指出："定界立石，乃是皇旨。道臣、候臣亦宜刻名碑端"；穆克登在给朝鲜接伴使、观察使的咨文中，要求在图们江源头无水地段设立木栅、堆石等标志物，并指出"使人知有边界，不敢犯越生事"；穆克登回国以后，同年十一月朝鲜上了《谢定界表》，等等。② 另外，该文作者和徐德源一样，也主张"移碑说"，指出穆克登立碑的位置在小白山分水岭而不是长白山天池附近，甚至认为穆克登没有登上长白山顶，而是登上了小白山顶。③ 后来朝鲜人意在拓地，先是擅自改变土石堆的筑设地点，然后将碑从小白山顶移到了土石堆近处。④

李花子在2005年写的《康熙年间中朝查界交涉与长白山定界》一文

---

① 徐德源：《穆克登碑的性质及其凿立地点与位移述考》，《中国边疆史地研究》1997年第1期，第74页。
② 刁书仁：《康熙年间穆克登查边定界考辨》，《中国边疆史地研究》2003年第3期，第45~49页。
③ 有关穆克登是否登上小白山顶，笔者有一篇商榷论文《康熙年间中朝查界交涉与长白山定界》，《欧亚学刊》第五辑，中华书局，2005。
④ 刁书仁：《康熙年间穆克登查边定界考辨》，《中国边疆史地研究》，第51~56页。

中，用小篇幅讨论了穆克登立碑的性质问题，指出礼部咨文之所以提出"此去特为查我边境，与彼国无涉"，有两方面的原因：一是清朝于康熙三十年、五十年两次计划踏查长白山，都因朝鲜的阻挠而使计划破产，所以意在排除朝鲜的干扰；二是想由清朝主导定界，朝鲜只需指引道路。该文还从两国宗藩关系的发展及边疆政策等方面分析了穆克登定界的意义和影响，并指出划定了从前模糊不清的长白山以南边界，朝鲜获得了长白山以南大片空地，"获得了领土上的安全感，这有助于固结朝鲜的向心力，融入以清朝为中心的天下秩序"。此次定界有利于朝鲜开发边疆地区，稳定边民的生活和维护边疆地区的安定局面，其"消极的影响是，由于穆克登错定土门江水源，由此造成朝鲜后世边界、领土观念的极端混乱"。①

陈慧在2011年写的《穆克登碑问题研究——清代中朝图们江界务考证》一书中，探讨了穆克登立碑的性质问题，指出虽然这"主要还是清王朝对边境地带所进行的单方面的查看"，但是"不可否认，穆克登查边是政府行为，代表的是清王朝的立场，作为古代社会定界的形式之一，以上行为具备了古代社会定界的特征，穆克登寻源、立碑之举，在客观上的确起到了分界的作用。从这一角度考察，石碑作为这条连线中最为主要的一部分，实际上已成为定界的标志物"。该文还指出"必须注意的是，穆克登碑所起到的'定'的作用，仅仅是确定鸭绿江和图们江的上源，而不是将界河规定为'鸭绿'和'土门'，因为中朝两国以鸭、图为界早已是既定的事实"。因此，将该碑"称之为'审视碑'是不够完善的；而称之为'定界碑'则又与事实不能完全相符"。② 换言之，中朝两国以鸭、图二江为界早已是事实，不是这次确定下来的，穆克登只不过确定了鸭、图二江水源之间的边界而已，所以作者将该碑称之为"穆克登碑"，表现出其对穆克登查边、定界的不足感到无奈。

陈慧和徐德源、刁书仁一样，也主张"移碑说"，即认为穆克登立碑于小白山顶，定的是其东边的红丹水，后来朝鲜人几次（二三次）挪动碑址，最后将其挪至天池附近的土石堆旁。③ 不过，陈慧所说的几次移碑的位置，

---

① 李花子：《清朝与朝鲜关系史研究——以越境交涉为中心》，延边大学出版社，2006，第116~120页。
② 陈慧：《穆克登碑问题研究——清代中朝图们江界务考证》，中央编译出版社，2011，第178~181页。
③ 陈慧：《穆克登碑问题研究——清代中朝图们江界务考证》，第165~176页。

如天池以南"十余里""十里许""一日本里（约八九华里）"等，如果是不同游历者自测的结果，可以认为误差在忽略不计的范围内，那么碑址是没有变化的，因此该作者提出的几次"移碑说"值得商榷。陈慧、徐德源等三位学者提出的"移碑说"有一个致命的缺点，就是史料证据不足，无法通过史料来证明碑在何时、被何人、从何地挪移了。陈慧在其著作中也承认"综观穆克登碑的几次挪移"，"被挪移原因、时间以及实施挪移者难以考证"。① 这三位学者唯一的依据是碑文："西为鸭绿，东为土门，故于分水岭上勒石为记，"并据此认为碑应该在鸭、图二江真正的分水岭小白山，不应该在长白山东南麓，认为那里不是二江发源的分水岭。那么，小白山是不是二江唯一的分水岭？或者说是二江源头的分水岭？这也是值得商榷的。②

考察以上中国学界的观点，多数学者认为穆克登查边、立碑虽然有这样那样的缺点和不足，但是从其过程和结果来看，是两国之间的定界，即确定了从前模糊不清的鸭绿江、图们江之间的陆地边界，将过去属于女真领地而其后应该属于清朝的长白山天池以南大片土地割给了朝鲜。换言之，清朝失地而朝鲜得地了。

2. 韩国学者的观点

韩国学界对穆克登立碑的性质没有太大的争论，基本上认同这是一次定界，并将穆克登立的碑称之为"定界碑"或者"白头山定界碑"。③ 不过，韩国学界在评价穆克登定界的结果，特别是解释碑文"东为土门"时，存在很大的错误。他们认为"东为土门"不是指豆满江（今图们江），而是指与碑东的土石堆相连的松花江上流，主张土门、豆满为二江，即否认穆克登定的是图们江，主张定的是松花江上流。这个主张最初由越境到图们江以北的朝鲜垦民提出，并引发1885年中朝两国的共同勘界，其后在1887年第二次勘界时朝方承认并纠正了这个错误。

1905年日本将朝鲜变成"保护国"以后，1907年在延边的龙井村设立了"统监府临时间岛派出所"。此时日本人重提土门、豆满二江说，指出碑文中的"东为土门"指松花江上流，1712年确定的中朝边界是"土门江"

---

① 陈慧：《穆克登碑问题研究——清代中朝图们江界务考证》，第175页。
② 有关小白山分水岭，笔者有一篇商榷论文《康熙年间穆克登立碑位置再探》，《社会科学辑刊》2011年第6期。
③ 韩国人称穆克登立的碑为"定界碑"，这在18世纪朝鲜古地图中就已出现。

而非豆满江（今图们江），位于"土门"以南、豆满以北的"间岛"属于朝鲜。其后，1909年中日签订《间岛协约》，规定中韩两国以图们江为界，日本的非法机构"统监府临时间岛派出所"撤出延边地区。第二年该派出所的所员将前述观点归纳整理为《统监府临时间岛派出所纪要》，并由曾经担任派出所总务课长的筱田治策建构成为一个完整的理论体系，于1938年出版《白头山定界碑》（乐浪书院）一书。

战后韩国学者的观点基本承袭了筱田治策的主张，历经数十年不变。不过韩国学者姜锡和是个例外，他的观点和筱田的主张稍稍拉开了距离。姜锡和于2000年著有《朝鲜后期咸镜道与北方领土意识》。在该书中，作者承认康熙年间穆克登定界的水源是豆满江（今图们江），当时朝鲜认为土门江和豆满江是同一条江。姜锡和还指出此次定界以后，朝鲜获得了长白山天池以南大片空地。这些表明该作者尊重史料客观论证，在韩国学界坚持土门、豆满"二江说"的氛围中，实属难能可贵。不过作者仍没有彻底摆脱"二江说"的影响，如他指出虽然当时穆克登定的是豆满江（今图们江），但是实际上存在着区别于豆满江的"土门江"，只是当时的人们没有认识到这一点而已，[①] 暗指碑东和土石堆相连的松花江上流是"土门江"。他还指出，朝鲜人发现穆克登定的豆满江源出现错误以后移设了堆栅，本想连接到正确的豆满江源上，结果仍错误地连接到了松花江上流，此即"土门江"。[②]

韩国学界几乎不存在碑址是否被人移动的讨论，认为天池东南麓的碑址和其东边的堆址都是康熙年间设立的，这些都是合法的界线。针对一些中国学者提出"移碑说"，韩国学者裴成浚指出，"所谓移设白头山定界碑的主张，如果根据当时的文献和地图来看的话，是很难成立的。根据参与设立白头山定界碑的人们的记录以及当时的地图，还有白头山定界碑设立以后登上白头山看到白头山定界碑的人们的记录和各种古地图来看，白头山定界碑的位置大体上是一致的"。[③] 总之，韩国学界不承认"移碑说"，也没有关于这方面的讨论。

综上所述，在穆克登立碑的性质问题上，中韩两国的多数学者认为这是

[①] 姜锡和：《朝鲜后期咸镜道与北方领土意识》，经世苑，2000，第57页。
[②] 姜锡和：《朝鲜后期咸镜道与北方领土意识》，第67页。
[③] 裴成浚：《韩中两国间岛问题的认识及纷争的结构》，檀国大学东洋学研究所编《东洋学》第43辑，2008，注76，第354页。

一次定界。不少中国学者认为，虽然从形式上看这好像是清朝单独的查边活动，但是实际上是两国之间的定界，即确定鸭绿江、图们江之间的陆地边界。然而在如何看待此次定界的结果上，两国学者的观点相去甚远。中国学者关注的是中方失去了长白山天池以南地区，而韩国学者关注的是图们江以北的"间岛"领土权，他们解释碑文"东为土门"存在错误，是在沿袭已经被朝方纠正过的错误观点，以及日本怀有侵略意图的殖民学者的观点。

由此看来，穆克登立碑的问题，尽管两国学界进行数十年的研究，仍存在不少差距，包括立碑的位置，碑址是否移动，穆克登确定的二江水源及其中间的陆地边界等，都需要两国学界下大力气进行探究和考查清楚。

二　穆克登奉旨查界及朝鲜接伴使的使命

康熙五十年（1711 年）、五十一年（1712 年），康熙帝两次派乌喇总管穆克登到长白山调查中朝边界，主要是为了制作《皇舆全览图》，体现了康熙帝严谨求实的科学态度和对长白山发祥地的重视。在这之前，为了编纂《一统志》，他曾计划于康熙三十一年（1692 年）派 5 使考察长白山，然而朝鲜以道路险峻为由阻挠，康熙帝不得不放弃考察计划。① 以后随着《皇舆全览图》制作的进行，康熙帝决定再次派人考察长白山和中朝边界。康熙五十年（1711 年）五月，康熙帝下达了派遣穆克登查界的谕旨，内容如下：

> 朕前特差能算善画之人，将东北一带山川地理俱照天上度数推算，详加绘图视之。混同江自长白山后流出，由船厂打牲乌拉向东北流，会于黑龙江入海，此皆系中国地方。鸭绿江自长白山东南流出，向西南而往，由凤凰城、朝鲜国义州两间流入于海。鸭绿江之西北系中国地方，江之东南系朝鲜地方，以江为界。土门江自长白山东边流出，向东南流入于海。土门江西南系朝鲜地方，江之东北系中国地方，亦以江为界。此处俱已明白。但鸭绿江、土门江二江之间地方，知之不明。前遣部员二人往凤凰城，会审朝鲜人李玩枝事，又派出打牲乌喇总管穆克登同

---

① 有关康熙三十一年"壬申查界"，详见李花子《清朝与朝鲜关系史研究——以越境交涉为中心》，第四章。

往。伊等请训旨时，朕曾密谕云："尔等此去，并可查看地方，同朝鲜官沿江而上。如中国所属地方可行，即同朝鲜官在中国所属地方行；或中国所属地方有阻隔不通处，尔等俱在朝鲜所属地方行，乘此便至极尽处，详加阅视，务将边界查明来奏。"想伊等已由彼起程前往矣。此番地方情形，庶得明白。①

如上引文，康熙帝指出中朝两国以鸭绿江、图们江为界"俱已明白"，只是"二江之间地方，知之不明"，因此他密谕穆克登借审查李万枝案之机，②"至极尽处，详加阅视，务将边界查明来奏"。这里的"极尽处"，可以理解为鸭、图二江水源流断处即发源地，康熙帝了解它们分别位于长白山以南和以东。在这里，他所指二江发源地的方位十分准确，这和清朝几次派人溯流而上到长白山进行考察有很大的关系。③从表面上看，在上引文中，康熙帝下达了派穆克登到鸭、图二江发源地查界的命令，但是由于那里的边界本来就不清楚，所以实际上是下达了到那里去定界、划界的命令。

那么，康熙帝为什么要求穆克登带着朝鲜官员去"查看""查明"，而不是去"划界""定界"呢？一些学者据此认为穆克登查界是清朝单方面的查边，而不是两国的定界。谕旨中的"查看""查明"，一方面可能和康熙帝所使用的语言习惯有关，另一方面和他对藩属国的态度也有关系。在他看来作为接受"丙子下城"和"再造之恩"的朝鲜来说，是没有资格或者说无权定界、划界的，只需由清朝官员带着朝鲜官员去查明边界，即由清朝官员主导定界，朝鲜只需指引道路，这反映了康熙帝对藩属国的一种居高临下的态度。另外，他之所以密谕穆克登查界，如多数学者所主张的，这可能和朝鲜多次阻挠查界有关，是为了排除朝鲜的干扰，表现了康熙帝不强迫朝鲜为其所难的宽容姿态。

---

① 《圣祖实录》卷二四六，康熙五十年五月癸巳，页九—十，中华书局1986年影印本，六册，第441页。
② 有关朝鲜人李万枝越境案（渭源事件），详见李花子《清朝与朝鲜关系史研究——以越境交涉为中心》，第93～100页。
③ 有关康熙十六年派武默讷溯松花江而上考察长白山，以及康熙二十三年派勒楚等溯鸭绿江而上考察长白山，详见李花子《明清时期中朝边界史研究》，知识产权出版社，2011，第174～181页。

然而，清廷以密谕的形式查界，反而加重了朝鲜的疑虑。朝鲜以为这是为将来败归女真故地——宁古塔预查道路，说不定到时候经由朝鲜撤往宁古塔，那朝鲜将再次遭受八旗铁蹄的践踏。而在没有收到有关查界的礼部咨文的情况下，让清使随意通过境内会留下不好的先例，于是朝鲜百般阻挠穆克登通过境内前往长白山。当穆克登到达鸭绿江上游时，由于朝鲜官员的阻挠，穆克登被迫进入无法通行人马的"废四郡"地区，提前结束考察，未能按计划到达长白山。①

康熙帝并没有就此罢休。他趁这一年朝鲜贡使来京的机会，要求朝鲜配合第二年即康熙五十一年春天派穆克登前往长白山查界。有关穆克登第二次查界的谕旨，通过礼部咨文转给了朝鲜。当我们对照《清实录》所载谕旨和礼部咨文时，发现这两份文书虽然在内容上基本相同，但是在语气上存很大的差异。《清实录》有关派穆克登第二次查界的谕旨如下：

前差打牲乌喇总管穆克登等查看凤凰城至长白山边界，伊等业将所查地方绘图呈览。因路远水大，故未能至所指之地。着于来春冰解之时，自义州乘小舟溯流而上；至不可行之处，令其由陆路向土门江查去。但道里辽远，万一途中有阻，令朝鲜人供应。将此情由，令该部晓谕来朝正之朝鲜国官员，书旨给与带付伊王。②

礼部咨文中的谕旨如下：

今年（1711）穆克登等，自凤凰城至长白山，查我边境，因路远水大，未获即抵彼境。俟明春冰泮时，另差司员同穆克登，自义州江源，造小船溯流而上，若小船不能前进，即由陆路往土门江，查我地方。此去特为查我边境，与彼国无涉。但我边内路途遥远，地方甚险，倘中途有沮，令朝鲜稍为照管。③

---

① 有关康熙五十年穆克登第一次查界，详见李花子《清朝与朝鲜关系史研究——以越境交涉为中心》，第93~100页。
② 《圣祖实录》卷二四七，康熙五十年八月辛酉，页九，中华书局本六册，第448页。
③ 《同文汇考》原编卷四十八"疆界"，页五一六，（韩国）国史编纂委员会1978年影印本一册，第905~906页。

如上所举，礼部咨文3处提到派穆克登去是为了"查我边境""查我地方"，以及"此去特为查我边境，与彼国无涉"，而《清实录》则没有这些内容。显然，这些是礼部在撰写咨文时加进去，以加强语气的，目的是为了排除朝鲜的干扰。与此同时，为了顺利地完成第二次查界，穆克登还奏闻皇帝永远免除了朝鲜贡物中的白金和豹皮两种贡品，还为朝鲜修治了贡使留宿的察院，希望通过这些措施来软化朝鲜，使朝鲜配合第二次查界。①

当礼部咨文传到朝鲜时，朝鲜并没有认为清朝的查界和自己无关。朝鲜结合康熙四十九年底皇帝在畅春苑接见朝鲜使臣时曾问及"分立境界"事，认为这是为了划分鸭、图二江之间的陆地边界，于是朝鲜君臣齐议对策。朝鲜最担心的是长白山以南地区，这里曾经是女真人的领地，在女真人撤走近百年来一直留为空地，朝鲜的镇堡、把守即实际控制线则位于天池以南约五六日程的地方。朝鲜臣下指出女真人已撤走多年，这一块空地理应属于朝鲜，但是苦于"既无地名标识，又无文书可据"，以证明这里属于朝鲜。于是朝鲜决定依据《盛京通志》（康熙二十三年）《乌喇宁古塔形势图》所载："南至长白山一千三百余里朝鲜界，"提出长白山天池以南属于朝鲜，这成为朝鲜的定界目标。在接伴使朴权出发前国王下令："疆域定限，所关甚重，必须终始力争。如或有大段之举，则状闻以禀可也。"②即要求朴权力争长白山以南属于朝鲜，如有不顺，则要状闻朝廷。这与其说是朝鲜的定界目标，不如说是朝鲜的争界目标。

一些学者在研究中指出朝鲜派出的接伴使是为了接待穆克登一行的，不具有定界的规格和全权，然而这不过是宗藩关系下的一种表象而已。由于礼部咨文要求在穆克登查界时"令朝鲜稍为照管"，所以朝鲜在形式上也派出接伴使，即接待、陪伴穆克登一行的使臣。朝鲜另一位使臣咸镜道观察使李善溥，也是为了在穆克登一行通过咸镜道时提供住处和食物而派出的。从表面上看，朝鲜二使的任务是接待和陪伴钦差一行的，但是如前述朴权被赋予争界的使命，他实际上是朝鲜的定界使。朴权以议政府右参赞的名义派出，位列二品堂上官，具备了定界的规格和全权。现存首尔大学奎章阁的《舆地图》（古4709-1）中的《白山图》，被认定为是穆克登定界时清朝画员

---

① 《肃宗实录》卷五十一，（朝鲜，下同）肃宗三十八年四月丙辰。
② 《备边司誊录》第六十四册，肃宗三十八年三月七日、九日、十五日、二十四日。

绘制的山图或者其摹本,该图题记标有"朴权定界使",很说明问题。

另外,学者们在研究中还指出朴、李二使没有和穆克登一起上山查水源,也没有参与立碑的过程,因而不构成会勘边界。诚然朝鲜二使被排除在查水源、立碑的关键部分,这不能不说是程序上的一大欠缺。二人曾经要求和穆克登一起上山,或者在二人中带上一人上山,但是穆克登考虑二人年纪太大,所以婉拒了他们的请求,只带领朝鲜年轻的军官、译官及差使员登上了天池,在查找鸭、图二江水源的基础上在天池东南麓立了碑。尽管这些朝鲜人身份低下、职位卑微,但是他们不辱使命,出色地完成了朴权交给的任务。在上山之前,译官金庆门就曾向穆克登转达了"大池之南即我国界"的朝方主张。之后在朝鲜译官、军官及差使员的引导下,穆克登选定天池东南十余里的地方为分水岭,并立碑于此地,碑文记载:"西为鸭绿,东为土门,故于分水岭上勒石为记。"他所确定的鸭、图二江之源都是离天池较近的水源,碑址又靠近天池,其结果朝鲜不仅获得了长白山天池以南空地,还获得了天池以东的图们江上游地区,达到甚至超出了预期的定界目标。

如上,在查水源和立碑过程中,朝鲜二位使臣并没有身体力行,他们作为定界使的资格因而受人质疑。不过接伴使朴权一直在指挥朝鲜译官和穆克登周旋,而他在此次定界中所起的有限的作用表现在穆克登下山以后,二人围绕哪一条水是真正的图们江源展开争论。穆克登定的是红土山水即今天的赤峰水源,[①]他是沿这条水顺流而下,到达鱼润江(今西豆水,中国崇善附近)边和朴权会合的。二人会面后,朴权依据朝鲜土人所讲指出在临江台(鱼润江南边十里)近处有一条水汇入图们江,这是"真豆江"即真正的图们江源。这个朴权所说的"真豆江"指今天的红旗河,如果按照朴权所说以红旗河为界的话,那么朝鲜将获得更多领土,因为红旗河是比红土山水还要靠北的一条图们江支流。但是由于其发源地和红土山水发源地迥异,如果以红旗河为正源的话,那么势将重新查水源和重新划界,这对于数日来一直露宿野外、辛苦查水源的穆克登来说,是无法接受的,更何况他早已派出笔帖式向皇帝奏闻了。于是穆克登指出,如果水源果误,"则国王具奏于皇

---

① 有关穆克登确定的图们江水源,详见李花子《穆克登错定图们江源及朝鲜移栅位置考》,复旦大学韩国研究中心编《韩国研究论丛》(第十八辑),2008,以及李花子《明清时期中朝边界史研究》,第56~87页。

上,然后可以更审",朴权只得作罢。① 可见由于朴权没有和穆克登一起上山查水源,而他自己又不大了解图们江上流水源情况,所以出现被动应付的局面。

此外,接伴使朴权还做了两件事。一是让译官金指南向穆克登提出得到清朝画员绘制的山图,以减轻朝鲜二使未能一同上山的责任,穆克登答应了这个请求。山图被制成两份,一份上奏皇帝,另一份转交给朝鲜国王。这幅图似为现藏于首尔大学奎章阁的《舆地图》中的《白山图》。② 该图有如下题记:"康熙五十一年,我肃宗三十八年,穆胡克登定界时所模,朴权定界使。"可以看出题记是后来补上去的,因为国王的庙号"肃宗",在国王去世以后才会出现。

朴权做的另一件事情是在茂山和穆克登一起讨论在图们江"断流处"设标的问题。穆克登指出"以木栅定限何如",朴权回答:"木栅则其处树木或有或无,毋宁随其便否,或筑土,或聚石,或设栅",于是穆克登顺从了朴权的意见。为了减轻朝鲜在设标时的经济负担,穆克登要求趁农闲慢慢使役,还告诉说清朝不会派人来监役,只要每年节使入京时,由译官向他通报情况,再由他转奏皇帝即可。③ 穆克登回国以后,朝鲜在图们江断流处分别设置了石堆、土堆和木栅。④ 在设标问题上朴权的意见被采纳,多少为他挽回了面子。

那么应该如何看待在整个定界过程中穆克登的所作所为呢?他撇开朝鲜二使带领年轻的军官、译官及差使员完成查水源和立碑,从他自己来说,可能考虑较多的是如何提高办事效率,迅速查找二江之源,完成在其间划界的任务。如果带上年老的二使,一方面上山的速度会放慢,另一方面彼此之间如果争论水源等,势必会拖延时间,这是他所不愿意看到的。另外,在完成

---

① 《肃宗实录》卷五十一,肃宗三十八年六月乙卯。
② 《舆地图》是一个地图集,包括《白山图》(系笔者命名)、《东国八道大总图》、《盛京舆地全图》(康熙二十三年《盛京通志》插图)等十几幅地图,这些图前后粘连形成折叠式的地图集。
③ 《肃宗实录》卷五十一,肃宗三十八年六月乙卯。《同文汇报》原编卷四十八,疆界,页八~九,国史编纂委员会影印本一册,第907页。
④ 图们江断流处的堆标分为两部分,一是设置于黑石沟东南岸的土石堆,约长五十多里,二是从土石堆尽处到红土山水的木栅,约长四十多里,总长度约百里。这和史料中朝鲜人所谓图们江断流百余里后涌出地面的说法相符。有关后一段木栅,详见李花子《明清时期中朝边界史研究》,第56~87页。

定界下山以后，他也没有征求朝鲜二使的意见，更没有向朝鲜国王通报水源情况，而是直接派笔帖式向皇帝奏闻。以上这些都说明这是一次由清朝主导的定界，清朝并没有把朝鲜看作平等的谈判对象，朝鲜处于被动的和次要的地位。之所以出现这种局面，只能说这是由两国宗藩关系的性质决定的，朝鲜是清朝的藩属国，在清朝看来是没有资格平起平坐谈判边界的。前面所见康熙帝谕旨中不使用"定界""划界"等词语，而用"查看""查明"边界，或许和这有关。另一方面，穆克登速战速决完成定界，可能和朝鲜多次阻挠查界有关，是为了摆脱朝鲜的干扰。康熙帝也好，穆克登也好，不想总是让朝鲜牵着鼻子走。

三 朝鲜"得地"的范围

学者们在论证穆克登查边是一次定界时，往往会提到穆克登所说的朝鲜"得地"的说法，那么所谓朝鲜"得地"到底指得到了哪里呢？据史料记载，穆克登曾两次提到朝鲜多得地方，一次是在寻找图们江源时，他在三派水当中选择了最北边的初派水为正源，并要求在初派水设栅，而朝鲜人所指"涌出处"为第二派水，位于初派水的南边，对此穆克登指出："以初派之水设栅，则此于尔国所谓涌出处加远十余里，尔国之多得地方为幸。"① 也就是说，按照他所指定的初派水设栅的话，比起朝鲜人所说的第二派水可以多得十余里地方。

还有一次是在分水岭上立碑以后，穆克登指出朝鲜"得地颇广"。朝鲜军官李义复详细地描述了其过程，内容如下：

> 分水岭峡，广三十步许。右边未坤（指西南），左边寅甲（指东北），俱有界谷。而左偏下，平地微突，上有岩石，以此仍作垅台。清使留此多日，周览分水之形势，勒石为记，依垅凿石而立，顾谓我人曰："尔国得地颇广"云。②

---

① 《肃宗实录》卷五十二，肃宗三十八年十二月丙辰。
② 金鲁奎：《北舆要选》，梁泰镇《韩国国境史研究》，法经出版社，1992年，附录，第340页。

可见穆克登在向西南和东北而去的两个界谷之间的垅台上立了碑,此即引文中的"分水岭峡"。如果我们考虑到穆克登曾向朝鲜译官询问长白山以南是否连有把守,译官回答:"此地绝险,人迹不至,故荒废无把守,有同大国栅门外之地耳;"穆克登又问,所谓大池之南即朝鲜界,是否有文书可据,译官回答"立国以来至今流传,何待文书乎?"等等,① 那么我们可以想象到穆克登所说的朝鲜"得地颇广",大概就是指这个荒废无把守的天池以南地方。此时一同在分水岭峡见证穆克登立碑过程的译官金庆门表示:"甚善明。公此行此事,当与此山而终古矣。"② 这里的山指长白山,即金庆门对穆克登立碑于天池东南麓感到万分欣喜而发出感慨。

其实,朝鲜"得地"的范围不单单包括长白山以南地区,还包括长白山以东的图们江上游地区。图们江上游的茂山和朴下川等地,在明初都是女真人的领地,在女真人撤走近百年来,不少地方已经被朝鲜流民占据和开垦了。比如茂山最初位于车逾岭以南,女真人撤走以后移到了江边,升格为府使镇,还筑设了府城,这就是茂山府的新址。又比如茂山西边的朴下川,也有朝鲜流民移入和开垦。由于这些地方长期以来归属不明确,朝鲜对于流民移入开垦颇感为难,③ 一旦这些地方被判明为清朝的领地,那么这些移入者就是"犯越",即犯下越境之罪,要枭示境上。这些问题经过此次定界都得到了解决,穆克登定的红土山水(今赤峰水源)属于图们江最上源,在其下与之汇合的红丹水、鱼润江、朴下川等都成为朝鲜内河,茂山也成为朝鲜内地。

朴权在《北征日记》中,较全面地描述了此次定界以后朝鲜得地的范围,内容如下:

> 自吾时川至鱼润江,长白山(朝鲜镜城的一座山)以北、白头山以南,周围千余里之地,本是我国之土,而以《舆地胜览》及《北关志》中,皆以"彼地"悬录之。故我国人之采猎者,恐犯潜越之禁,不敢任意往来是白如乎。今则界限既定,沿边之人,皆知此之明为我

---

① 《肃宗实录》卷五十一,肃宗三十八年五月丁亥。
② 洪世泰:《白头山记》,东北亚历史财团编《白头山定界碑资料集》06,第137~138页。
③ 《备边司誊录》第五十七册,肃宗三十二年四月十四日。《承政院日记》470册,肃宗三十八年七月二十日、二十五日。

境。其间西水罗德、虚项岭、缓项岭等地，及甫多会山左右前后，皆是参田是白遣，貂鼠则在在产出是白乎？白头山下，所谓天坪、长坡等地，桦木簇立，一望无际。三甲（三水、甲山）、茂山三邑之民，若许采于此中，则衣食自可饶足是白在果。①

如上引文，朝鲜得到了从鸭绿江上游吾时川到图们江上游鱼润江，从镜城长白山到白头山之间的千余里之地。此外，西水罗德、虚项岭、缓项岭及甫多会山的人参、貂鼠，都可以让沿边之人任意采取和捕猎。天坪、长坡等地的桦木，也允许三水、甲山、茂山之民采伐，使百姓衣食饶足。以上这些地方均位于长白山以南和以东，过去都是女真人的领地，经过此次定界归属了朝鲜，朴权表现出欣喜之情。

除了朴权以外，领议政徐宗泰也表示朝鲜的疆域扩大了，他向国王启闻道："北道定界事，""清官于我国事多顺，不至迟久而得竣。且于定界后，疆域增拓，诚为幸矣。"国王表示："初则不无白头以南争地之虑，终至顺便定界而归矣。"徐宗泰建议："宜有陈谢之事。"于是国王下令当年的冬至使兼谢恩使，对清朝派使定界表示谢恩。②

康熙五十一年十一月朝鲜以国王的名义上了"谢定界表"，内容如下：

去夏皇华审界之行，不烦外国之供亿，克正边疆之界限，莫非皇上字小之德，庶绝奸民犯禁之患，小邦君臣聚首感颂，不胜瞻天爱戴之忱，谨奉表称谢者。……伏念臣获际昌期，粗奉遗绪，僻处下土，徒结拱辰之诚，视同内封，久沐渐海之化，讵意皇华之枉辱，特轸疆事之修明，严两地之禁防，指水为限，表一山之南北，立石以镌，省陋邦供顿之烦，曲垂睿念，绝奸氓犯越之患，用作永图。……谨奉表称谢以闻。③

即对于清朝派使审界，免去朝鲜的供应，"克正边疆之界限"，使朝鲜人不致因疆界不明而犯下越境之罪，表示谢恩。文中的"指水为限"指以

---

① 朴权：《北征日记》，东北亚历史财团编《白头山定界碑资料集》06，第130~131页。
② 《承政院日记》第469册，肃宗三十八年六月二十日。
③ 《同文汇考》原编卷四十八，疆界，页九—十，国史编纂委员会影印本一册，第907~908页。

鸭绿江、图们江为界;"表一山之南北"指长白山以北属于清朝,山以南属于朝鲜;"立石以镌"指刻石立碑。从表面上看,这是对清朝派使定界和免去朝鲜供应的谢恩,实际上是以国王书的形式对定界的结果表示认同,意在巩固此时定界所取得的领土成果。

国王还通过题诗《白头山图》来表达"争界"疑虑的消除。该诗收录于金鲁奎编纂的《北舆要选》中,内容如下:

绘素观犹北,登山气若何。云霄谁谓远,星斗定应摩。巅有深深水,流为浩浩河。向时争界虑,从此自消磨。①

诗文中的"绘素"指图本即《白头山图》,估计是穆克登定界时绘制的那幅山图,国王的诗是为这幅图而题的。"绘素观犹北,登山气若何",指长白山位于图本的最北方,以此表达长白山成为两国界山;"云霄谁谓远,星斗定应摩",同样表达长白山的遥远和高大;"巅有深深水,流为浩浩河",说明天池是河流的发源地,指鸭绿江、图们江发源于天池;"向时争界虑,从此自消磨",指长白山成为两国界山,山以南属于朝鲜,从此消除了"争界"的疑虑。总之,表达了朝鲜拥有长白山以南地区以后,国王如释重负的心情。

接下来有一个问题,穆克登为何如此慷慨地让地给朝鲜?如一些学者所说的他是受朝鲜人诱骗糊里糊涂地登上天池,然后糊里糊涂地在靠近天池的东南麓立碑、定界的吗?从前述穆克登和金庆门之间的对话可以看出穆克登注意到了长白山以南的空地,他还了解到朝鲜既没有设把守,也没有文书可以证明属于朝鲜,这说明穆克登并不糊涂。但是最后的结果仍使朝鲜获得了长白山以南大片空地,其原因恐怕不能简单地用穆克登糊涂来解释。这里边有朝鲜人积极争取和引导的一面,比如朝鲜人指出鸭绿江、图们江发源于长白山天池,天池以南为朝鲜界,这使得穆克登选择了靠近天池的水流为正源,立碑处也靠近天池。② 又比如朝鲜人指出图们江发源于长白山天池,断

---

① 《北舆要选》"白头图本考",梁泰镇《韩国国境史研究》附录,第337页。
② 有关穆克登立碑的位置,详见于李花子《康熙年间穆克登立碑位置再探》,《社会科学辑刊》2011年第6期。

流百余里后涌出地面，这使得穆克登指定黑石沟为图们江"断流处"，其下红土山水（赤峰水源）为图们江正源，并要求在其间百余里的无水地段设置堆栅，从而把黑石沟和红土山水连接起来，这实为穆克登确定的鸭、图二江源之间的陆地界线。①

另外，穆克登之所以如此慷慨地"让地"，恐怕与两国宗藩关系的特定背景以及清朝对朝鲜的怀柔政策分不开。长白山以南地区在女真人撤走百年来仍留作空地，朝鲜人开发的足迹尚未到达这里，朝鲜的镇堡、把守距离天池均有五、六日程。然而穆克登顺从朝鲜人所谓"大池之南即我国界"的主张，使这一片地区划归了朝鲜。与之相比，长白山以东的图们江上游地区如茂山、朴下川等地，在女真人撤走以后已经被朝鲜流民占领和开垦了。同样作为怀柔朝鲜的政策，清朝承认了这一领土现状，定界以后并没有出现朝鲜流民被迫迁出的一幕，反而使他们过上了安居乐业的生活。反过来，假如天池以南和图们江上游仍有女真人居住的话，那穆克登划界的情形可能就不大一样了。

还有一点值得注意的是，宗藩关系下的两国疆界并不像现代国际法下国与国之间的领土、边界那样严格和寸土必争。穆克登几次说出朝鲜"多得地方"，换言之就是清朝让地，这种话如果放在现代国与国之间那是不可想象的，等于出卖国家领土主权。然而在宗藩关系之下则有所不同。对于清朝来说，朝鲜是藩属国，往往"视同内封"，在两国之间这种特殊紧密关系之下，才会有穆克登的一再"让地"，在同样宽松友好的气氛中，图们江上流无水地段的设标工程也是由朝鲜独自完成的，清朝并没有派人来监督。

在设标过程中朝鲜不但没有多占地方，还让出了部分领土。穆克登回国以后，朝鲜开始在图们江上流无水地段设置堆标，此时朝鲜发现穆克登指定的图们江水源出了差错，他本想定的是初派水，却看错了其北边一条流入松花江的水，按道理讲，朝鲜理应通告清朝重新划界，但是朝鲜考虑如果清廷派其他人来，有可能不如穆克登那样顺便，"或于定界处，反有变改减缩之患"，于是隐瞒了事实真相。朝鲜在设标时擅自变更了水源，将木栅连接到了正确的图们江源上，此即初派水南边的第二派水，亦即朝鲜人从一开始就

---

① 在关穆克登确定的水源和划定的中朝边界，详见李花子《明清时期中朝边界史研究》，第56~87页。

主张的图们江"涌出处"。① 其结果，朝鲜领土向南减缩了十余里，也就是穆克登当初所说的朝鲜"多得地方"的十余里，重新划归了清朝。

四 穆克登定界的意义和影响

穆克登定界的影响对于清朝来说，主要表现在以下两个方面：一是通过穆克登的实地考察，搞清楚了从长白山发源的鸭绿江、图们江水源各是哪一条，同时立碑于二江发源的分水岭上。这样一来，不仅明确划分了二江之间的陆地边界，还确保了长白山天池在清朝版图内。在其后制作完成的康熙《皇舆全览图》（康熙五十六年），其上所标示的长白山及鸭绿江、图们江部分，基本反映了穆克登查水源、定界的结果，说明他为舆图的制作做出了贡献。

二是通过穆克登定界可以将朝鲜人北进的态势控制在长白山及鸭绿江、图们江以南地区。如前述，在明初长白山以南和鸭绿江、图们江流域都是女真人的领域，1616年随着努尔哈赤兴起和建立后金，女真人逐渐离开他们的居住地聚集到兴京，被编入八旗，1644年又随着清军入关大部分离开了东北故地。这样一来，在靠近朝鲜的长白山及鸭绿江、图们江以北地区几乎不存在女真部落了，他们的原住地大部分留为空地。而一江之隔的朝鲜边民的越境行为从来没有停止过。朝鲜边民受到人参、貂皮等经济利益的诱惑，不时潜入长白山及江北地区采参、打猎或者伐木。康熙年间为了保护东北发祥地，严格控制汉人及其他民族到东北地区谋生，更不允许到柳条边外去采参或者打猎。出于同样的考虑，康熙帝默认朝鲜以严刑峻法惩处越境者，犯越者要施以枭示，地方官也要流配到远地。② 经过此次定界，两国之间事实上的边界线鸭绿江、图们江边界再次得到确认，还明确划分了长白山以南和以东的陆地边界线，从而可以扼制朝鲜人频繁的越境行为，将朝鲜流民的北进态势控制在鸭绿江、图们江及长白山以南地区，这对于清朝保护发祥地是有利的。这种局面一直维持到清朝解禁开发的同治年间和光绪初年。

---

① 《肃宗实录》卷五十二，肃宗三十八年十二月丙辰。
② 有关康熙年间中朝两国围绕朝鲜人越境问题的交涉，详见李花子《清朝与朝鲜关系史研究——以越境交涉为中心》第二、三章。

此次定界对于朝鲜的影响是极其深远的。碑文记载"西为鸭绿，东为土门，故于分水岭上勒石为记"，其含义不单单是确定鸭绿江、图们江边界那么简单，这等于给朝鲜吃了一剂定心丸，即保证以鸭绿江、图们江为界其边界不受侵犯。当穆克登回国以后，朝鲜以国王的名义上的"谢定界表"，其含义超出了定界本身，具有更深的政治含义，一方面认同此次定界的结果，另一方面表明以鸭绿江、图们江为界其领土、边界将受到保护。

此次定界还使"宁古塔败归说"的影响大为减弱。之前康熙帝几次派人考察中朝边界和长白山地区，朝鲜都以为是为了将来败归东北故地——宁古塔时预查道路，因而千方百计阻挠清朝查界，最终使计划破产。而经过此次定界，朝鲜明白这不过是清朝为了制作舆图和编纂《一统志》而进行的地理调查，"宁古塔败归说"的影响随之减弱。这以后随着清朝国内局势日趋稳定，国力日益增强，版图逐渐扩大，朝鲜对清朝统治中原的能力有了信心，"宁古塔败归说"终于销声匿迹了。朝鲜对清朝的敌意和危机意识减弱，有利于彼此之间增加互信，有利于两国宗藩关系的稳定发展，促进了双方的文化交流，从而为朝鲜后期"北学"运动的兴起奠定了基础。

此次定界还使朝鲜的疆域意识空前提高。朝鲜一方面严禁本国边民越入鸭绿江、图们江以北地区，另一方面采取措施防止中国人越入朝鲜境内。与此同时，还就边务问题和清朝展开交涉。康熙五十三年（1714年）朝鲜要求撤走在图们江边耕垦的清朝兵民，使其远离江边居住和开垦，这成为一个惯例，以后图们江边的清朝一侧禁止清朝兵民居住和开垦土地。到了雍正年间，朝鲜还要求撤回清朝在鸭绿江边设汛的计划，同样留下一个惯例，在鸭绿江边清朝不设军事设施，居民不得靠近江边居住和开垦。可以看出，朝鲜利用清朝在江北地区实行的封禁政策，以及清朝对朝鲜边疆的怀柔政策，达到了在鸭、图二江以北的清朝境内构筑无人缓冲区的目的。这当然是为了保护鸭绿江、图们江边界不受侵犯，同时具有防备清朝的军事意图。[①]

此次定界使朝鲜对长白山的认识发生了变化。过去朝鲜一直称长白山为

[①] 有关康熙年间中朝两国围绕图们江以北清朝兵民造舍、垦田，以及雍乾年间朝鲜要求撤回在鸭绿江以北设汛计划的交涉，详见张存武《清韩陆防政策及其实施——清季中韩界务纠纷的再解释》，《近代史研究所集刊》第三期，1972年，以及李花子《清朝与朝鲜关系史研究——以越境交涉为中心》第五章。

"胡地"或者"野人地面",此后则认为"一半虽为彼地,一半属于我朝"。① 朝鲜人掀起了游长白山的热潮,儒士们留下了许多脍炙人口的游记,在思想感情上朝鲜和长白山的距离拉得更近了。不仅如此,朝鲜还掀起了制作地图的热潮。18、19世纪朝鲜的官撰、私撰地图,不但标出长白山天池,还标出位于天池东南边的"定界碑",以及从定界碑到图们江上源的土石堆和木栅,可见朝鲜的疆域意识得到了很大的提高。后来到了朝鲜英祖时期(乾隆年间),终于定此山为象征朝鲜王朝发祥的圣山,在甲山建立"望祭阁"实行望祀。② 从现实而言,长白山是两国的界山,山以南属于朝鲜,但是在思想感情上,长白山俨然成了朝鲜山,被称作"我国白头山""我东之白头"。③

此次定界还有利于朝鲜开发边疆和稳定边民的生活。过去朝鲜出于防备清朝的军事目的,以及担心边民越境引起和清朝的外交纠纷,采取保守的边疆政策,不鼓励流民开发边疆,更不鼓励边民在江边居住。比如鸭绿江上游的"废四郡"地区一直留为空地,朝鲜臣下几次上疏请求边民入住和开垦,但是都因上述两个原因放弃了。此次定界以后,朝鲜获得了领土上的安全感,对清朝的危机意思也减弱了,这就为朝鲜开发边疆地区提供了重要契机。图们江上游的茂山成为朝鲜内地以后,聚集的流民越来越多,加上土地肥沃,逐渐发展成为朝鲜北道的一座雄邑。④ 其西边的朴下川、鱼润江也成为朝鲜内地,朝鲜设置社仓以接济那里的边民。⑤ 另外,红丹水以西的长坡于1785年设置了社仓,年内居民达数十户,三年以后达到二百户。长坡仓的设置成为两次勘界时朝方坚持以红土山水为界的重要佐证。由于长坡仓位于红丹水以西,那里的居民已有百余年历史,这就使得中方不得不放弃以红丹水为界的主张,退一步要求以长坡西边的石乙水划界。⑥ 到了18世纪后

---

① 《承政院日记》第204册,显宗八年十月三日;第1269册,英祖四十三年七月九日。
② 有关朝鲜的长白山认识,详见李花子《朝鲜王朝的长白山认识》,《中国边疆史地研究》,2007年第二期。
③ 《高宗实录》卷十七,(朝鲜)高宗十七年九月癸酉;卷二十一,高宗二十一年六月己丑。
④ 有关18、19世纪朝鲜开发图们江上游地区,详见姜锡和前引书,第130~151页。
⑤ 有关朝鲜在图们江上游地区设置社仓的位置,可参见《北关长坡地图》(1785年),李灿编《韩国的古地图》,泛友社1991年影印,第64页。
⑥ 《吉朝分界案》"照录吉林将军来文,光绪十三年七月初二日到",全国图书馆文献缩微复制中心《国家图书馆藏清代孤本外交档案续编》第5册,2005,第1853页;《朝鲜正祖实录》卷四十六,正祖二十一年二月丙申。

期，鸭绿江上游的"废四郡"地区也许民入住和开垦了，朝鲜还复设了"厚州镇"，升格为都护府，鸭绿江上游地区迎来了全面开发的新时期。① 以上这些开发边疆的措施，都和穆克登定界所造成的稳定的边疆环境是分不开的。

总之，此次定界的结果是不可逆转的，其影响是深远的，对于两国关系的发展及两国的边疆政策等都产生了影响。尤其朝鲜获得长白山以南地区以后，在关防形势上处于有利地位，国家的安全度得以提高。这有利于朝鲜消除对清朝的戒心和敌意，有利于朝鲜融入以清朝为中心的天下秩序，促进了两国宗藩关系的稳定发展。与此同时，朝鲜在鸭绿江上游和图们江上游地区获得了开发的机会，通过许民入住、开垦土地和建立行政设施，将这些地区纳入了朝鲜的版图。朝鲜还利用清朝在东北地区实行的封禁政策和对朝鲜边疆的怀柔政策，在鸭绿江、图们江以北的清朝一侧构筑了无人缓冲区，借以保护其疆域不受侵犯。而清朝则通过穆克登的实地考察，较圆满地完成了舆图长白山部分的制作。同时通过此次定界，可以将朝鲜流民开拓的步伐控制在长白山和鸭绿江、图们江以南地区，这对于清朝保护发祥地和巩固边疆也是有利的。

五 光绪年间勘界时中方否认定界碑性质的原因

光绪年间的勘界缘起于朝鲜边民大规模越境开垦图们江以北地区，之后他们否认两国以图们江为界的历史事实，主张图们江以北地区属于朝鲜。朝鲜人举证的论据是碑文中的"东为土门"，指出"土门"不是指豆满江（今图们江），而是指与碑东的土石堆相连的松花江上流，主张土门、豆满为二江。② 按照朝鲜的要求，光绪十一年（1885年）、十三年（1887年）中朝两国两次派代表共同进行了勘界，集中勘查了图们江上游各条支流，天池东南麓的碑以及黑石沟东南岸的土石堆等，目的是要搞清楚两国是否以图们江为界，以及以哪一条支流为正源和分界。

---

① 有关18、19世纪朝鲜开发鸭绿江上游"废四郡"地区，详见姜锡和《朝鲜后期咸镜道与北方领土意识》，第152～178页。
② 台北中研院近代史研究所编《清季中日韩关系史料》第四卷，1972，第1911～1915页。

在勘界过程中，中方代表拒绝承认存在于天池东南麓的碑是定界碑，认为这不过是清朝单方面的查边碑。与此同时，中方也不承认碑的东边沿黑石沟设置的土石堆是两国的界标，认为这是清朝为祈祷长白山"标明往来之路者"。不仅如此，中方还指出碑址有可能被人挪移，从鸭、图二江真正的分水岭小白山顶被挪移至天池附近，所谓"移碑说"由此发端。①

如上，在勘界过程中，中方之所以否认碑和土石堆是当年的旧界，主要有以下三个方面的原因。一是中方缺失康熙年间有关定界的原始档案，包括穆克登查水源、立碑后上的奏折以及绘制的地图等，都没有被保存下来，这和清朝内阁大库失火有关，因此无法了解穆克登定界的实情。中方所能依据的资料主要有《清圣祖实录》有关查界的两份谕旨，康熙、乾隆年间制作的舆图，以及嘉庆年间制作的《会典图》等。② 然而，通过这些资料是不可能了解穆克登是否立碑，以及碑址在哪里等具体情况的。

二是通过实地考察中方发现碑址所在的位置（天池东南十余里）和碑文所记"西为鸭绿，东为土门，故于分水岭上勒石为记"不符，碑的西边虽然是鸭绿江源，而碑的东边却不是图们江源，尤其碑以东黑石沟的土堆尽处靠近松花江上流，而松花江不可能是两国边界。基于以上，中方拒绝承认位于天池东南麓的碑是定界碑，认为这不过是清朝单方面的查边碑。还指出碑有可能被人从小白山顶暗移到了天池附近。③ 从中方来说，查边碑如果是错立，还可以改立，但如果是定界碑或者界碑即使是错立，那也是历史的产物，更改或者回旋的余地并不大，这或许是中方坚持认为穆克登立的碑是查边碑而不是定界碑的原因所在。

三是中方认为碑址靠近长白山天池，因而有碍于清朝的"长白山发祥重地"。④ 如果按照朝方提出的碑—土石堆—红土山水划界的话，那就意味着沿长白山东麓划界，同样有碍于长白山发祥地，还会使沿线的松花江被

---

① 《勘界使交涉报告书》，"闰四月十六日"，奎章阁号：11514 之 2。《问答记》（1885 年），奎章阁书号：奎 21041。
② 《清季中日韩关系史料》第五卷，第 1961～1962 页，第 2041～2042 页。
③ 《问答记》。
④ 亚细亚问题研究所、旧韩国外交文书编纂委员会编《旧韩国外交文书》第八卷，清案 1，高丽大学出版部，1970，第 476～477 页；《吉朝分界案》，"照录军机处交长顺等抄折"，第 1903 页。

"剪头去尾",①所以即便这是康熙年间的"旧界",中方也无意接受它了。与之相比,中方认为距离天池五十余里的小白山一带东西两边鸭、图二江水源相对,和碑文所记"西为鸭绿,东为土门,故于分水岭上勒石为记"相符,因此主张碑应该立在那里。另一方面,以小白山一带划界的话,可以保存一个完整的长白山归入中国境内,这也许是中方提出以小白山分水岭划界的一个重要的考虑因素。中方最初提出以小白山和其东边发源的红丹水为界,后来考虑到红丹水以西的长坡有朝鲜部落百余户,且已经有百余年历史,朝鲜还设置了社仓,于是退一步要求以小白山和其东边发源的石乙水划界。②为了使朝方放弃以碑堆、红土山水划界的主张,接受中方提出的以小白山—石乙水划界的主张,中方不断以"查边碑"和"移碑说"来牵制和压迫朝方。

经过光绪年间的两次勘界,中朝双方在长白山以东的图们江上游地区基本达成了共识。中方所主张的石乙水和朝方所主张的红土山水,同属于与红丹水汇合的北支,二水相距只有十余里。而中方最初主张以红丹水为界,后来接受北支石乙水,从客观上来说,朝鲜流民对图们江上游地区的开发,特别是长坡仓的设置起了作用。实际上,双方的分歧点主要在长白山以南地区,尽管天池东南边立有一块碑,碑的东边设有土石堆,但是如中方所说"碑不过百余斤",可以"人为而迁移之",碑东的土石堆也可以是"后来添置"的,③这种说法于情于理也是说得通的。当两次勘界谈判以失败告终时,我们不得不承认长白山以南地区的边界问题,似乎又回到了康熙年间定界以前的原点。中方主张以小白山为界,朝方主张以长白山东南麓立碑处为界,勘界谈判以失败告终的主要原因在此。

勘界谈判出现这种僵持的局面,似乎不能完全怪罪双方的勘界代表不够通融和互不妥协,只能说此时的中朝两国关系已不像从前了。由于西方列强的入侵,特别是俄国势力南下和日本借机向朝鲜渗透,中朝两国传统的宗藩关系正在发生变质。1882年朝鲜发生"壬午兵变",清朝为了加强对朝鲜的控制,抵御日俄势力觊觎朝鲜,向朝鲜派驻军队以加强宗主权。1884年朝

---

① 《问答记》。
② 《吉朝分界案》,"照录吉林将军来文,光绪十三年七月初二日到",第1853页。
③ 《问答记》。

鲜发生"甲申政变"以后，清朝又派出袁世凯带兵进驻朝鲜，他被任命为"驻扎朝鲜总理交涉通商事宜"，从政治、经济及军事方面加强对朝鲜的控制。这些都使得清朝和朝鲜保持了二百多年的宗藩关系发生变质：清朝由过去尊重朝鲜内政自主，发展到此时干涉朝鲜内政和强化宗主权，而朝鲜的独立意识也日益增强。

在这种背景之下进行的1885、1887年两次勘界谈判，无法和康熙年间清朝对朝鲜实行怀柔政策时期相比。1885年（光绪十一年）第一次勘界时，朝方主张土门、豆满为二江，图们江以北地区属于朝鲜，可以说错在朝方。而在1887年（光绪十三年）第二次勘界时，朝方承认了先前的主张是错误的，即承认两国以土门江即豆满江（今图们江）为界，只是想守住当年的"旧界"，此即碑堆、红土山水线，而中方则认为这有碍于"长白山发祥重地"，而最终谈判破裂，其责任不在朝方而在于中方。在勘界问题上中方的强硬主张和做法，与同时期清朝对朝鲜加强宗主权的政策是相贯通的。

结　　论

康熙五十一年穆克登奉旨查边，到长白山调查鸭绿江、图们江水源，并在天池东南十余里的分水岭上立碑。此次查边是两国之间的定界，还是清朝单方面的查边，争论由来已久。从形式上看，这是以清朝派使查界、朝鲜派使接待的方式进行的。尤其朝鲜派出的接伴使，因年老的关系未能和穆克登一起上山查水源，也没有参与立碑的过程，作为两国之间确定边界的活动来说，这不能不说是程序上的一大欠缺。另外，清使穆克登在完成立碑下山以后，也没有征得朝鲜使臣的意见，更没有向朝鲜国王通报水源情况，而是直接向皇帝奏闻了。之所以出现这种局面，只能说这是由清朝与朝鲜宗藩关系的性质决定的，换言之，穆克登定界是一次由清朝主导的定界，并没有把朝鲜看作是平等的谈判对象，朝鲜处于被动和次要的地位。

即便如此，此次定界的结果并没有让朝鲜受损失。穆克登基本顺从了朝鲜人对水源的看法和对两国边界的主张，他确定的鸭、图二江水源都是离天池较近的，立碑处位于靠近天池的东南麓，其结果朝鲜不仅获得长白山天池以南大片空地，还获得了天池以东的图们江上游地区。尤其图们江上游的茂山、鱼润江、朴下川等地，在明初都是女真人的领地，女真人撤走百年来不少地方已被朝鲜流民占据和开垦了，作为怀柔藩属国的一项政策，清朝承认了这一领土现状，使那里的朝鲜流民过上了安居乐业的生活。

此次定界对朝鲜的影响是极其深远的。碑文记载"西为鸭绿，东为土门，故于分水岭上勒石为记"，其含义不单单是确定以鸭、图二江为界那么简单，这等于让朝鲜吃了一剂定心丸。穆克登回国以后，同年底朝鲜以国王的名义上了"谢定界表"，一方面是以国王书的形式认同此次定界的结果，另一方面保证以鸭绿江、图们江为界，其领土、边界不受侵犯。此次定界，有利于朝鲜克服对清朝的敌意和不信任感，使其融入以清朝为中心的天下秩序，促进两国宗藩关系的稳定发展。

朝鲜还利用清朝在东北地区实行的封禁政策，以及对朝鲜边疆的怀柔政策，在鸭绿江、图们江以北的清朝一侧构筑了一个无人缓冲区，目的就是为了保护鸭绿江、图们江边界不受侵犯。此次定界还促进了朝鲜对边疆地区的开发，图们江上游的茂山、朴下川、鱼润江地区，以及红丹水以西的长坡地区，都有流民移入和开垦，朝鲜在这些地方设置社仓，将其纳入了朝鲜的版图。此外，清初一直留为空地的鸭绿江上游的"废四郡"地区，到了18世纪后期也允许流民移入和开垦，朝鲜还复设了郡邑。这些措施促进了朝鲜开发边疆地区，稳定了边民的生活。

此次定界对于清朝的影响，一是通过穆克登的实地考察，搞清楚从长白山发源的鸭绿江、图们江水源，并且明确划分了其间的陆地边界，还确保了长白山天池在清朝版图内。此次定界的结果反映在其后制作的康熙《皇舆全览图》（康熙五十六年）及其他清朝舆图中，说明穆克登为舆图的制作做出了贡献。二是通过穆克登的定界，使中朝两国以鸭绿江、图们江为界的事实再次得到确认，使从前模糊不清的长白山以南、以东界线变得明确了，从而可以将朝鲜流民北拓的步伐控制在鸭绿江、图们江及长白山以南地区，这对于清朝保护发祥地和巩固边疆是有利的。

穆克登定界的性质遭质疑是在光绪年间两次勘界之时。中方代表既不承认位于天池东南麓的碑是定界碑，也不承认碑东边沿黑石沟设置的土石堆是边界的标识物。还指出碑有可能被朝鲜人从鸭、图二江真正的分水岭小白山顶暗移至天池附近。但是不难发现中方的观点在逻辑上存在一些问题，一方面强调天池东南麓的碑是清朝单方面的查边碑，另一方面又指它被暗移了。如果像中方说的，此碑是查边碑而不是定界碑，那么朝方挪动它又有什么意义呢？挪动碑址的目的难道不是为了多占地方吗？总之，无论是"查边碑"还是"移碑说"，目的是为了牵制朝方使其放弃以碑、土石堆和红土山水划界的主张，因为此线太过于靠近天池，有碍于清朝的"长白山发祥重地"。可以说，中朝双方在长白山以东的图们江上游地区基本达成一致，主要的分歧点存在于长白山以南地区，勘界谈判失败的主要原因在此。

During Kangxi Period, the Monument Set by Mukedeng is Boundary Monument or Check Boundary Monument

Li Huazi

Abstract The two envoys appointed by Korea neither went along with Mukedeng to investigate the water source, nor engraved their names in the monument, which makes the procedure of setting boundary is uncompleted. It thereby caused the argument in the academic circles about the nature of monument set by Mukedeng, setting boundary was consented by the two concerned countries or unilateral border demarcation check by Qing Dynasty. This article analyzes the mission and the effect of the Korean envoys, the territorial scope obtained by the Korea, the significance and influence of the boundary setting. It also considers that the boundary setting dominated by the Qing dynasty did not have a completed procedure which was basically decided by the nature of the system of vassal state between the two countries. However, the boundary setting did not bring any losses to Korea. Korea got the empty tracts to the north of the Tianchi, and the upper regions of Tumen River to the east of Heavenly Lake. The boundary setting was beneficial for Korea to develop border areas, and it was conducive to eliminate the wariness and hostility of Korea to Qing dynasty and thereby made Korea integrated into the ruling order controlled by the Qing dynasty. Moreover, this article also discusses about the reason why the Chinese representatives denied it was the boundary monument when conducting the boundary settlement during

Guangxu period. One reason was that the Chinese representatives were devoid of archival data of Kangxi period, so they were not clear about the truth of the boundary setting; another reason was that they need to stop Korea from demarcating the boundary by the monument and rubbles near Tianchi, and the foothill of the Tianchi, since it would be a hindrance for the Qing dynasty to claim itself as the "Cradle of Changbai Mountain".

Key Words Mukedeng; boundary monument; check Boundary monument

论乐与韩国词的渊源

王进明

【内容提要】 词最初以何种方式传播至韩国？又是如何在韩国产生的？这一文化现象学界很少提及。考证发现，词在韩国的传播、产生与乐有着深刻的历史渊源。隋唐时，高丽乐传入中国，并融于燕乐，构成词产生的重要母体之一。中国文人在燕乐的基础上倚声填词，创造一种新文学形式——词。北宋时，在与高丽朝的友好交往中，词以乐为载体传播至韩国，并适应统治者需要，为其所接受。在适宜文化环境下，高丽君王主动创作词，产生韩国词文学。韩国词的产生是两国文化长期友好交流、双向互动、相互渗透融合的必然结果。

【关键词】 乐词　传播　高丽乐　燕乐　王徽　王运

【作者简介】 王进明，任教于吉林省延边朝鲜族自治州教育学院，现为中央民族大学朝鲜语言文学系在读博士。

中国和韩国在地理上山水相连，地域相邻，两国间的文化交流源远流长。尤其在文学方面，历代韩国文学的发展，都与中国文学有着密切的联系，词也不例外。词亦名曲子词，是按曲谱填写的中国古代韵文的一种，它萌芽于南朝，形成于唐代，盛行于两宋，延续发展于元明清各代，不仅在中国文学苑中芬芳绚丽，光彩夺目，流派纷呈，影响广远，在邻邦韩国也开花结果。

一 研究现状

目前中韩两国学者对韩国词文学与音乐关系的综合研究成果相对较少，但对《高丽史》中所载"唐乐"的考证梳理和《高丽史·乐志》中所录词的研究的相关成果却相当丰富。

对《高丽史》中"唐乐"的研究主要是从整体和个别的视角进行考察。韩国学者车柱环的《唐乐研究》①《高丽"唐乐"的研究》②，宋芳松的《高丽音乐史研究》③，中国学者王小盾、刘玉珺的《从〈高丽史乐志〉"唐乐"看宋代音乐》④，主要对唐乐的历史沿革进行了整体考察研究；另有朴恩玉、朱君梅、沈淑庆等进行个别考证。对《高丽史·乐志》中所录词的研究则主要是词的考证，包括韩国学者白祯喜的《韩国词文学小考——高丽的词》(1)(2)⑤、李明久的《高丽史乐志所载宋词考》⑥，中国学者谢桃坊的《〈高丽史乐志〉所存宋词考辨》⑦、李宝龙的《韩国高丽词文学研究》⑧ 等论文或专著。对音乐与词进行综合性、开创性研究的是浙江大学吴熊和先生，他的《高丽唐乐与北宋词曲》⑨ 和《〈高丽史·乐志〉中宋人词曲的传入时间与两国的文化交流》⑩，对《高丽史·乐志》所载74首词曲的传播时间与"唐乐"的因缘进行了考证，为研究韩国词与音乐的联系提供了重要借鉴。

关于词最初是以何种方式传入韩国，又是如何在韩国本土产生的，学界

---

① 车柱环:《唐乐研究》，《泛学研究》，1979。
② 车柱环:《高丽"唐乐"的研究》，同和出版公社，1983。
③ 宋芳松:《高丽音乐史研究》，韩国一志社，1988。
④ 王小盾、刘玉珺:《从〈高丽史乐志〉"唐乐"看宋代音乐》，《中国音乐学》2005年第1期。
⑤ 白祯喜:《韩国词文学小考——高丽的词》(1)，《中国学论丛》第10辑，1994；白祯喜:《韩国词文学小考——高丽的词》(2)，《中国学论丛》第11辑，1995。
⑥ 李明久:《高丽史乐志所载宋词考》，《成均馆大学论文集》1965年第10期。
⑦ 谢桃坊:《〈高丽史乐志〉所存宋词考辨》，《文学遗产》1993年第2期。
⑧ 李宝龙:《韩国高丽词文学研究》，人民出版社，2011。
⑨ 吴熊和:《高丽唐乐与北宋词曲》，《中华文史论丛》第50辑，上海古籍出版社，1992，以后收录于《吴熊和词学论集》，杭州大学出版社，1999。
⑩ 吴熊和:《〈高丽史·乐志〉中宋人词曲的传入时间与两国的文化交流》，沈善洪主编《韩国研究》，杭州大学出版社，1994。

却很少提及。词是种配乐的文体。在唐宋音乐文学中，乐是词的母体，词因乐而生，它起源于音乐，缘乐而作，披乐而歌，由乐定词，是诗与乐密切结合而产生的一种新型的格律诗。与其他文体相比，词初始传播到韩国的方式比较特殊，也比较隐蔽，它最初在韩国的传播、产生与音乐有着密不可分的联系。

二 隋唐时期高丽乐融入燕乐构成孕育词的重要母体之一

燕乐始见于《周礼》，作为一个新兴的乐曲系统，成熟于隋唐。隋文帝杨坚开皇年间（581~600年），朝鲜半岛高丽、百济、新罗三国的音乐在中国流传，其中高丽乐影响较大，为文帝所喜爱。以法令形式确立的隋代"七部乐"中，高丽乐位列第三。接着大业年间（605~617年），隋炀帝定"九部乐"，高丽乐亦包含其中。初唐完全承袭隋代燕乐体制。至唐太宗，"增《高昌乐》，又造《燕乐》，而去《礼毕曲》，其著令者十部：一曰《燕乐》①、二曰《清商》、三曰《西凉》、四曰《天竺》、五曰《高丽》、六曰《龟兹》、七曰《安国》、八曰《疏勒》、九曰《高昌》、十曰《康国》，总谓之'燕乐'"。② 唐十部乐中高丽乐名列第五，成为燕乐重要的组成部分。中韩文化交往日益频繁，高丽乐在隋唐宫廷、贵族、文人士大夫、民间广泛流传，受到隋唐民众的喜爱。

世界文化发展史表明，一个民族在向外输出自己的文化的同时，往往也会受到被输出民族文化的影响。因此真正的文化交流必定是双向的。中韩的音乐交流充分证明了这一点。民族间的文化发生接触，都是客观条件促成的。隋唐时期，国家归于统一，帝王贤明、开放，经济快速发展，疆域空前广大，都市繁荣。国内外交通的发达，中外交往的频繁，不仅给文化发展提供了坚实丰厚的物质基础和开放宽松的环境，而且大大开拓了人们的视野，激励人们去创造新文化。隋唐时期的学者、文人、艺术家，兼容并蓄，具有开放性，在对外输出中华文化的同时，在继承前人文化的基础上，也以博大的胸怀吸收外来的文化，利用各种外来的思想材料，最大限度地吸收各种艺

---

① 此"燕乐"是一个具体的乐部名称，它不同于广义的宫廷燕乐的含义。
② 郭茂倩编《乐府诗集》卷79，中华书局，1979，第1107页。

术成果，包括民间、少数民族、外国的乐舞等各种艺术形式，创造出绚丽多姿的隋唐文化，云蒸霞蔚，气象万千，形成一种兼容并包、多元文化并存的开放性社会。高丽乐融入唐乐就具有独特的魅力。

隋唐燕乐新声的兴盛，是继先秦雅乐、汉魏六朝清乐之后，中国古代音乐史上的第三个高峰期。燕乐博采海内、异域众家之长，曲调丰富，旋律、节奏变化多端，具有强烈的艺术感染力，深受社会各阶层人士的欢迎，出现了上自宫廷，下至市井，竞逐新声的繁盛景象。丰富多样的燕乐旋律广泛流播，需要与其相匹配的歌词，通晓音律的文人、乐工顺应这一需求，倚声填词，即依据乐曲的节拍、旋律、声情填词，填词的句式结构须与乐曲的节奏相应合，乐工、乐伎依乐曲调进行演唱，形成参差不齐的长短句式，平仄换韵的一种新的文体，词应运而生。学者施议对认为倚声填词经历了三个时段：一是依曲拍为句的刘禹锡、白居易时段；二是以文辞（词）追逐乐音的温庭筠时段；最后是程序规范的柳永时段[1]。音乐与词双向互补，音乐加强了词的表现力，使之更能深入人心，词使音乐的情调更加具体化，两者相得益彰，学者杨海明评论说："和其他文体的'出场'不同，词登上文学舞台和走入（唐宋人）生活圈子，是伴随着特殊的'声光效应'的。具体来说，它就是在音乐（燕乐）和美女（歌伎）的簇拥下登坛的。音乐给人以听觉（声）的快感，美女又给人以视觉（色相、光彩）的愉悦。因此，词所展示的文学景观和所提供的审美感受，就远比诗文所展示的文学景观和所提供的审美感受来得丰富和赏心悦目（耳）"[2]。这种新文体的产生以燕乐为基础，吸收了包括高丽乐在内的音乐。高丽乐为词的产生提供了丰富的曲调，开阔了词人的眼界，对词的创作、词牌的形成也具有一定的贡献。因此，词与高丽乐之间存在紧密关联，燕乐是词产生的母体，高丽乐在一定意义上讲就是词的重要母体之一。词适应了社会需要和乐曲要求，逐渐发展起来，呈现"风暖繁弦脆管，万家竞奏新声"[3]的局面，最后取代了唐诗，成为一种新的文学体裁。正如吴熊和所说："从音乐方面说，词是燕乐发展的副产品；从文学方面来说，词是诗乐结合的新创造。燕乐的兴盛是词体产生

---

[1] 施议对：《词与音乐》，选自马兴荣、邓乔彬主编《词学》第24辑，华东师范大学出版社，2010，第32~35页。

[2] 杨海明著《唐宋词美学》，江苏教育出版社，1998，第1页。

[3] 唐圭璋编《全宋词》柳永《木兰花慢》其二，中华书局，2009，第48页。

的必要前提,词体成立则是乐曲流行的必然结果。"① 在长期的音乐交流过程中,中韩双方互相影响,隋唐时期,这种交流融会、互相渗透使高丽乐融入燕乐。

三 乐是词在韩国传播的重要载体

词单独的文学效力,在社会中远不及音乐的效力来得大,词的传播与音乐有着较大的联系。词在韩国的传播、发轫都与乐密不可分。词在韩国的传播与高丽朝两位国君文宗王徽、宣宗王运密切相关。两位君王执政时期,韩国与宋进行友好交流,词以乐为载体传到韩国,产生了韩国第一首词,从此词文学在韩国生根发芽,成为其文学发展史上不可或缺的重要组成部分。

宣宗王运在位(1083~1094年)时期,并立的政权有北宋、辽、西夏、金,其中高丽、北宋、辽三国关系较为复杂。高丽与中国历代政权都保持着传统友好交往。993年辽入侵高丽,高丽力邀北宋救援,被拒。自此结辽绝宋,北宋与高丽外交联系中断六十余年。辽虽与高丽结成宗藩关系,却经常侵略高丽,高丽苦辽久矣,曾派遣使节到宋通交,未果。北宋神宗赵顼(1068~1085年)即位后,实行联合高丽对抗辽的策略,即"结之以谋契丹"②,着手改善双方关系。高丽文宗王徽执政(1046~1082年)时,宋朝遣商人黄谨于海道至高丽表达交往之意,实现双方互访,60多年的坚冰被打破,开启交流新局面。

北宋神宗熙宁年间,高丽文宗曾奏请北宋派遣乐工、伶人到高丽传授乐舞词曲,北宋应请而派。对此中韩双方文献记载相契合。《宋大诏令集》有"卿远饬伶式,来陈备奏,诸和中律,缀兆有容,审听谛观,良多嘉欢,就加赐予,式示褒优"③,完整记录了宋派遣乐工去高丽的诏书。徐兢《宣和奉使高丽图经》云:"熙宁中,王徽尝请乐工,诏往其国,数年乃还。后人使,必赍货奉工技为师。每遣就馆教之。"④《宋史·高丽传》:"熙宁三

---

① 吴熊和:《唐宋词通论》,商务印书馆,2003,第1页。
② 许嘉璐主编《二十四史全译·宋史·高丽传》卷487,上海汉语大词典出版社,2004,第10418页。
③ 司义祖:《宋大诏令集》卷237,中华书局,1962,第927页。
④ (宋)徐兢、李澍田校注《宣和奉使高丽图经》,吉林文史出版社,1986,第85页。

年（1070年），（王）徽遂遣民官侍郎金悌等百十人来，诏待之如夏国使。"① 中国李焘《续资治通鉴长编》卷223至227中记录了高丽使者金悌于熙宁四年五月到八月至北宋朝见神宗的行程，其与《高丽史》相互印证。《高丽史》记载"三月庚寅遣民官侍郎金悌奉表礼物入宋。初，黄慎之还移牒福建，请备礼进贡至，是遣悌由登州入贡"②；熙宁四年五月"通州言高丽使民官侍郎金悌等人入贡至海门县"③；熙宁四年"八月癸丑朔，御文德殿视朝，高丽使民官侍郎金悌至自通州"④；熙宁四年冬十月"癸亥，知制诰王益柔罢兼直学士院，以草高丽国答诏非式也。知制诰曾布兼直学士院"⑤；"（文宗二十六年）六月甲戌金悌还自宋，帝附敕五道"。⑥ 据此可知，金悌于文宗二十五年三月离开高丽，四月到通州，八月朝见宋神宗，十月返程，文宗二十六年六月回国。吴熊和认为到高丽传授宋乐的北宋乐工应该是金悌等使团回国时，奉命一同派遣的，本文认同这一观点⑦。为加强音乐交流，双方互设常驻机构，高丽王朝建立了顺天馆："徽具袍笏玉带拜受诏，与焘、睦尤礼，馆之别宫，标曰顺天馆，言尊顺中国如天云"，⑧ 北宋则设置了同文馆。

《高丽史·乐志二》记载了三则北宋乐队在高丽传习表演的消息："文宗二十七年二月乙亥，教坊奏女弟子真卿等13人所传《踏沙行》歌舞，请用于燃灯会，制从之。十一月辛亥，设八关会，御神凤楼观乐，教坊女弟子楚英奏新传《抛球乐》《九张机》，别伎《抛球乐》弟子13人，《九张机》弟子10人。（文宗）三十一年（1076年）二月乙未，燃灯，御重光殿观乐。教坊女弟子楚英奏王母队歌舞，一队55人，舞成四字，或'君王万岁'，或'天下太平'。"⑨

第一批到高丽传授北宋乐舞的是以真卿为代表的13名女乐工，传授的

---

① 许嘉璐主编《二十四史全译·宋史·高丽传》卷487，第10419页。
② 郑麟趾：《高丽史·文宗世家二》卷8，亚细亚文化社，1983，第179页。
③ 李焘：《续资治通鉴长编》卷223，中华书局，1992，第5432页。
④ 李焘：《续资治通鉴长编》卷226，第5500页。
⑤ 李焘：《续资治通鉴长编》卷227，第5527页。
⑥ 郑麟趾：《高丽史·文宗三》卷9，第181页。
⑦ 吴熊和：《吴熊和词学论集》，第40页。
⑧ 许嘉璐主编《二十四史全译·宋史·高丽传》卷487，第10419页。
⑨ 郑麟趾：《高丽史·乐志二》，第560页。

是《踏沙行》，乐工采用歌与舞的形式，选唱表演。第二批是楚英带队的乐工13人，奏新传《抛球乐》《九张机》，熙宁八年（1075年）三月丙午："江、淮发运司罗拯言，泉州商人傅旋持高丽礼宾省帖，乞借乐艺等人。上批'已令教坊按试子弟10人，可借。呼第四部给色衣、装钱，作拯意奉诏遣往。传习毕，早令还朝。画塑工俟使人入朝遣往'。"① 这些记载表达三个信息：北宋派到高丽的乐工至少是3批；乐工小队人数为10~13人；乐工楚英等人从文宗二十六年至三十一年一直在高丽传授乐词，停留的时间至少在5年以上，与徐兢描述的"数年乃还"②相符，在足够长久的时间里，通过耳濡目染，把北宋的乐舞充分完整地传授给高丽的乐工。

与此同时，高丽朝也派遣乐工到北宋取经，学习乐技，北宋"诏以法惠寺为同文馆以待之"③。这与苏辙提到的"诸进奉使乞差伎艺人教习3节，并关管勾同文馆所"④ 相一致。根据史料分析，徐兢的"就馆教之"应该是指同文馆。

高丽文宗二十七年（1072年），高丽宫廷传入了北宋《踏沙行》《抛球乐》《九张机》的歌舞，《踏沙行》《抛球乐》《九张机》这3首既是乐曲名，也是词牌名。《踏沙行》首见于晏殊《珠玉词》以及欧阳修的《近体乐府》，杨慎《词品》曰"韩翃诗'踏沙行草过春溪'。词名《踏沙行》"⑤。《抛球乐》是一种队舞大曲，抛球乐是唐教坊曲名。《唐音癸签》云："《抛球乐》，酒筵中抛球为令，其所唱之词也。"⑥ 《宋史·乐志》有女弟子舞队，三日抛球乐的记载。始于刘禹锡词，皇甫松元此填，多一和声。三十三字者，始于冯延巳词，因词有"且莫思归去"句，或名《莫思归》，皆五七言小律诗体。至宋柳永，则借旧曲名，别倚新声，始有两段187字。《乐章集》注：林钟商调。与唐词小令体制，迥然各别。以同一调名，故类列之。此本唐人小律，后人教坊，被之管弦，遂相沿为词。《高丽史·乐志》有

---

① 李焘：《续资治通鉴长编》卷261，第6360页。
② （宋）徐兢，李澍田校注：《宣和奉使高丽图经》，吉林文史出版社，1986，第85页。
③ 许嘉璐主编《二十四史全译·宋史·高丽传》卷487，第10423页。
④ 苏辙著《栾城集》，曾枣庄、马德富点校，古籍出版社，1987，第1005页。
⑤ 唐圭璋编，（明）杨慎：《词话丛编·词品》，中华书局，2005，第428页。
⑥ （明）胡震亨：《唐音癸签·乐通二》卷13，古典文学出版社，1957，第115页。

《抛球乐》曲词七首。《九张机》是曲先传入,高丽宫廷演奏的只是曲舞,词是在其74年后,即南宋高宗绍兴十六年(1146年)曾慥辑《乐府雅词》时才填入曲词,《九张机》大曲曲词11首,这就更进一步证实词是以乐为载体传入韩国的,也就是先有曲后有词。由此观之,乐在高丽传播主要有两种途径:一是邀请乐工上门传授,即高丽王朝奏请宋朝派遣乐工到高丽传授乐舞词曲;另一种方式是实地取经,高丽派遣乐工伶人到北宋学习,然后将先进音乐带回国。词便以乐为载体在高丽传播开来。

据此推断,韩国古代第一个词作者可能是乐工,而不是史书记载的宣宗王运,因为在高丽政权下,乐工、乐伎的社会地位低下,他们的姓名很少会出现在官方的正史文献中,有的只散见于私人的记载和诗文之中,只有乐工的艺术造诣达到特别高超的程度才能被提到,而且只是一些简单的记载,这个可以从史料中得到佐证。"(高丽仁宗)癸丑(1133年)秋八月,(尹誧)奉王旨,撰集古词300首,名《唐宋乐章》1部。又于大金皇统六年,纂《太平广记撮要》诗100首,随表进呈。上教遣知奏事崔惟清奖谕曰:'卿,年高聪明,藻思如新。'嘉难不忘。其年冬十有二月,加检校大师守司徒恭知政事柱国。又据唐玄奘师《西域记》,撰进《五天竺国图》,上览之,赐燕丝七束。仍命左承宣金存中,谘问乐谱。其遭遇之盛,千载一时欤。公平生倜傥,有大节,敏于文学,达于政事,该通音律,尤工歌词。"① 从墓志铭文看,尹誧是高丽朝技艺高超的乐师,千载难遇,"通音律,尤工歌词",应该是位了不起的作词高手,被君王赏赐的人,其名字也只能淹没于荒野蔓草间的墓碑上。

四 韩国词产生的文化环境

一种文化进入另一种文化,必然发生程度不等的碰撞、混杂、融合,并形成不同文明冲突与交流的特殊实验田,然而他们在何种程度上失去原来的文化自我,又在何种程度上保持原来的文化自我,并形成一个新的文化自我,是十分复杂的。韩国词文学的产生也不例外,如果要在韩国落地生根、

---

① 许兴植编著《韩国金石全文(中世上)·尹誧墓志》(中世上),亚细亚文化社,1984,第728~729页。

吐露芬芳，就必须与韩国的实际相结合，尤其要有它所适应的思想、文化氛围，否则就如昙花一现，最终销声匿迹，高丽的文化环境恰恰为韩国词文学产生提供了适宜的土壤。

1. 高丽王朝重视音乐的政治教化功能

儒家文化特别强调音乐具有稳定和调整整体性社会关系的综合效应，将它与礼、刑、政等外在的规范制度结合起来，作为实现"王道"教化的政治理想的重要手段。儒家浓郁的音乐思想对高丽王朝产生了重大深远的文化影响。《高丽史·乐志》首先强调"夫乐者，所以树风化象功德者也。高丽太祖草创大业，而成宗立郊社，躬禘祫自后，文物始备，而典籍不存"。[①] 朝鲜半岛三国时期，由于战争，许多优秀的文化资源消失了，音乐遭到破坏，高丽王朝于936年统一朝鲜半岛后，需要巩固政权，教化万民，认为礼乐具有重要的政治价值，因此高度重视乐的发展。

2. 高丽乐重返本土及其与汉文化的相融性

高丽时期传到韩国的中国音乐成分比较复杂。《高丽史·乐志》将其分为雅乐、唐乐、俗乐三部分。笔者也将其划分为三部分。一是燕乐中的高丽乐，二是融入中国文化元素的音乐，三是全新的来自北宋的音乐。燕乐中的高丽乐，即隋唐时期传播到中国后融入燕乐的高丽乐，源自高丽本土，是韩国本民族的音乐，曲调、节拍甚至舞蹈为韩国人所熟知，音乐细胞再一次融入自己民族的血液，一开始便具有先天的本土优越性，有一种"似曾相识燕归来"的感觉，很容易被高丽乐工、统治阶层所接受。二是高丽朝融入中国文化元素的音乐，是指受到中国文化影响，高丽文化中有某些中国元素，以此文化为背景的音乐也为韩国人所熟悉，这样便具有了接受的基础。如楚英到高丽传授的"王母队歌舞"，是由歌舞伎扮演王母祝贺圣寿。西王母作为中国上古神话中的形象，在高丽也具有崇高的历史地位。《宋史·高丽传》记载"正月七日，家为王母像戴之"。[②] 正月初七，家家挂放王母像加以尊奉，楚英传授的王母队歌舞，正好适应了高丽的民俗风尚，这就避免了水土不服。至于传到高丽的全新的北宋乐，高丽王朝采取欢迎、拥抱的态度，获得本土乐工和统治阶层的支持与接受。由于北宋与高丽间友好的音乐

---

① 郑麟趾：《高丽史·乐志一》，第522页。
② 许嘉璐主编《二十四史全译·宋史·高丽传》卷487，第10416页。

交流，配合着文学语言，北宋乐以一种立体的生动的表达方式在朝鲜半岛上通过音乐传播开来。同时词的发展是双方相互借鉴、彼此互相接受的过程，是双向的并不是单一的中方输出，韩国不是被动接受，而是加入了自己的创作因素。

3. 高丽君王的提倡及词的娱乐功能

君王的爱好和提倡，往往能对某种文学风气的形成发挥直接的推动作用，使这种文学创作倾向成为思想潮流。高丽文宗王徽特别喜欢诗和音乐，专程派人到北宋学习音乐。宫廷宴饮娱乐，往往需要音乐歌舞及文采辞章来娱情助兴，文宗通晓音律，尤其喜欢宴饮赋诗。《高丽史》中多次提到其在重大节日或兴致使然时宴饮赋诗的活动。文宗宴饮群臣，命其依韵和之，评判优劣，重赏佳篇，足见其汉文功底之厚。同时，词文学本身具有宴饮奉和的娱乐功能。通过宴饮娱乐，侑觞劝酒，乐伎歌舞，伴着清脆若莺语、流利如连珠的筝瑟之音，广大文人沉溺于身心的放纵，本能地开始浅淡情思和轻柔爱意地吟唱，君王出题赋词，臣子奉旨依韵和词或填词，既满足宫廷享乐的需要，巩固君臣之间联系，臣民又可以向君王或表忠诚、唱颂歌、讨欢心、希宠泽，或迎合帝意、曲意奉承。

4. 美颂"太平盛世"的颂歌

高丽王朝统一朝鲜半岛至文宗主政，经过100多年的发展，虽然有与辽政权不愉快的小插曲，但国际环境相对太平，国家逐步走向繁盛，统治者利用音乐歌功颂德之风盛行。北宋从建国就实行了"崇文抑武"的政策，终宋之世，成为一项基本国策，在北宋复兴儒学、重整伦理纲常的时代氛围中，北宋士大夫的人生价值观取向使人整体上发生了根本性的转变，词意的追求是符合时人在"太平盛世"中发展起来的审美趣味的，北宋歌颂帝王圣德"太平盛世"的宫廷词应运而生，这也适合了韩国统治者的主观愿望，同时通过重大节日的歌舞君王有意识地作出与民同乐的姿态，渲染普天同庆的太平气象。

五 韩国的第一首词及其价值

宣宗王运继位之后在国内管理上学习北宋，又逐渐恢复宋制。他自己也不断地学习汉文化，包括宋词，并成为一名作词高手。《宋史·高丽传》对王运的评价极高:"运仁贤好文,内行饬备,每贾客市书至,则洁服焚香对之。"① 由此可见他对汉文化的仰慕与尊重。高丽与北宋交往密切,意味着对辽的疏远,辽政权也早有觉察,以册封、献方物、贺生辰、贺即位、贺正等方式,不断试探高丽与宋朝的关系,加强对高丽的监管。辽在1085年3次派人到高丽进行监察,并多次提出在双方边境鸭绿江地区设立榷场,以进一步加强对高丽的控制,高丽总是以各种理由拒绝。在这样背景下,在高丽朝九月的天元节,辽遣永州管内观察使杨璘来贺生辰。

"丁丑,以天元节宴辽使于干德殿。王制《贺圣朝词》曰:露冷风高秋夜清,月华明;披香殿里欲三更,沸歌声。扰扰人生都似幻,莫贪荣;好将美酿满金觥,畅欢情。"②

王运即兴赋词一首,表达自己的心怀。这首词的词牌与格体是不相对应的。《贺圣朝》是唐教坊曲名,后用为词牌,以"圣朝"一词为崇仰朝廷之意,《钦定词谱》说此调仿自冯延巳词,《教坊记》注:"南吕宫",《中原音韵》注:"黄钟宫"。双调,49字。前段4句,3仄韵,24字。后段5句,3仄韵,25字。此一格式变体较多,有47、48、49字的格体,不同诸格体,俱为双调。宣宗的《贺圣朝词》只有40字,与格体不对应。仔细推敲会发现,此处宣宗用的是《添声杨柳枝》的格体。《杨柳枝》是唐教坊曲名。此曲创于隋,本名作《杨柳》。韩偓《炀帝开河记》有隋炀帝游木兰庭,命袁宝歌《柳枝》诗的记载,后蜀何光远《鉴戒录》卷7《亡国音》云说:"《柳枝》者,亡隋之曲。炀帝将幸江都,开汴河种柳,至今号曰《隋堤》,有时曲也。"③ 此曲入唐沿唱不辍,盛唐时传入教坊。及至中唐,白居易据旧曲另翻新声,与刘梦得相唱和。白居易云:"古歌旧曲君休听,听取新翻杨柳枝。"刘和:"请君莫奏前朝曲,听唱新翻杨柳枝。"④《添声杨柳枝》词调在此基础上发展而成。

王运继承了诗以陈志、诗以明志的春秋以来外交仪式上的特殊表达方式,创造性地以词言志,表达外交主张。宣宗趁着酒席间,娱乐歌舞,饮酒正酣的场合巧妙地表达了他的外交主张,并且抛弃传统的诗体,借用一种新

---

① 许嘉璐主编《二十四史全译·宋史·高丽传》卷,第10420页。
② 郑麟趾:《高丽史·宣宗世家》卷10,第210页。
③ 《学海类编·鉴戒录(第十七册)》卷7,民国九年,上海涵芬楼影印本。
④ 唐圭璋:《词话丛编·碧鸡漫志》卷5,中华书局,1986,第117页。

兴的文学体裁——词，委婉含蓄地宣示，在北宋、辽、高丽三国关系上，他将坚定与北宋继续进行友好交往的决心，而与辽的关系则如"亡国之杨柳"，这种宣示如此隐晦，辽国观察使杨璘当然听不出其中的含意。

纵观郑麟趾的《高丽史》以及整个韩国古代史书，完整地收录个人的文学作品，哪怕是短小的诗体，是不多见的，但《高丽史》却将此词完整记录。后世文学家李齐贤深知其意。他对宣宗评价时，赞曰："诗者志之所之，在心为志，发言为诗。观宣宗文德殿（应为干德殿，《高丽史》记载宣宗的作品就此一首）饵乐诗，有类于赵孟视荫偈日之诗，何哉？赵孟列国之卿，其语偷君子尚讥之，况王者乎？以宣宗聪明好学，不读非圣贤之书，而无苟且之意，明良赓载之歌，则尚矣。大风慷慨之作，何遽不若乎？"①李齐贤历来被认为是韩国第一词人，汉学知识渊博。他引用了春秋战国时期的赵孟对赵国后世发展产生重大影响的典故来说明王运为高丽与北宋外交关系奠定了坚实基础，对高丽与北宋交往作出了巨大贡献，赞美其词可与汉高祖刘邦的《大风歌》相媲美。

李齐贤对《贺圣朝词》的评价未免有些过誉，但该词的价值却不可否认。主要表现在两个方面。

其一是在韩国文学史上的价值。它是韩国历史上第一首有文字记载的韩国文学家创作的词，标志着一种新的文学体裁——词在韩国的诞生，这种新体裁的第一位作者还是一个帝王词人，说明词在韩国首先产生于宫廷，这种体裁将在统治者的支持下，由宫廷走向士大夫贵族阶层，在韩国异邦文化的这片沃土上生根发芽，经过后人的创作开出鲜艳的花朵，这是一个由上逐步下移的过程，韩国词的传播发展之路与中国正好形成鲜明对比。中国词文学产生于民间，由歌女伶工所创造，是一种俗文化的产物，文人对其进行改造或仿作，提高其文字技巧和艺术性，使其规范化，把它从里巷歌谣提高到乐府雅词，传播进入宫廷，也就是由社会和青楼市井走向高雅大堂，这为研究中朝两国词文学不同的发展道路提供了借鉴。同时这首词毕竟是韩国的第一首词，用调相对简单，与诗的形式相近，词的创作尚显稚嫩，与中国早期词的形成时期诗人张志和、韦应物等尝试创作词的形式比较接近，为我们研究韩国词文学提供了原始风貌。在宣宗影响下，其后的睿宗王俣，夙慕华风，

---

① 郑麟趾：《高丽史·宣宗世家》卷10，第216页。

雅好词学，经常设宴赋词，据《高丽史》记载其一生共作词9首，后世学者池浚模称其为韩国古代"君王中最大的词人"①，这在韩国的古代君王中是不多见的。帝王的挚爱，引起文人竞相应和，韩国词创作进入一个繁盛时期。

其二、这首词是外交关系的产物，具有重要的史料价值。北宋、高丽、辽三国关系错综复杂，由于辽在文宗和宣宗时期正处于上升时期，长期采取高压手段对待高丽政权，高丽进行强烈反抗，时又臣服。如果失去与北宋政权的联系，高丽很难与辽抗衡，如何在夹缝之中求生存，随机应变，适度处理？这需要高超的外交技巧。在辽使者到达高丽两天后，宣宗王运做出果断的决定，继续联合北宋政权制约辽政权，外交的天平倾斜于北宋，《贺圣朝词》就是三国外交关系的产物和见证。《宋史·高丽传》中云"自王徽以降，虽通使不绝，然受契开封册，奉其正朔，上朝廷及他文书，盖有称甲子者。岁贡契丹至于六，而诛求不已。常云：'高丽乃我奴耳，南朝何以厚待之？'使至其国，尤倨暴。馆伴及公卿小失意，辄行捶棰，闻我使至，必假他事来觇，分取赐物。尝诘其西向修贡事，高丽表谢，其略曰：'中国，三甲子方得一朝；大邦，一周天每修六贡。'契丹悟，乃得免"。② 由此，高丽王朝坚持与北宋友好交往，最终辽政权也不得不妥协，认可高丽的外交政策。由于高丽的强烈反对，辽提议在鸭绿江设立榷场的建议最终没有实现。宣宗王运坚持与宋的交往，其后继任者肃宗、睿宗和仁宗继续巩固，两国关系日趋密切。北宋的大晟音乐、印刷术、汉文书籍、词文学等进一步传到高丽，促进了两国文化交流的繁荣，高丽文坛上产生了一大批如李奎报、金克己、李承休、李齐贤、郑誧、闵思平、李谷、金九容、元天锡等著名词人，高丽汉文化进入一个大发展时期。

通过研究发现韩国词与乐有着深刻的历史渊源。隋唐时期，高丽乐传入中国，并融会于燕乐，构成词产生的重要母体之一。文人、乐工在燕乐的基础上倚声填词创作产生一种新文学形式——词。北宋时期，词又以乐为载体传播至韩国，适应其统治需要为统治者所接受，在适宜的文化环境下君王主动创作词，产生韩国词文学。韩国词文学的产生是两国文化长期友好交流、

---

① 池浚模：《高丽汉文学史》（下）《语文学》，第39辑，萤雪出版社，1980，第131页。
② 许嘉璐主编《二十四史全译·宋史·高丽传》卷487，第10421页。

双向互动、相互渗透融合的必然结果,它是两国长期友好交往的宝贵文化财富。振叶以寻根,观澜而索源,理清乐与韩国词的渊源,才能对词在韩国的接受、发展、演变作出科学合理的解释,对研究韩国词学及中韩两国间词的传播具有重要的意义和价值。

The Relationship Between *Yue* and Korean *Ci*

Wang Jinming

Abstract It is seldom mentioned that which way disseminate and how to write Ci originaly in ancient Korea. It is found that Korean Ci has a profound historical relationship with Yue. During Sui and Tang dynasties of China, Korean Yue was disseminated in China, Chinese court musicians integrated it into the Yan Yue, it became one of important precursor that produced Ci. On the basis of Yan Yue, Chinese literati composed Ci in accordance with the music, then a new peculiar written style transformed style sprang up— Ci. In the course of friendly communication between northern song dynasty and gaoli, the king of gao li invite the northern song Tang Yue to perform in Korea, meanwhile Ci was spread to Korean. Rulers accepted the Tang Yue and wrote the first Korea Ci in the appropriate cultural context. It is necessary result that produce long-term friendly exchange, the two-way interaction and mutual penetration between China and Korea.

Key Words music; Ci; dissemination; Korea Yue; Yan Yue; Wang Hui; Wang Yun

第九届中国韩国学博士生论坛综述

张　弛

2013年是中韩战略伙伴关系建立5周年，也是中韩两国都具有不平凡意义的一年。韩国朴槿惠政府正式履新，而中国也完成了新一届国家领导人的更替。两国人民都对上任后的新政府在继续深化中韩合作方面寄予厚望。特别是朴槿惠执政后，新政府更加重视发展对华关系，并试图在外交上寻找与美中两国交往的平衡点。中韩两国之间的友谊和合作将在今年得到进一步的发展。在此背景下，由复旦大学研究生院、复旦大学国际问题研究院、复旦大学韩国研究中心主办，韩国国际交流财团资助的第九届中国韩国学博士生论坛于5月18~19日在复旦大学逸夫楼隆重举行。

由来自北京大学、清华大学、中国人民大学、复旦大学、外交学院、中央民族大学、浙江大学、南开大学、中山大学、山东大学、东北师范大学、辽宁大学、辽东学院、香港中文大学和韩国东亚大学等国内外多所著名高校和科研机构的博士生参与了本次论坛，共提交论文24篇。与会的各位博士生代表围绕"东北亚国际关系""朝鲜半岛政治与外交""朝鲜半岛历史与文化"三个专题进行了热烈而有深度的探讨，并取得了丰硕的成果，促进了国内外高校科研机构之间在韩国学研究领域上的相互学习和交流。

论坛会议开幕式由复旦大学韩国研究中心常务副主任蔡建副教授主持，复旦大学国际问题研究院常务副院长、美国研究中心主任吴心伯教授首先代表复旦大学国际问题研究院致辞，欢迎各位博士生代表的到来并预祝本次论坛圆满成功。随后，前韩国驻上海总领事、驻印度尼西亚大使尹海重先生和韩中文化协会会长李荣一先生分别作了题为"中韩建交秘闻"和"韩半岛的统一和中国的选择"的主题演讲,开启了本次论坛的学术讨论。在接下来的一天半时间里,提交论文的各位博士生代表在五场发表会上,就自己撰写论文的主要内容进行了陈述。上海外国语大学国际关系与外交事务研究院常务副院长、《国际观察》杂志执行主编武心波教授,同济大学国际关系学院院长夏立平教授,复旦大学韩国研究中心主任石源华教授、复旦大学历史系孙科志教授、复旦大学韩国研究中心汪伟民副教授,分别对每场发表会上博士生演讲的论文进行了精彩细致的点评,既指出了论文中的优点,也点出其中的不足,保证了本次论坛的成功举行。在会议闭幕式上,复旦大学韩国研究中心主任石源华教授对本次博士生论坛进行了总结,他寄语各位博士生代表要不断在学术交流中总结经验、尝试创新,要勇于面对学术上的批评,提高自身的学术素养,为中国韩国学研究的传承和发展作出自己的贡献。

与以往的论坛相比,本次论坛有两大新特点。第一,论坛的影响力进一步扩大,国际化程度也进一步提高。相比以往代表大都是来自内地高校的中国学生,参与本次论坛的代表不仅有不少来自北大、清华等内地著名学府的韩国留学生,也有来自香港和韩国高校的博士生。另外,不少中国博士生代表也曾在韩国、朝鲜等国留学或访学。不同国籍和经历的代表汇聚一堂,交流了彼此之间在学术问题上的不同观点,同时也对中韩两国的文化异同有了更深刻的理解和体会。第二,会议的论文发表采取"博士生主持—博士生报告—专家教授点评—博士生自由讨论"的模式,一方面锻炼了各位博士生在未来主持学术会议、开展学术讨论活动的能力,另一方面也给各高校博士生创造了相互切磋、相互学习的机会,促进了韩国学研究上的"百花齐放""百家争鸣"。

在第一场主题为"东北亚国际关系"的发表会上,来自外交学院、复旦大学和山东大学的4位博士生代表对历史和当代东北亚国际问题阐述了新见解。外交学院的丁榕俊博士在《新型中韩战略伙伴关系的构建、发展、前景》一文中指出,目前升级中韩战略合作伙伴关系的着眼点在于如何协调中国的"新型大国关系""对朝鲜半岛政策",以及韩国的"信赖外交""朝鲜半岛信赖进程""韩美同盟"这五个因素。他认为中韩两国的国家战略在宏观上与目标是一致的,目前的主要问题在于彼此如何沟通、调整和控制微观问题。复旦大学的黄修志博士的《"书籍外交":明清时期朝鲜的书籍辩诬述论》从历史上中韩两国宗藩关系中特有的书籍辩诬事件出发,从宗系辩诬、即为辩诬和交倭辩诬三个方面阐述了中韩之间的"书籍外交",指出朝鲜并非单纯以华夷观念左右对华政策,仍然遵循着现实主义的事大外交,将明朝和清朝作为中国历史文化的连续体看待。复旦大学张弛博士的《近代中韩宗藩关系嬗变的内在原因探析——建构主义的视角》一文,对传统上以现实主义权力结构变化来解释近代中韩宗藩关系的研究方法提出质疑,认为除了权力结构变化的因素外,维系宗藩体系的观念结构崩溃对中韩宗藩关系的嬗变起了重要作用。由于朝鲜、中国和列强对宗藩关系都秉持着不同的理解,中韩两国对宗藩制度原有的共同信仰解体,导致两国关系走上了一条不同于传统的道路。山东大学麻陆东博士在《建构主义的东亚地区主义路径说及其解读困境》一文中介绍了建构主义理论下的东亚地区主义理论,同时指出目前东亚地区是否存在认同,地区行为体是否会在一体化过程中扮演积极角色,互信意识和猜忌防范意识何者居于主导地位都将对建构主义视角下东亚地区主义路径说带来挑战。

"朝鲜半岛政治与外交"专题由两场发表会组成。在第一场中,来自人民大学、山东大学和辽东学院的四位博士生代表,对朝鲜半岛和平、中韩战略合作伙伴关系、中朝经济合作等问题发表了自己的见解。人民大学的庞永峰博士在《〈朝鲜停战协定〉与朝鲜半岛和平》一文中,从国际法的角度,结合历史与现实,论述了《朝鲜停战协定》与半岛和平的关系,并以联邦德国和民主德国走向统一以及中国海峡两岸关系趋于缓和为例,说明了以和平机制代替朝鲜停战协定的重要性,指出建立和平机制是解决朝鲜半岛问题的最佳途径。山东大学的赵伟宁博士在《试析中韩战略合作伙伴关系中的朝鲜因素》一文中认为制约中韩两国关系发展的因素除了历史、领土(海)以及美国因素之外,朝鲜扮演着一个很重要的角色。文章从三角(边)关系的理论视角分析朝鲜因素对中韩战略合作伙伴关系发展的影响,并以天安舰事件为例对这种制约因素进行具体分析,指出当朝韩关系紧张时,中韩关系的发展就会面临挑战。辽东学院朝鲜半岛研究中心讲师、朝鲜金日成综合大学博士李海燕在《中朝经济开发项目推进与中韩战略协作——基于次区域经济合作理论的视角》一文中提出,出于维护朝鲜半岛稳定与促进沿边开放的战略需要,近年来中朝边境地区经济合作的地位和作用日益凸显。中国对东北亚地区的经济合作采取积极参与和务实推进的政策,应将中朝与中韩双边经济合作转变为南北关系发展的新契机。这样既有利于缓和半岛紧张态势、深化次区域经济合作，又可以减少周边国家对于中国在本地区作用的增加必将引起东北亚秩序发生不利于己的改变的疑虑。辽东学院朝鲜半岛研究中心副教授、东北财经大学博士苑梅的《基于中朝跨境经济合作区的财政政策研究》一文，首先以中朝两国政府出台的振兴规划为切入点，立足两国政府的地区发展战略，通过对中朝两国经济发展现状的比较，分析建立两国跨境经济合作区的可行性与障碍；其次立足于两地的比较优势，总结了两国开展跨境合作的优先领域与有利因素；最后基于中国财政政策理论探讨了中朝两国政府跨境经济合作区的模式、实施途径和推动机制。

在"朝鲜半岛政治与外交"的第二场发表会上，来自韩国东亚大学、中山大学和辽宁大学的四位博士生和硕士生代表就韩国新政府未来的外交政策、韩国海洋管理体制和中美朝关系等问题发表了自己的看法。韩国东亚大学的武鹏博士在《朴槿惠政府对朝政策的选择及其展望》一文中认为朴槿惠作为朴正熙的女儿及李明博的继任者，她在对朝政策方面有传承亦有调整。朴槿惠政府将以推动"朝鲜半岛信任进程"为基础，以解决朝核问题为前提，以经济振兴、国民幸福为目标，通过政治、军事、经济等方式，开启"朝鲜半岛新时代"。从未来发展角度而言，韩国对朝政策将呈现"强硬为主，对话为辅；经济为重，文化先导；平衡中美，多点外交"的特点。中山大学叶浩豪博士的《韩国海洋管理体制》一文，通过介绍韩国海洋管理体制的沿革和基本组织机构、海洋管理的法律法规体系，分析了韩国海洋管理体制的优点及存在的问题；并指出韩国体制对中国的海洋管理有重大借鉴作用，中国应建立统一协调的海洋行政管理体制，统一海上执法力量，完善海洋法律体系，强化国民海洋意识、推动中国海洋事业的发展。辽宁大学硕士生申韬在《从不对称威胁战略看美朝安全关系》一文中认为，近些年来在不对称威慑战略的指导下，朝鲜不断用"核试验"和战争威胁等一系列"边缘策略"，致使朝美关系和朝鲜半岛局势一直在"冷战"与"热战"的边缘徘徊；朝鲜并不是想引爆战争，而是希望借此在朝美安全关系中占据主动，赢取战略利益。未来中国应以维护半岛和平为根本目标，坚持对话解决朝核问题，推进半岛的信任进程，缓和朝美双方互不信任的局面，通过"六方会谈"为半岛安全局势走向正常化提供机制和平台。辽宁大学的李家成博士在《中美两国在朝鲜问题上的利益平衡与战略博弈》一文中分析指出，当前中美两国在朝鲜问题上的博弈，大致可以包括在朝鲜核导弹危机上的竞争型互动和在半岛常规军事冲突中的对抗性角力。中美两国在朝鲜问题上既有利益共通之处——即目标的重合性和手段的交叉性,也有差别之分——即目标层级的错位和手段偏好的殊异。他认为,未来中美两国在朝鲜问题上的战略调整,将在重合性利益与合作性博弈以及冲突性利益与妥协性博弈两个方向上展开。

"朝鲜半岛历史与文化"专题亦分为两场发表会。在第一场发表会上来自东北师范大学、北京大学和山东大学的五位博士生从唐代到现代的中韩之间的经济、文化交流等方面的问题提出了精辟而独到的见解。东北师范大学的李春杰博士在《崔致远对渤海的认识》一文中认为崔致远作为新罗重臣和著名文人,曾亲历新罗与渤海之间的矛盾纷争。因此,崔致远对渤海的认识显然在当时新罗人对渤海的整体认识方面具有一定代表性。通过对崔致远撰写的四封表状的考察,李春杰博士指出,崔致远认为新罗优于渤海,渤海如同高句丽乃新罗之敌。虽然崔因言辞的文学色彩过浓在某种程度上造成了后世学者对渤海国历史所属问题上的争议,但其所作仍不失为研究唐代东亚历史文化的重要参考资料。北京大学孙成旭博士所作《从"旧国故都"到"皇都"——以朝鲜使臣的北京游览为中心》一文,主要参考了18、19世纪朝鲜使臣所撰写的《燕行录》,讨论了朝鲜后期朝鲜使臣游览北京的演变,并且分析了朝鲜使臣对清朝首都北京的看法。文章通过对使臣游览的记述,指出清初由于两次"胡乱"而造成的朝鲜文人强烈的反清意识在18、19世纪已有所改变,使臣的所见所闻,对后来朝鲜北学派的兴起产生了一定的影响,也激起了朝鲜文人对清朝文化及游览北京的兴趣。山东大学周国瑞博士在《清光绪年间中朝渔业纠纷交涉研究(1882~1894年)》一文指出,随着西方殖民主义在东亚的渗透和日本明治维新后崛起,中朝两国因国际情势的变化,打破海禁政策,允许渔民互相海上通渔;但中朝通渔实际上是以朝鲜海域为渔场,中日两国在捕鱼业方面抗衡。在中朝两国通渔过程中,清朝偏袒中国渔民并不是只为自身利益,也蕴含着保护朝鲜国防的战略意义。不过遗憾的是,朝鲜并没有在捕鱼业方面与中国相互协调,中国也没有在改进和提升自身及朝鲜捕鱼技术方面进行努力。中朝与日本在捕鱼业方面竞争的时候,中朝间的步调并不协调。北京大学李春兰博士《三一运动与五四运动在韩中两国历史进程中的地位》一文,以比较史学的方法,对比了韩中两国近现代史上极具重大意义的两场民族运动和新文化运动。她指出三一运动与五四运动有密切的关联性。韩国三一运动爆发后中国新闻界积极报道三一运动情况，并表示同情和支持，对五四运动在斗争形式等方面产生影响，起到了鼓舞的作用。两场运动又汇合成东亚民族运动的一次高潮，与印度、土耳其、埃及等国的民族解放运动一起构成了第一次世界大战后全球民族解放运动的主要内容。北京大学的洪瑛美博士所作《1927年"八景"活动与"帝国意识"的传播——以日本、台湾、朝鲜为中心》，选题比较新颖选题。该文指出选定"八景"活动因收到政府机构的援助，具有"公共活动"的特点，产生了社会文化、政治宣传效应。文章分析指出，选定"日本""台湾""朝鲜"八景活动的过程虽有相似，但也有很大不同。此活动在追求经济利益的同时，颇有为帝国主义服务的意图。这次活动，推动了日本、中国台湾、朝鲜旅游事业发展的步伐，也使得日本人之间传播了"帝国意识"。到"八景"旅游的日本人看到的不仅是秀美的风景，更是"大日本帝国"的繁荣。

在"朝鲜半岛历史与文化"的第二场发表会上，来自南开大学、香港中文大学、北京大学、浙江大学和清华大学的五位博士生代表就从明清时期到现代半岛的意识形态、宗教崇拜、新闻媒体和流行文化作了精彩的发言。南开大学的张光宇博士在《朝鲜王朝〈尊周汇编〉纂修略考》一文中，详细考订了《尊周汇编》一书的纂修背景、经过、版本和编纂特点。他认为《尊周汇编》一书，采用了丰富的史料，官私兼取，文献翔实，不仅引用了朝鲜文献，还参考了明清人所作史书；该书采用"春秋笔法"，处处体现"尊周义理"；编者在处理资料时全面而不失严谨，在中朝关系史研究方面，具有一定的学术价值。香港中文大学叶杨曦博士的《朝鲜文人与关公崇拜——以李朝文士的关庙书写为中心》一文分别回顾了朝鲜文人对中国关庙与朝鲜关王庙的文字书写及其背后所反映出的文化心态的流变，并与南开大学孙卫国教授展开商榷，认为朝鲜关王庙的建立固然离不开"壬辰倭乱"的契机，但如果朝鲜没有对《三国演义》的受容，就不可能有关羽故事、关公传说与关公信仰广泛的民间基础。"壬乱"必须依靠《三国演义》这个平台直接关系到朝鲜关王庙的建立，因而，在朝鲜后期乃至大韩帝国时期，《三国演义》比"壬乱"对关王庙在朝鲜的复兴影响更大。北京大学金爱华博士在《新文化运动时期中韩妇女刊物比较研究——以"新妇女"和"新女性"为例》一文中，比较了新文化运动时期，中韩两国妇女运动刊物对于两国女性解放思潮及各种思想解放运动的内容、特点及其对现今社会的影响。但她也指出,两国妇女刊物在对待传统制度的批评态度、面向群体、创办宗旨、影响程度等方面存在着一定的不同。作者认为,了解近代两国妇女刊物,有助于理解中韩两个同受儒家文化影响的东亚国家的女性经历了怎样不同的近代化过程,从而形成了现代两国女性在思想意识、政治、经济、教育、婚姻等方面的异同。浙江大学孙海龙博士在《透过〈江南 style〉的流行看中国的文化战略选择》一文中,以 2012 年在全球热播的 K-Pop 歌曲《江南 style》为例,反思了中国文化产业依然面临着"走不出去"的困境与无奈背后的原因。她认为中国文化产业之所以难以"走出去",固然因为中国文化产业起步晚、基础薄弱,但更大原因在"走出去"时未能从受众的立场出发去生产与传播。通过《江南 style》的经验,作者认为只有将本土文化与具有世界普遍性的大众文化要素相结合才能将本土文化转变成自身的优势,才能在世界范围内引起思想、情感以及文化上的共鸣。这是中国文化"走出去"需要解决的第一步,也是最关键一步。同样是以《江南 style》为例的一篇论文,清华大学的韩国留学生金容敬博士在《新媒体与国际传播——以 PSY 的〈Gangnam Style〉为例的分析》一文中,从新媒体和传播学的角度对《Gangnam Style》的流行背景和成功原因进行探讨与分析,指出新媒体和国际传播应抓住当前受众的"屌丝心态",采取 twitter、youtube 等更广泛的传播路径,建立可信度高、安全性高的沟通平台。但作者同时认为《Gangnam Style》的爆红是天时地利人和,因而中国文化产业对于《Gangnam Style》模式,不能仅仅简单复制和模仿,更需根据实际情况进行改革和创新。

纵览本次博士生论坛代表所提交的论文,反映了代表们在学术研究上的创新性、敏感度和良好的学术素养。首先,不少博士开始涉足以往韩国学研究上较少涉及的问题,如"八景"评选、近代中朝渔业纠纷等,开辟了韩国学研究的新领域,为以后在该问题及相关领域的深入研究打下了基础。其次,对韩国学研究的某些传统研究方法、研究观点提出了质疑和补充,如建构主义路径下的中韩宗藩关系嬗变、文学视角下朝鲜的关公崇拜等,完善了相关问题上研究的不足,推动了韩国学的交流和发展。再次,代表们紧扣当下的新情况、新问题并展开探讨,如朴槿惠政府对朝政策、中朝跨境经济合作、《江南 Style》的热播等,这些研究不仅提高了学术工作者们对这些新问题的关注度，也为相关部门研究、解决该问题提供了比较好的思路。最后，不少代表的论文也反映出他们扎实的学术功底和严谨的治学态度，如对《燕行录》中相关记载的详细考察，对《尊周汇编》纂修过程的严谨考订，都反映出代表们对一手资料的重视以及踏实做学问的良好学术素养。除了以上四点之外还值得一提的是，本次参加博士生论坛的韩国留学生代表所提交的论文，反映出他们对中国语言和文化的掌握和了解。特别是一些韩国留学生在研究中国古代文献时所展现出的深厚功底，丝毫不逊于相关领域中国学生的研究水平，体现出目前中韩交流中两国对彼此文化的了解逐渐从表面走向精髓。

通过2013年的博士生论坛，来自各高校的博士生们进一步对当下中国韩国学研究的新进展、新课题有了进一步的了解。代表之间的交流、商榷和讨论不仅积极富有成效，也加强了各高校和科研机构之间的联系。明年将迎来复旦大学中国韩国学博士生论坛的10周年，复旦大学韩国研究中心将会邀请更多关心、从事韩国学研究的青年学者参与论坛，并通过论坛这个平台，促进韩国学研究者之间的交流，为未来中国韩国学研究的传承和发展贡献力量。

复旦大学《韩国研究论丛》
改版及征稿启事

为了进一步提升论丛编辑水准，缩短出版周期，复旦大学《韩国研究论丛》决定自2013年起实行改版，每年出版两辑，分别于3月和9月由社会科学文献出版社出版。本刊将继承和发扬创刊以来形成的风格，注重学术性、前沿性、创新性、时代性，依托复旦、面向全国、兼及国际，努力反映当前中国和世界韩国学研究的最新研究成果。欢迎国内外同行和新老朋友不吝赐稿。

2013年参考选题：1. 朝鲜半岛热点问题研究；2. 东北亚区域合作及国际关系研究；3. 大国与朝鲜半岛关系研究；4. 中韩、中朝关系重大理论和现实问题研究；5. 韩国、朝鲜政治、外交、安全、经济、文化新趋向研究；6. 朝鲜半岛历史和文化新问题研究；7. 中国韩国学新著介绍与评论等。

投稿须知：1. 正文前请附加中英文标题和提要（200字以内）、关键词及作者简介（姓名、籍贯、生日、工作单位、职务及职称、邮编）；2. 属于基金项目论文，请注明下达单位、项目名称及项目编号；3. 论文一般不超过10000字；4. 正文请用WORD系统，注释采用脚注形式，注释序号放在标点符号之后；5. 文献引注请注明作者、书名或论文名、出版单位及出版年份、页码，或报刊及日期；6. 每辑论丛的投稿截稿日期分别为11月和5月。

复旦大学《韩国研究中心》编辑部
2012年11月

图书在版编目(CIP)数据

韩国研究论丛. 26/复旦大学韩国研究中心编.
—北京：社会科学文献出版社，2013.12
（复旦大学韩国研究丛书）
ISBN 978-7-5097-5177-0

Ⅰ.①韩… Ⅱ.①复… Ⅲ.①韩国-研究-文集
Ⅳ.①K312.607-53

中国版本图书馆 CIP 数据核字（2013）第 238613 号

·复旦大学韩国研究丛书·

韩国研究论丛　第二十六辑（2013 年第二辑）

编　　者／复旦大学韩国研究中心

出 版 人／谢寿光
出 版 者／社会科学文献出版社
地　　址／北京市西城区北三环中路甲29号院3号楼华龙大厦
邮政编码／100029

责任部门／全球与地区问题出版中心　　责任编辑／高明秀　王　玲
　　　　　（010）59367004　　　　　　责任校对／杜若佳
电子信箱／bianyibu@ssap.cn　　　　　 责任印制／岳　阳
项目统筹／高明秀
经　　销／社会科学文献出版社市场营销中心　（010）59367081　59367089
读者服务／读者服务中心（010）59367028

印　　装／北京季蜂印刷有限公司
开　　本／787mm×1092mm　1/16　　印　张／18.25
版　　次／2013 年 12 月第 1 版　　　　字　数／308 千字
印　　次／2013 年 12 月第 1 次印刷
书　　号／ISBN 978-7-5097-5177-0
定　　价／59.00 元

本书如有破损、缺页、装订错误，请与本社读者服务中心联系更换
版权所有　翻印必究